グループ経営入門

グローバルな成長のための本社の仕事

Group Management

第5版

松田 千恵子 著

税務経理協会

第5版刊行にあたって

「グループ経営入門」、何と第5版です。実は初版が出たのは15年前、２０１０年のことです。刊行以来、おかげさまで多くの皆様に支えられ、版を重ねることができました。ラインマーカーを引いたり付箋を沢山貼ったりして読み進めてくださった方、本書を手に著者のもとを訪ねてくださった方も多くいらっしゃいます。皆様、本当にありがとうございます。

今回は全面改訂と銘打っています。確かに相当手を入れました……が、改めて読み直し、書き直してみると、２つのことに気が付きます。ひとつは、本質的な課題のありかや目指すべきところは意外に変わっていないのだということ。初版の「はじめに」では「日本企業にはこれまで〝経営〟というものがなかった」という問題提起がなされており、「経営を考える時にまず軸になるのは経営者、そしてそれを支える本社部門」であるから「本社の仕事」を中心にグループマネジメントを考えるのだ、と結ばれています。この点は今もって変わりません。「本社」と呼ばれるコーポレート機能のあり方は未だに大きな経営課題であり、むしろ注目が高まっている分野とも言えるでしょう。したがって、本書においても幹となる部分を変えることはしていません。また、グループ経営のニーズが高まり裾野も広がってきたため、先進企業には今では基本と思われるかもしれない内容も、本質的な部分は引き続きなるべく端折らず説明することを心がけています。

一方、「変わらないと言われつつ、日本企業とそれを取り巻く環境はやはり大きく変わってきている」ことも感じています。15年前にはおそらく経営のメインストリームとしては取り上げられることのなかったコーポレートガバナンスや事業ポートフォリオマネジメント、さらにはサステナビリティなどといった分野が実務でも頻繁に扱われるようになってきました。

以前は「日本企業には事業戦略はあるが全社戦略はない」と言われたものですが、最近では全社戦略に対する関心も高まってきています。本社の仕事とはまさに全社戦略を立案・遂行することであり、それをグループレベルで考えることがグループ経営の骨子といえます。そう考えると、本書で採り上げている内容の重要性が高まっていることも実感されます。一方、人的資本経営やＤＸ経営、ＲＯＩＣ経営など、「〜経営」と銘打った様々な分野が登場し、経営者や本社の方々の悩みは増えるばかりです。これらも、本来は「〜経営」ではなく、「経営」そのものを頑張れということですし、この15年の間にメインストリームに躍り出た分野の数々も「経営」、特にグループ経営に関わる内容ばかりですので、そうした点はせっせと取り込み、なるべく分かりやすくアップデートに努めました。したがって、以前の版からの変更点は、そのまま日本企業のグループ経営の変化、望むべくは「進化」を表しているのではと思います。

加えて、第5版では装丁も変わり、ちょっとカラフルになりました。より若い世代の方にも手に取りやすく、という思いもあります。「いまどき」な感じに仕上がっていると思っていただけると嬉しいのですが、いかがでしょう（笑）。

こうした改訂作業にあたっては、様々な方からアドバイスを頂きました。本書では、本質的なことだけを伝えたいため、敢えて事例は多く挙げないようにしていますが、実際には大変多くの経営者や実務者、さらには研究者の方々から頂いた気づきや学びによって形作られています。この場を借りて深く御礼申し上げます。また、長らく本書を見守って下さっている株式会社税務経理協会の大坪克行代表取締役社長、今回もまた厳しく温かく著者の遅々たる作業に付き合ってくださいました編集者の吉富智子部長、本当にありがとうございます。装丁のバージョンアップももちろん吉富さんのご尽力によるものです。

多くの皆様のおかげで、忘れられない本になりました。これからも、日本企業におけるグループ経営の「進化」を追い続けてまいりたいと思います。今後ともよろしくお願い申し上げます。

松田千恵子

2025年如月　感謝をこめて

はじめに

今ほど大きな変化にさらされている時はない、といわれます。一方で、グローバル化などは過去にもあったことである、グループ経営などとっくの昔にやっている、といった声もよく聞かれます。本当のところどうなのでしょうか。

確かに、昔から日本企業の経営課題として、「国際化」といったことは取り上げられ、そして実際に行われてきました。そういう意味では、いまさらグローバル化、というのはおかしいかもしれません。しかし、今日本企業が直面しているグローバル化の必要性というのは、これまでとは全く異なります。

従来行われていたのは、たとえば製造拠点の海外移転や海外での販売網構築など、オペレーションレベルの国際化でした。しかし、今求められているのはこうしたレベルのグローバル化ではありません。日本企業が、その経営能力を世界に通用するようにしなければならない、という「マネジメントのグローバル化」です。海外に進出するのではなく、海外市場で生きていくためには、その市場に密着して経営の意思決定を行わなければなりませんし、そこで働く人々の多様な背景を十分に理解したうえで人材を生かしていかなければなりません。

どのように事業をコントロールしていくか、といったことについても、世界どこでも通用するような共通言語を用いなければ通じません。これは単に英語ができればいい、といった表層の問題ではなく、事業戦略策定や経営管理、さらには企業理念や企業統治の仕組み、といった会社の根幹に関わる部分を、誰にでも説明可能な形に置き換えていかなければならない、ということです。日本企業の経営を本来的な品質にしていくことが、今求められているグローバル化といえるかもしれません。

こういうと、まるで日本企業にはこれまで「経営」といったものがなかったようにさえ聞こえます。日本には、ある時代において大変成功した「日本型経営システム」というものがありました。「やりたいこと」＝事業の成功に専念できる仕組み、とでもいえましょう。しかし、本来の経営は他にも考えることが色々あります。やりたいことをやるためには「先立つもの」＝財務、を考えることも、「取り組む人」＝人材、を考えることも必要です。これらの持つ様々な相反する利害を統合して、組織体をひとつの方向に向かって進めていく意思決定をするのが、本来の経営では求められます。これが十分にできていたのか、というとそうではなく、その意味においては、日本には本来の経営はなかったのかもしれません。

多くの企業が、このことに気がつきながら、既に成熟してしまった自らの経営、それを担う組織を変えることができずに苦しんでいます。いくつもの事業間での経営資源配分を転換したり、新しい事業へのダイナミックな投資をすばやく行ったりしたいのに、組織自体の重みで身動きが取れなくなっているようです。いくら戦略を立てようが、計画を練り直そうが、経営として意思決定ができず、組織として行動できないのであれば意味がありません。

「先立つもの」や「取り組む人」を扱うスキルや意識がまだ身につかず、「やりたいこと」とのバランスが取れない状況は、事業分野が複数あれば一層複雑化、深刻化します。グループ経営が改めて課題となってくるゆえんです。特に、グループ経営では経営資源配分ということが重要課題となりますが、このことは「先立つもの」や「取り組む人」について上手く扱う知識がないと間違いなく失敗します。いくつもの企業が、本来の経営に取り組もうとしながら、単なる「管理」という意味のマネジメント強化に終わっているように見えます。

本書では、こうした問題意識に基づき、グローバル化を前提とし、グループとして今後成長していくために、本来の経営として何をしなければならないか、日本企業にとって見直すべき点は何か、という点にフォーカスを当てました。また、経営を考えるときにまず軸になるのは経営者、そしてそれを支える本社部門、あるいはコーポレート部門です。したがって、「本社」の仕事を中心にそのエッセンスを考えてみました。もちろん、事業部門の方々にとってもグループ経営の知識は今や必須ですので、ぜひご一緒に考えてみていただけると幸いです。

2010年9月

松田千恵子

グループ経営入門

目次

第3章 本社の役割を確認する

第4章 「見極める力」を強くする(1)——将来予測重視の経営

第6章 「連ねる力」を強くする

第7章 「束ねる力」を強くする

第1章 本来の経営を取り戻す

CHAPTER 01

日本企業の経営も、ずいぶん様変わりしてきました。
昔と今とでは何が違うのでしょう？　これから先に向けてどうすれば良いのでしょう？
まずは歴史を繙いてみましょう。

「衰退しつつある国の特質は、決めるのも遅いがその決めたことを実行するのも遅い、というところにある」

塩野七生

1 欠落していた要素は何か

1 「事業」「財務」「人材」のつながり

「経営」という言葉を辞書で引くと、次のように出ています。「方針を定め、組織を整えて、目的を達成するよう持続的に事を行うこと」（大辞林）。こう定義されると、何か手順通りに行えば、経営というのは粛々と進むような気になってきます。もちろん、それほど簡単ではないのは皆さんご存じの通り。これだけ環境が激変する中、経営のあり方は大きく変わってきています。

本来、経営における難しさは、「やりたいこと」（＝事業）を行うにあたって、「先立つもの」（＝財務）をどう工面し、「取り組む人」（＝人材）にどう頑張ってもらうか、というところにあります。事業の先には消費市場があるごとく、財務の先には資本市場、組織の先には人材市場があります。「市場」というのは元来不安定な存在ですから、企業は常に不安定な存在に取り巻かれていることになります。それぞれの市場は自分の都合の良い方向に「事業」「財務」「人材」の3つの要素を引っ張ろうとします。単純な例ですが資金配分の問題だけを考えても、「やりたいこと」だけできるのであれば、研究開発やマーケティングなどにいくらでも費用をかけたいところです。しかし、そればかり行っていると、「先立つもの」の提供者から、もっと我々に報いよ、という声が挙がります。それに応えてひたすら配当などを大幅に増加させていると、今度は「取り組む人」たちから、「我々の給料をもっと増やしてほしい」などと言われてしまいます。無尽蔵に資金があれば全ての声に応えることもできましょうが、残念ながら経営資源というものは有限です。

「事業」「財務」「人材」の3つの要素を上手く統合させるのはなかなか難しいものですね。様々な利害相反があり、それが引き起こす難しい問題に関してタイミング良く何らかの意思決定をしていかなければなりません。言い換えれば、**「経営」というのは、有限な経営資源を上手に用いられるよう利害相反のある難しい意思決定を適時適切に行いながら、「事業」「財務」「人材」の3つの要素を統合させて進むべき道を示し、最終的な企業の目的を達成する**ためにあるといえます。企業の目的とは、経済的には中長期的な企業価値を向上させることであり、社会的には自らの存在意義を全うすることであったりするでしょう。このあたりは、最近よく言われることでもありますね。

ところが、戦後数十年の間、日本企業には、こうした「経営」の役割を感じにくくさせる大きな特徴がありました。少し過去に遡りますが、現在の日本企業が抱える悩みを知るためにも重要なのでちょっとみてみましょう。

「安定化装置」がもたらした高度成長

はるか80年もの昔、日本が第二次大戦で敗戦国となった直後から、日本の企業は、とにかく戦後復興を成功させ、それができるとさらに成長拡大しようとして努力を重ねてきました。それを後押しするために、この国の枠組みは、〝企業を事業に専念させる〟ように組み立てられました。「先立つもの」の面倒はすべて銀行に任せ、「取り組む人」は〝終身雇用・年功序列・協調的組合〟という日本型経営システムを採用することで、不安定な3つの要素のうち、2つまでを取り除いてしまいました。そうなると、企業は楽ですね。あとは残りの「やりたいこと」に専念すればよいだけです。したがって、日本の企業は大いに発展し、高度成長といわれる時代を謳歌しました。安定化装置は当時、大変うまく機能したのです。

しかし、今やそんな時代ではありません。銀行はもはや昔のようではなく、資本市場における株主とそのガバナンスを無視することはできません。人材の流動化も進み、転職は日常茶飯事となりつつあります。**「やりたいこと」だけではなく、そのために必要な「先立つもの」と「取り組む人」についても考えなければならなくなりました。**安定化装置がなくなってしまった中で、自ら舵取りをしていくことが求められています。いよいよ、**本来の「経営」を考えなければならなくなった**ということですね（**図表1**）。「やりたいこと」だけに専念できていた昔は楽でしたが、少々片肺飛行気味だったかもしれません。それが、今や加速度的に本来の経営に切り替わってきています。この流れが見えていないと、経営環境の変化は、何やら脈絡なく押し寄せる荒波にしか見えません。

この変化を「米国追従」と捉え、米国型市場原理主義はけしからん、とする批判も未だ聞きます。確かに、これまでの歩みは、戦後以来の日本型政治・経済・社会・経営の仕組みを、より米国型に近づけるものだったといえるでしょう。しかし、良し悪しはともかく、時代の流れは元には戻りません。もう一度「安定化装置のある楽な昔」に戻りたいと思っても、それは無理です。国家の主導による安定化装置をつけてうまくいっていたのは、日本が国内完結型の経済システムを取ることにさほど支障がない環境の中、人口増加、成長拡大という発展途上国的な状態にあったからです。グローバルな環境変化の影響が大きい中で、十分すぎるほど成熟した状態になってしまった今の日本に似合う仕組みとはいえません。

2 失われた変革への機会

日本は、過去のどこかの時点で、自国の政治・経済・社会・経営の仕組みを、成熟した状態に似合ったものに変えていかなければならなかったのですね。しかし、それを十分に実行できませんでした。不十分になってしまったのは、ひとつには、単純に米国の物真似をし過ぎて自分たちで次の仕組みを考えることをしなかったからであり、もうひとつには、仕組み全体のつながりを考えずに小手先の改善で乗り切ろうとしてしまったからでしょう。ある仕組みを別の仕組みに置き変えようとすると、仕組みを形作っている様々な要素をワンセットで変えていく必要が生じます。いずれの仕組みも様々な要素が関連しあいながら作られているものなので、ひとつの

図表1　日本における「旧来の経営」と「本来の経営」

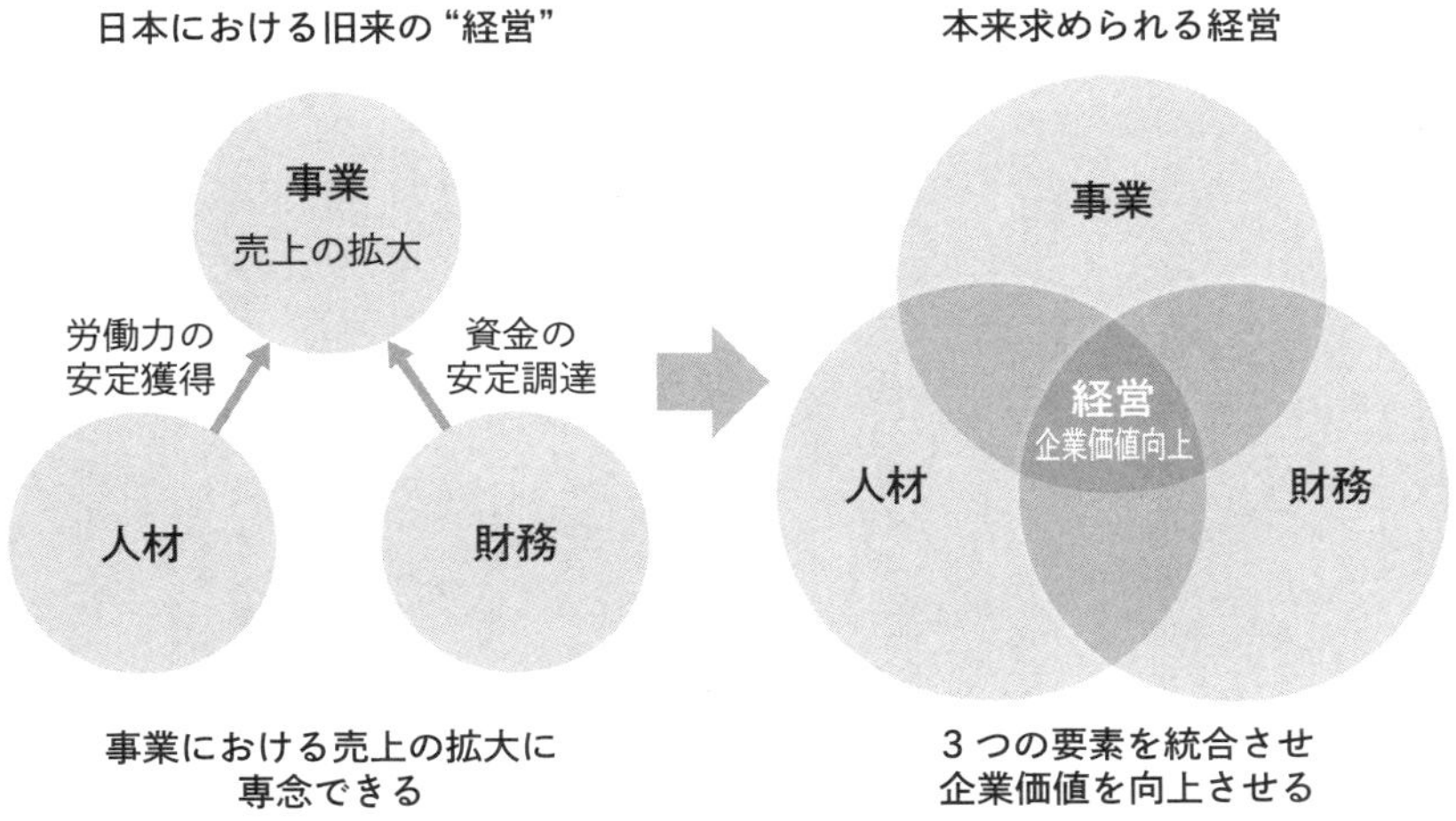

要素だけを個別に取り出して導入する、といったことはきわめて難しいのです。

最近は医療の世界でも、ある症状に対して単独に対応する従来ながらの西洋医学だけでなく、人間の心身を全体として捉えて対応する統合医学（ホリスティックアプローチ）が脚光を浴びているといわれます。本書では、これに倣って、**事業だけではなく、財務や人材といった必要な要素を統合して本来の経営を考える**ということをやってみたいと思います。それもなるべく簡単に。財務や人材に関係する話が小難しく聞こえるのは、「カタカナ文字」「アルファベット3文字略称」「数式」が、ところ狭しと散りばめられるからです。こうしたものはなるべく排除しました。個別の技術的な事柄についても詳細は省きました。そうした専門書はあふれるほど存在するからです。一方、**「事業」「財務」「人材」が統合されていないことの弊害は、これらをまとめてグループ経営を行っていかなければいけない本社の仕事に顕著に表れています。**したがって、この部分に焦点を当てました。

だからといって、事業に携わる側の方々や、本社部門にいない方々には関係がないというわけではありません。大いに関係あるばかりか、むしろそうした方々にこそ考えて頂くことが企業の未来を拓くのではないかと思います。

それでは、昔話はこれくらいにして未来について考えていきましょう。

2 将来に向けて何をすべきか

「安定化装置」を外された日本企業が苦手と考えるのは、当然ながら、これまで安定化装置が働いていたところ、すなわち「先立つもの（＝財務）」に関係する分野と、「取り組む人（＝人材）」に関係する分野です。資本市場からの要請やコーポレートガバナンス、人的資本経営などという言葉が毎日のように取り上げられるのもそれゆえでしょう。過去にあまりにも安定化装置が成功してしまったために、取り外しに時間がかかり、それに慣れないうちに国内市場の停滞とグローバルでの大きな変化に直面してしまったことは日本企業の不幸とも言えますが、いつまでも失われた過去を嘆いているわけにはいきません。

1 現在起きている本質的な変化

今起こっているのは、革命的な産業の地殻変動の中で、「やりたいこと」「先立つもの」「取り組む人」について極限まで考え抜いた〝スマート〟な企業が、既存の枠組みを揺るがすような変化を生み出し、意思決定の〝スピード〟を競いながら、新たな成長を獲得しようとする、国境を越えた戦いです。こうしたグローバル化の波のまっただ中で経営手腕を試されると、統合的な観点からの本来の経営ができていない企業はお手上げです。

オペレーションではなくマネジメントをやろう

日本企業は、オペレーションについては得意である、とよくいわれます。これまで、「やりたいこと」に専念してきたからですね。最近では、技術の優位性が薄れてきたことや、現場の強みが失われていることなども話題になりますが、人々の頭の中はそう簡単には変わらず、「ものづくり」や「現場主義」という言葉は企業にいる方の耳に心地よく響きます。もちろん、現場は大事です。社長が事業のことなら隅から隅まで知っていて、作業着に身を包み嬉々として新製品を語るというのは、それはそれで微笑ましいものです。しかし、**オペレーションをいくら頑張っても、それだけではマネジメントをやっていることにはなりません**。マネジメントを担うとなれば、企業として目指すべきゴールを明確に設定し、達成に向けて必要な資源を確保し、的確に分配し、成果を上げて、利害関係者たちの期待に応える、という一連の流れを実現できていなければなりません。そのための困難な、**あちらを立てればこちらが立たないような意思決定を、責任を持って行っていくのが経営者の仕事**です。日常業務にいくら詳しくても、それだけでは経営者にはなれません。逆に、この一連の流れを実現できるならば、外部から落下傘降下してきた人間でも経営はできます。米国において、プロフェッショナル経営者と呼ばれる一群が、企業を渡り歩いて成功しているのはこのためです。これにはこれでまた課題もありますが、今は別の機会に譲りましょう。

2 グローバルなグループ成長の実現

したがって、本書の趣旨は、**「オペレーションではなくマネジメントをやろう」**ということにつきます。それもグループ全体のマネジメント、ということです。さらにいえば、マネジメントといっても単なる「管理」ではなく、しっかり「経営」をやりたいものです。これをやるためには、当然ながら「マネジメントに携わるところ」を変えなければなりません。まずは経営陣です。経営陣といいながら、管理ばかりしている「管理陣」にならないために何をすべきか考えていきましょう。そして、経営陣の意向を受けて経営の様々な舵取りを実行していく本社部門のあり方を見直しましょう。本社部門とは、いわゆる「コーポレート機能」とか、持株会社形態をとっている場合には「持株会社」と呼ばれる側です。本社、というと何だかエラそうなのであまり使いたくないのですが、カタカナでコーポレート、というのもまどろっこしいですし、持株会社に限った話をするわけでもないので、便宜上「本社」と呼ぶことにします。トップの意向と現場の不満の板挟みで、悩み多きところですね。特に最近では、海外子会社や買収して傘下に入ってきた企業なども増え、板挟みの複雑性も格段に増しています。きちんと整理したいところです。

グループ経営の成功に向けた5つの提案

経営を語る際に「言葉をどのように定義するか」は非常に大事です。企業にとって重要な概念を、特定の言葉にのせて全国津々浦々、今日では地球の裏側にいる社員にまで届けて正しくわかってもらわなければならないのですから、当然ですね。本書でもこの点には留意しています。一方、様々な要素を定義しながら進めていると、話が長くなります。ここで先に「イイタイコト」をまとめてしまいましょう。グループ経営の成功に向けたキーポイント、といってもよいかもしれません。

1　理念も数字も「ゴール」を決めて共有する
2　まずは「投資家」に徹し、事業を見極める力を磨く
3　「投資家」として必要な武器はきちんとそろえる
4　「エラいだけの本社」にならず、連携を促す力を発揮する
5　グループを束ねていく時に、「きれいごと」ばかり言うのは止める

え、何を言っているのかわからない？　それはそうです、話はこれからですから。本書では、第2章で1を、第3、4章で2を、第5章で3を、第6章で4を、第7章で5を扱っています。早速見ていきましょう。

第2章

「ゴール」を決めて共有する

CHAPTER 02

企業が目指すべき〝企業価値〟には2種類あります。
どちらが欠けても、企業としてのゴールにはたどり着けません。

「時はその価値を知れば知るほど潰すのがつらい」

ダンテ

1 企業の成功を何で測るか

「ゴール」を決める――グループ経営だけではなく、どのような企業の経営であっても、あるいは個人の人生であっても、目標を定めることの重要性については、どなたも異論のないところでしょう。まあ、個人の人生の場合には、そんなに目くじら立てずにのんびり行こうよ、という選択肢もありますが、法人の場合には、「あえて」その法人を作るわけです。作るには作るだけの何かがないとちょっと困ります。

では、企業をわざわざ作るにあたって、それが目標とすべきところはいったい何でしょう。先ほどと同じく、「企業」という言葉を辞書で引くと次のように出ています。「営利を目的として、継続的に生産・販売・サービスなどの経済活動を営む組織体」（大辞林）。まずは、目的が利潤追求であることがわかります。慈善団体ではないわけですね。本当は、「営利」は目的というよりも、生きていくうえで最低限満たすべき条件なのですが、いずれにしても大事であることに変わりはありません。したがって、**きちんと利潤追求ができているか**、は常に考える必要があります。できれば、それを測る指標が何かあるとよいですね。利潤追求の成功度を測る指標、これは、企業を経営していくうえでは「土台」ともなります。

次に、英語で「企業」を何というか見てみましょう。いわずとしれた〝Company〟です。これは、もともとラテン語で、Com（ともに）＋Panis（食料としてのパン）という言葉からなっています。食をともにする仲間、ということですね。転じて、人生において大事な活動をともにするといった意味になります。つまり、**何か〝これ〟と思う大事なことをやるために志を同じくする人々が集まった**のがCompanyです。したがって、企業としては、〝これ〟と思う大事なこと、がなければいけません。この会社を作ったのは、この夢を、この目的を追い求め続けていきたいからだ、といえる何かです。これこそが企業を興した究極の目的です。こうしたものが何もなければ、別にわざわざ組織を作って寄り集まる必要はありません。活動をともにするにあたっての精神的支柱は必要不可欠です。さしずめ企業の「大黒柱」のようなものです。

1　企業価値にまつわる誤解

さて、この「土台」（利潤追求の成功度を測る指標）と「大黒柱」（企業として追い求める究極の目的）ですが、実は2つとも「企業（の）価値」という言葉で表すことができてしまいます。何と紛らわしい。間違えないよう整理しましょう。

「土台」のほうの企業価値は、売上や営業利益などと同じく、企業がどれだけ「営利」に成功するかを測る経済的な指標のひとつです。企業の経済的な価値ですね。「どのくらいオカネを稼げるか」ということです。定量的な指標なので、**「左脳的な企業価値」**と呼んでもよいかもしれません（**図表2**）。一方、「大黒柱」のほうの企業価値は、企業がその存立基盤として大事に守っている価値、のことです。企業理念などに反映されていることが多いのではないでしょうか。いわば企業の社会的価値です。より定性的な価値ですので、**「右脳的な企業価値」**ということになりましょうか。両方とも企業にとって何より大事なものですから、きちんと分けてひとつずつ考えていきましょう。

2　左脳的な企業価値

「土台」となるもの、すなわち企業の経済的な成功を測る指標は、以前は「売上」だったかと思います。そのうちに「利益」になり、今は「企業価値」ということになっています。なぜでしょう？

「大きいことはいいこと」である時代には、売上の大きさは成果を示すのに適した指標でした。とにかく成長と拡大を目指すならこれでよいですね。しかし、成長が鈍化してくるとだんだん疑問が生じてきます。売上さえ大きければ、いくら費用がかかってもいいのか？　そこで、利益も見るようになってきます。ところが、これがまたクセモノです。損益計算書上の利益は、あくまで会計上のもので、実際の現金の出入りとは一致しません。本当は現金を払っているわけではないのに費用とされている減価償却費などといったものも入っていますし、企業の都合で会計基準の選択を変えれば、それだけで利益の額は変わってしまいます。**「利益は意見、キャッシュは事実」**などという言葉もあるくらい、実は会社側の操作によって会計的な利益の額は変えられます。

図表2　2つの企業価値

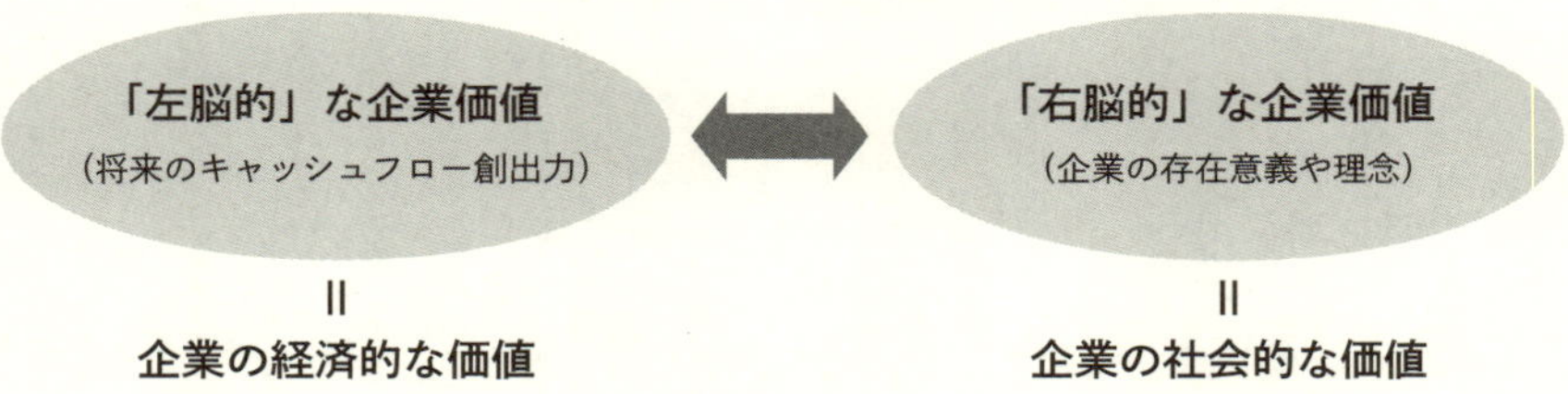

そうなると、外から会社を見ている人は不安です。どのくらい操作されているのかよくわからないので、とりあえず防衛策を講じます。外から見てもあまり間違いなさそうなものを見よう、と。そこで、「いくらなんでも、持っている現金なら間違いなかろう」という話になります。**キャッシュベースでどのくらい儲かるのか**、という関心が強くなってくるということです。

では、キャッシュベースで儲かってさえいれば企業は成功したといえるのでしょうか？　必ずしもそうではありません。「やりたいこと」をやるためには、「先立つもの」の手当てが必要です。この「先立つもの」は、天から降ってくるわけでも、地から湧いてくるわけでもありません。銀行や株主などのところに行って、手当てをお願いしなければなりません。この方々は「投資家」と呼ばれます。残念ながら「篤志家」ではありませんから、「先立つもの」を用立ててくれる代わりに、それなりの見返りを要求します。そして用立てた「先立つもの」、すなわち元手の大きさに対してどれくらい儲かったのかを問うてきます。

企業にとっては、この**「見返り」をきちんと支払ったうえで、それでもなおキャッシュベースで儲かっているかどうか、それも元手に対して十分な割合で儲かっているか**、ということが重要になります。

外部の見方が成功指標を左右する

したがって、**「やりたいこと」をやって得たキャッシュベースの利益から、「先立つもの」にかかるコストを除いたもの、これがプラス**であって初めて、企業としては成功しているということになります。支払うべきものを全部支払ったうえで、好きなことをやって得たオカネはまさに企業が生み出した「価値」です。

これを**「企業価値」**と呼びます。今の時代における企業の「土台」＝利潤追求の成功度を測る指標です。先ほどの「左脳的」な方の価値ですね。難しくいえば、「有利子負債と資本のコストを勘案後の、その企業が生み出す将来キャッシュフローの現在価値の総和」などと定義できますが、頭が痛くなりそうなので、今は投資家が要求するコストを引いたキャッシュベースの利益、くらいに思っていていただければ十分です。既にご存じの方は、これが「資本コストを踏まえた収益性」などと呼ばれるのだと思い当たっているかもしれません。これについてはまた後でみましょう。

ここでちょっと覚えておいていただきたいのは、**これまで「やりたいこと」だけを測っていた成功指標に、「先立つもの」に関する見方が入ってきている**ということです。成功を示す指標をより良くしていきたいならば、この「先立つもの」に関する見方になじむ必要があります。企業の財務や投資の巧拙なども考えなければいけないし、投資家の頭の中も少しは知っておかなければならないということです。

3　企業価値向上のための手段

企業価値が成功を示す指標であるならば、企業としては是非ともこれをより良くしていきたいものです。しかし、できることはそう多くはありません。実は、たったの3つです。

1　「やりたいこと」をやった結果としての「キャッシュベースの利益」を増やす（**図表3の❶**を増やす）

2　「やりたいこと」をやった結果としての「キャッシュベースの利益」が、それに必要な「先立つもの」を手当てした結果としての「投資家に対するコスト」よりも小さいような事業はそもそもやらない、やっていたらやめる（逆の場合はやる）（**図表3の❶**よりも**❷**の方が大きかったらやらない、ま

たはその逆）

3　「先立つもの」を手当てした結果としての「投資家に対するコスト」を減らす（**図表3の❷を減らす**）

何てシンプルなのでしょう。当たり前ですね。考えるべき要素が「やりたいこと」と「先立つもの」の2つしかないのですから、それを上げるか下げるか、およびその2つの元となる部分をいかに効率的にするか、しか動かせる部分はありません。これが、成功指標としての企業価値向上のために経営者がやらなければならないことのすべてです。

まずはキャッシュベースの利益を増やす

❶の「やりたいこと」をやった結果としての「キャッシュベースの利益」を増やすのは、慣れ親しんだ世界でしょう。やるべきことは**売上を増やすか、費用を減らすか**だからです。いつでもどこでも通用する施策です。

ただ、もうひとつだけ考えてほしい要素がありま

図表3　「左脳的な」企業価値とは何か

企業価値　負債及び株主資本にかかるコストを勘案した後の、その企業が生み出す将来キャッシュフローの現在価値の総和

⇒下記の❶－❷

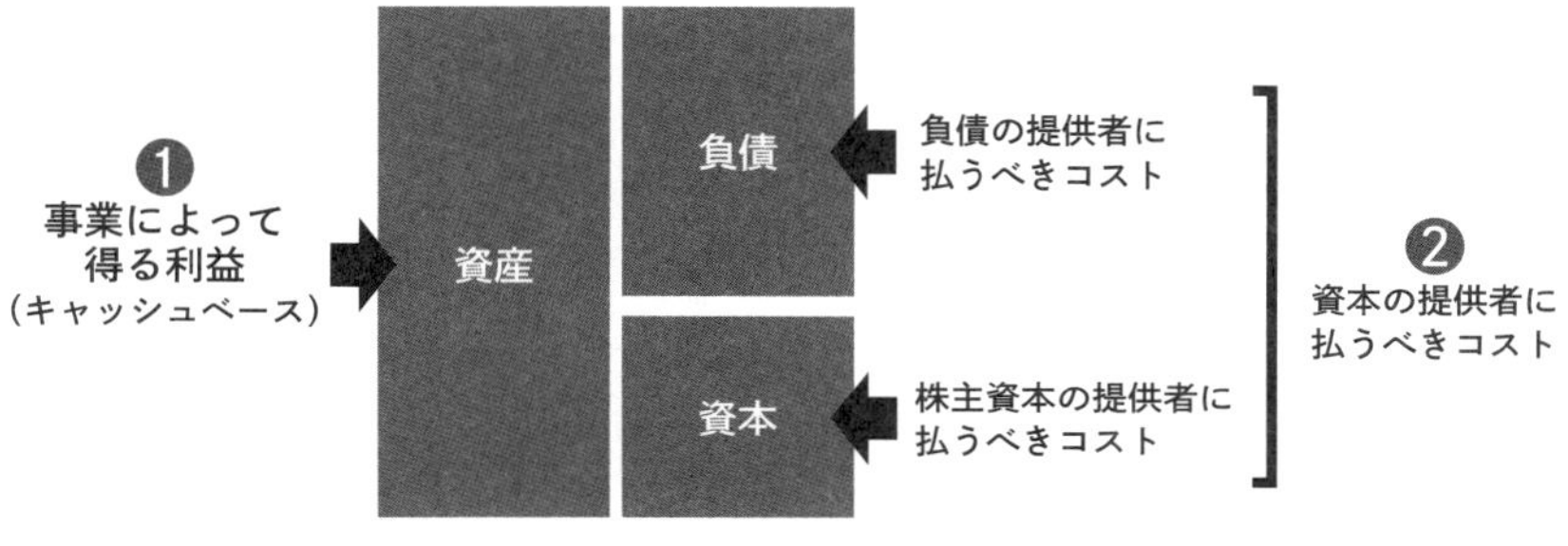

す。**運転資金をなるべく減らす**、ということです。いわゆる「ツケ」で売ったり（売掛債権）、買ったり（買掛債務）、在庫（棚卸資産）にかかったりするおカネをまとめて運転資金といいます。これら**売掛債権と棚卸資産、および買掛債務のプラスマイナスを足し引きした合計を正味運転資金**と呼びます。日々の営業活動を回していくのにかかるオカネですね。これらは、売上や費用が現金の流れとはズレて入ってきたり出ていったりしているということでもあります。売掛債権は「まだ入ってきていない現金」ですから、なるべく早く入ってくるように受取期日をできる限り短くしたいものです。棚卸資産も、「現金化できるのにまだ売れていない資産」ですから、溜めずにいるのに越したことはありません。一方、「まだ支払っていない現金」である買掛債務の支払については、先伸ばしできれば現金はしばらく社内に滞留します。売掛債権と棚卸資産が大きくなれば、現金として入ってくるはずなのに入ってきていないものが増え、資金繰りは苦しくなります。一方、現金として払わなければならないのにそれを猶予できる買掛債務が増えれば資金繰りは楽になります。これらを考えて使うことによって、**キャッシュベースの負担をなるべく減らす**、ということが可能になります。

4　投資と財務が決め手となる

キャッシュベースの利益が出るからといって、何でもやればよいというわけではありません。無理な買収や借金をして売上を「買って」きても、「先立つもの」が大きくなって非効率になったり、それにかかるコストが莫大なものになったりして企業価値は失われます。したがって、元手の大きさを考えつつ、「キャッシュベースの利益」がコストよりも大きくなるものだけやる、それ以外は止める、といった判断が必要になります。すなわち、**「投資実行判断」「投資撤退判断」**をしっかり行うということです。これが、先ほどの選択肢の2にあたります。

昔はこのあたりの判断もいい加減でしたが、ここをきちんと行わなければ成功指標に響く、となってくると話は別です。現在では、「キャッシュベースの利益」と「投資家に対するコスト」を見比べて、合理的な投資判断を進め、企業価値の向上に努めることも増えています。成功指標を押し上げる選択肢として2が加わったことにより、企業行動も変化したのですね。

投資家に対するコストを減らす

企業が行っていることに変化をもたらしたのは、2の選択肢だけではありません。3もそうです。「先立つもの」を手当てした結果として出てくる**投資家に対するコスト**を減らす、ということです。

さて、ここで問題です。企業はどうやったら投資家が見返りとして要求してくるコストを減らすことができるのでしょうか？　ある日銀行に乗り込んでいって、「ウチの会社に適用する金利は、今まで5％だったが、明日からは2％にする」と宣言する？　はい、そうですか、という銀行はいないでしょう。「これまで配当性向は30％を維持してきたが、これから無配にする」と通告する？　しても構いませんが、株主はみんな株を売ってしまうかもしれません。株主総会で文句を言われるかもしれませんね。つまり、このコストは、企業努力で何とかなる類のコストではないのです。投資家が要求する見返りは、投資家なりに企業の状況を判断し、これだけ危ないならこのくらいは必要だな、と考えて要求しているものです。リスクと見返りを秤にかけて、そのリスクに見合うだけの見返りを求めているということですね。要は、このコストは投資家が決めるのです。企業が頑張ったところで、企業のリスクが変わらない限り、簡単に変わるものではありません。

では、3という選択肢は意味がないではないか——そうともいえます。ただ、2つだけ方法がありま す。ひとつは、リスクと見返りを天秤にかける投資家自身に、あなたの会社のことをよくわかってもらうこと。つまり、**情報開示を充実させる**ことです。「ウチのリスクはそんなに高くないですよ、だから見返りもそんなに要求しないでください」とアピールするのは有効です。もちろん、その説明内容は論理的に説得力のあるものでなければなりません。

もうひとつは財務的な手段です。先ほどから、銀行も株主もまとめて「投資家」として一括りにしていますが、これらは本当に同じものなのでしょうか？　実は少々違います。企業にとっては、銀行など債権者が要求する見返りのほうが、株主が要求する見返りよりもはるかに安くつきます。したがって、企業のやることは「安いコストの負債をなるべく多くする」ということです。

ここで、「借金を増やすなんてそんな恐ろしいことは嫌だ」と思ったあなた、その認識は間違っていません。借金が多すぎれば**信用リスク**というものが生じます。貸したおカネが返ってこない懸念のことですね。企業にとってはおカネが返せなくなって倒産、という事態も思い浮かびます。したがって、正確にいえば**信用リスクが顕在化しない範囲において、安いコストの負債を適度に取り混ぜる**ことが、全体としての「先立つもの」のコストを引き下げる可能性のある手段となります。信用リスクが増加すれば、債権者、すなわち有利子負債の投資家がコストを引き上げるだけでなく、株主資本の投資家も反応してコストを引き上げることもあります。また、信用リスクの状況は、金融危機など外部環境によっても左右されますので、くれぐれも「信用リスクが顕在化しない範囲」にご留意を。

ここまでの「左脳的な企業価値」に関する話は、後でまとめてファイナンスの基本として取り上げます。まずは、左脳的な企業価値は、3つの方法によってより良くしていくことができる、ということだけを頭に入れておいてください。

2

企業理念は根付いているか

「大黒柱」のほうの話に移りましょう。「右脳的な企業価値」です。「「企業がその存立基盤として大事に守っている理念や社会的な意義」ということですが、皆さんの会社ではこちらの方はしっかりと定義されているでしょうか。たとえば、ミッションとバリューやビジョンといった言葉の、どれが最上位の概念かわかりますか？　英語は嫌だ？　では、社是と社訓はどう違うのでしょうか？　あなたの会社の社是を、社員は日々しっかりと守っていますか？

1　右脳的な企業価値

「企業がその存立基盤として大事に守っている価値」は、何かを決める際の判断指針になります。右か左か迷ったときに、「ウチの会社はこういうことを大事にするのが信条だから、左ではないだろう」と思えるようでなくてはいけません。したがって、これには、きちんと体系があります。この体系がごちゃごちゃになっている企業は結構多いです。それでは、社員だってわかってはくれません。ましてや、世界の津々浦々まで浸透させるには、よほどしっかりした体系が打ち立てられていないと大変です。最近では

「多様性」という言葉もすっかり定着しましたが、多様なだけでは下手をすればバラバラになってしまいます。拠って立つ基本となる大黒柱の重要性はさらに増しています。

ミッション・バリュー・ビジョンの順番は？

ごちゃごちゃになっている部分を整理してみましょう。「企業がその存立基盤として大事に守っている」価値のうち、最も上位にある概念を、英語ではミッション（Mission）といいます。日本語にそのまま訳すと「使命」です。企業が設立され、社会に存在しているからには果たすべき役目がある、そのことをいいます。したがって、さきほどの問い「ミッション、バリュー、ビジョンの順番は」への答えは、最初にミッションありき、です。これが最も大事。

次は何でしょう。このミッションを、どういう態度で希求し続けていきたいか、ということが必要です。たとえば、キリスト教を全世界にあまねく広めたい、というのがキリスト教団のミッション（ミッションは伝道とも訳されます。まさに教団の使命ですね）であったとしても、それを「キリスト教が広まるのならば、それに反対する人は異教徒だから弾圧しても構わない」という価値観をもって行うのか、「文化の異なる人々を尊重しながら受け容れてもらう」という価値観で行うのかによって、結果は大きく変わってきます。このように、ミッションを希求し続けていくためにどういう態度でそれを行うのか、といった考えが、バリュー（Value(s)）です。日本語に訳すと「価値観」ということですね。どんなに使命を追求しても、価値観に反した行いをしたのでは、使命を果たしたことにはなりません。ミッションとバリュー、**この2つを合わせて「企業理念」と呼びます**。ここには時間軸はありません。未来永劫希求し続けていく企業の究極の目標であり、それを行うために重視する価値観ですから。

ちなみに、ビジョンはこれらの下位概念で、時間軸が入ってきます。こちらについては後ほど述べます。

パーパスとミッションの違いは?

ここでもうひとつ。最近は、「パーパス(Purpose)」という言葉もよく使われます。有名になったのは、世界最大の資産運用会社であるブラックロックの会長兼最高経営責任者(CEO)であるラリー・フィンクが、投資先企業に毎年送っている書簡「フィンク・レター」を通じて、企業の「パーパス」の重要性を強調したあたりからでしょう。この「パーパス」という言葉、日本では直訳的な「目的」という意味の他に、企業の「存在意義」などと訳されることも多くあります。しかしそうすると、上記の「ミッション」と混同しそうですね。何が違うのでしょうか。

結論から言うと、「あまり違わないのでどちらか片方選んで使ってほしい」というのが本書のおススメです。もちろん、言葉が違うのですから違いはあるでしょう。このあたりの意見は百花繚乱です。たとえば、パーパスは「Why」(なぜ存在するのか)を示し、ミッションは「What」(何を行うのか)を説くのだという人もいます。何だかちょっと格好いいですね。概念の整理としては美しくさえみえます。

ただ、実際にこれらを別々に作ろうとするとかなり悩むはずです。例えば、先ほどのキリスト教団の場合、「なぜ存在するのか」と問われれば「神の栄光をあまねく世界に伝えるために」などとなるでしょう。では、「何を行うか」はどうしましょう。結局のところ「神の栄光をあまねく世界に伝える」になってしまうのではないでしょうか。それであればひとつにまとめてしまったほうがはるかにわかりやすいですよね。シンプルであればあるほど、グループの津々浦々まで浸透させやすくなります。概念の階層をいたずらに増やすより、なるべく少なくわかりやすくして皆に腹落ちしてもらう、こちらの方がはるかに大事ではないでしょうか。というわけで、企業の究極の目標や存在意義を示すためには、**ミッションかパーパス、好きな方を選んで「どちらか」を使ってください。両方作らないように。**

2 日本にも昔からある「企業理念」

英語の嫌いな人はそろそろ頭が痛くなってきたでしょう。そういう方のために、もっとぴったりくる言葉があります。日本でも昔から使われている言葉、「社是」「社訓」です。社是、というのは、会社存立の基盤となる方向性、是とする内容のことですね。つまり、これがミッションです。一方、それを遂行するために、社員が守るべき指針を社訓といいます。バリューですね。何だ、日本にも昔からあったじゃありませんか。

たとえば、キユーピー株式会社の社是・社訓を見てみましょう。

〔社是〕

楽業偕悦

〔社訓〕

道義を重んずること

創意工夫に努めること

親を大切にすること

とてもユニークな社是・社訓です。「楽業偕悦」とは「志を同じくする人と業を楽しんで悦びをともにする」という意味だそうです。そのためにはまず道義を重んずる、すなわち「目先の損得ではなく、何が本当か、正しいかということを判断の基準にする」ことが大事ですが、それだけでは不足。創意工夫をしなければなりません。同社のホームページには「世の中は存外公平なものであり、もし公平でない結果が出たとすれば、道義を重んずることに問題はなかったか、創意工夫に欠けていたからではないかと反省をしてみてください。そうすれば必ず、公平な結果が出てくるはずです。」と明記されています。また、親孝行というのはとても面白い視点ですが、「親孝行のできる人とは、人の好意をありがたく感じ、それに報いることのできる人です。そういう人の周囲には、また好意を持って接してくれる人が集まり、その会社はおのずから発展するはずです」とされています。利害関係者とどのように付き合うかといった時にも生かされる教訓ですね。右脳的な企業価値を体現しているような内容です。また、これらの社訓はすべて**具体的な行動と直結している**点も注目すべきところです。

判断軸として有効か

こうした「常に希求すべき方向性」と、「それを希求する際の態度」が企業の原点として定まっていると、そこにいる人々は、何かを考えるときにいつでもその原点に回帰できます。たとえ**外部環境が大きく変わっても、元に戻って考えることのできる「軸」があれば大丈夫**です。判断に迷ったとき、難しい意思決定をしなければならなくなったとき、この「軸」に戻れば、少なくとも何かヒントを得ることができます。まさに企業の大黒柱です。先のキユーピーの社是・社訓は、同社の行動原理の象徴として業界内でもつとに知られているそうです。逆に、**こうした効果のないミッションやバリューは、ひょっとすると内容**

自体が大黒柱に値するものではないか、あるいは**使い方を誤っているかもしれません。**

「我が社の今後10年のミッションは…」とか、「中期計画におけるバリューは…」といった使い方を時々見かけます。これは明らかな間違いです。なぜならば、ミッションとバリューは変わらないものだからです。会社がその存立の根拠としている以上、10年やそこらで変わるはずはありません。もし、本当に変えざるを得なくなったら、それは会社を新しく作り直したほうがよいくらいのものです。もちろん、日本語も移り変わりますから、表現を現代的に改めたり、海外に持っていっても通用するような言い回しにしたり、といったコミュニケーション上の手当ては常に必要です。しかし、本質的な内容が変わるようなことはありません。

生き残るために必要な「軸」

こうした「軸」があるのとないのとでは、荒波を渡っていく時の強さが全く違います。穏やかで何事も起きない海を航海している時には、誰しもあまり深く物事を考えたりはしません。日光を楽しみ、そよ風に吹かれて今日と同じような幸せな明日がずっと続く、と思っていればいいのです。しかし、暴風雨にあったら大変です。まず何をすればいいのか、どうすれば生き残れるのか。必死で考えます。何かにすがりたくなるかもしれない。その時に、いくら自問自答しても何も出てこないときの不安や混乱はいかばかりでしょう。あるいは、乗組員がそれぞれてんでばらばらに勝手なことを考えていたり、実際に行ったりしたらどうなるでしょう。ミッション、バリューには、こうした事態を避ける力があります。経営は、いくつもの選択肢を常に選びながら進んでいきます（人生もそうですが）。その時に、**指針となるものがあるかどうかは選択の容易さと確かさを大いに左右します。**実際、日本で創業百年を超える老舗企業では、実にその77・6%が社是・社訓を持っており(帝国データバンク調べ)、「基本的な経営方針」「共通価値観の醸成」「精神的支柱」などとして重要視しています。

3 企業理念がないとどうなるか

こうした内容を、「きれいごと」として嫌う人たちもいます。確かに、掲げてあるだけで判断指針にもなっておらず、美辞麗句を連ねただけの企業理念であれば、そう思われても当然です。しかし本来は、企業理念はその企業固有の精神を示す大黒柱です。だからこそ、老舗企業も社是・社訓を重視しているのですね。

大黒柱がないとどうなるでしょう。家は倒れてしまいます。それと同じく、企業理念を失うと、企業は最悪の場合消滅してしまいます。

私事で恐縮ですが、筆者は以前、長期信用銀行という形態の銀行に勤めていました。設立当初のミッションは明快でした。戦後復興のため、成長拡大のために産業セクターに長期資金を供給する、ということです。その志にあふれた設立まもない頃の話を聞くと、当時の熱気が伝わってくるようでもあります。こうした銀行は、先ほど見た「先立つもの」の安定化装置としても機能していました。しかし、安定化装置が時代に合わなくなっていくにつれて、担うべき役割もまた失われていきました。

ミッションが失われたのに業務だけ続けていれば、その業務は漂流します。日本の成長を支えるために行っていた長期融資が、いつからか目的を見失い、危ない不動産融資などにのめりこんでいくのに時間はかかりませんでした。結局、それが命取りになって、長期信用銀行という形態は事実上消滅しました。

気をつけなくてはならないのは、ミッション、バリューを失った会社が、明らかに悪い会社であるとは限らない、ということです。在りし日に築いた様々な物的・人的財産ゆえ、むしろ傍目には良い会社にさえ見えます。筆者の所属した銀行も、素晴らしい人たちに恵まれた場所でした。ただ、目的なく放浪していることの影響はじわじわと出てきます。それがゆえに従業員は、いわゆる「ゆでガエル」現象に陥っていることに、かなり早くから気づいていたように思います。

4 リスクマネジメントとしての企業理念

守るべき「軸」は何か

日本人が海外に出たりすると、急に「自分は日本人なのだ」と意識することがあります。普段は自覚しない自らのアイデンティティに気がついたということですね。企業理念もこれと同じです。同じような国籍、民族、学歴、経歴、性別の方々と一日中接していれば、そしてそれが10年も20年も続けば、その集団が何なのかなどいちいち考えなくなってきます。また、その集団の内部では、だんだん相手の考えていることなどは聞かなくてもわかるようになってきます。「新卒一括採用日本人大卒男子終身雇用年功序列」といった、一昔前の圧倒的多数派の一群はその最たるものですね。勤めている会社の風土や考え方も、知らないうちに自分と同一化してきたりします。似たような人を多く集めて囲い込んでいた企業は、ある意味〝疑似家族〟のようなものだったかもしれません。したがって、会社の側としては「わざわざ言わなくてもわかるよね」という〝楽〟ができました。

最近のように、バックグラウンドが異なる人々が増えてくるとそうはいきません。疑似家族の「以心伝心」に任せきりでは、何事もままならなくなってきています。会社が「ウチの会社で大事なことは言わなくてもわかるよね」と期待したとしても、「わかりません」の一言で玉砕です。言わなければ伝わらない時代になってきました。

中でもぜひしっかり伝えたいしわかってもらいたいのは、「ウチの会社はこういうことを本当に大事にしているから、これだけは守ってね」という〝譲れない一線〟、すなわち企業理念です。自社で働いてもらう以上、ここだけはしっかりと胸に刻んでおいてもらわないと困る、拠って立つ基本の「軸」ですね。

企業理念に反することをしない

「軸」がしっかりしていると、実はリスクマネジメントにもなります。日常業務に関するリスクマネジメントというと、内部統制やコンプライアンスなど検証容易で外見からも客観的に取組状況を把握しやすい**ハードコントロール**がまず思い浮かびますが、これが厳しくなってくると、なんとなくやらされ感が漂います。押し付けられるばかりでやる気が失せるから面従腹背、あるいはこっそり破ってやれ、などと考える良からぬ輩も出てきます。一方、リスクマネジメントには**ソフトコントロール**という形もあります。**人々の誠実さや良心などに訴えかける、哲学や信念などを共有するといったアプローチ**です。**企業理念はその代表**です。本当にわかっているのか検証が困難であったり、内面的なものなので取組状況がよくわからなかったりしますが、本当に腹落ちしてくれると自分から進んで動いてくれるという素敵な成果が上がったりします。成果を褒められたりすると、正直人間は嬉しいもので、より頑張ってくれたりもします。

どんなに仕事のできる社員でも**「企業理念を破ったらアウト」**であることを徹底するという点も、リスクマネジメントとして重要です。自社の企業理念が「誠実であれ」だとすれば、どんなに業績を上げたとしても、顧客に嘘をついた社員の処遇は明白です。こうした見方は、たとえば「ヒト」しか経営資源のないプロフェッショナルファームなどでは非常に厳しく、業績も良く頭の良さはピカイチといったビジネスエリートでも、人事評価の必須項目である「企業理念に抵触していないか」という点で問題が生じれば一発アウトです。今後ますます「ヒト」が大事になってくる世の中で、基本の「軸」はこれまで以上になくてはならないものになっていくでしょう。

やたらとスローガンが多い会社は要注意

こうしたことに気がつき、自社の企業理念を見直す企業も増えています。ここでよくあるのは、見直してみたら、企業理念もどきの言葉があまりにも多かった、という状況です。

先程の「パーパス」と「ミッション」の話もそうですが、カタカナ英語は他にもたくさん出てきます。新社長がつい勢い込んで作ってしまった「コーポレートスローガン」。経営改革を進めようとして打ち出された「マネジメント・ポリシー」。広告代理店が持ってきた素敵な「キャッチコピー」。沢山あり過ぎて、すべてをグループ全体にしっかり浸透させることは難しそうです。混乱を生むだけになってしまうかもしれません。また、往々にしてこの手のものは「困った時のガイドライン」にはならないことも問題です。**右か左か迷った時に、我々の取るべき道はどちらであるということを明らかにできる**のが本来の企業理念です。企業理念といえば必ず言及されるジョンソン・エンド・ジョンソンの「我が信条」は、「困った時には〝我が信条〟ですよ（答えが出ますから）」と日常的に実務の現場で活用されているそうです。そうした力を、皆さんの会社の企業理念は持っているでしょうか？　シンプルで力強く独自性を持ち、具体的な行動につながり、悩んだ時の指針になり得ることが企業理念には求められます。また、企業理念は社内だけではなく、社外との関係においても大変重要です。何といってもその企業が社会に存在する意義、社会的な価値を体現しているのですから。このことは、後ほど出てくるサステナビリティの流れなどにも大きく関係します。

右脳と左脳の交わるところ

さて、ミッション、バリューが出てきたので、ついでにその下の概念もおさらいしておきましょう（**図表４**）。次に出てくるのは「ビジョン」（Vision）です。ミッション、バリューを追求していくにあたって、長期的に何を行っていくべきか、将来どうなりたいか、という、**長期的な青写真**のことです。これは時代に即して変わり、「２０５０年にありたい姿」などといった形で設定されます。これは、ミッション、バリューに続くものとして、理念的な内容を具体的な将来像につなげる役割を果たします。また、ここでは経済的な成功についても追求しなければなりません。「右脳的な企業価値」であるところの企業理念の実現と、「左脳的な企業価値」であるところのキャッ

図表４　経営の体系

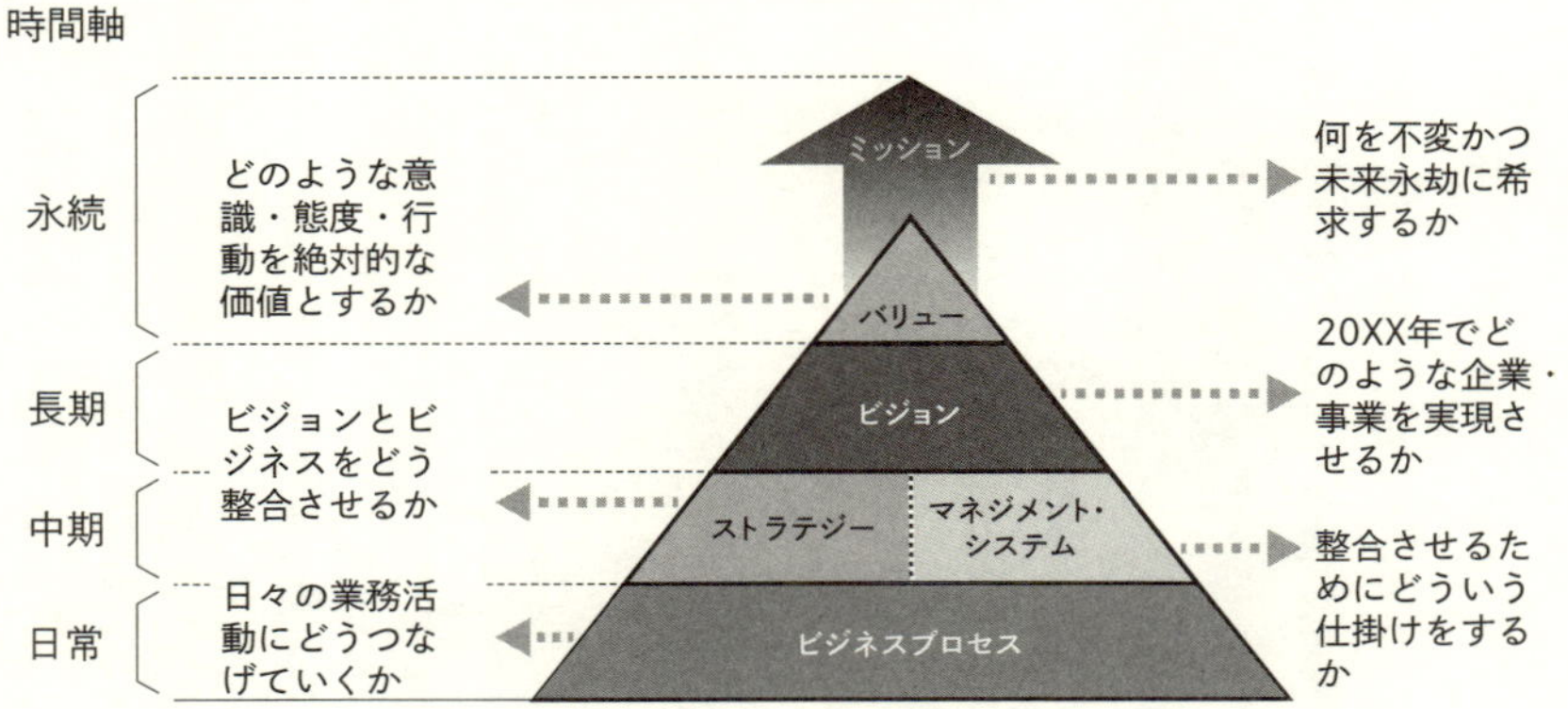

シュフローの創出を、この段階で結びつけていくことが必要になります。

「神は細部に宿る」

次に何をすればよいでしょう。将来像を実現するための**「戦略」**（ストラテジー、Strategy）を定めることが必要になってきます。ここでは、より具体的な方向や行動を詰めるとどうなるのかということが問われます。アクションプランやマイルストーンも必要になってくるでしょう。忘れてはいけないのは数字です。ビジョンの段階では、「おおよそこのくらい企業価値向上に資するはず」程度でも構いませんが、戦略までくれば、企業の経済的な目標である「企業価値の向上」は、どのようにしてどれくらい達成されるのか、ということが具体的に語られる必要があります。また、こうしたことを考えるためには、ある程度時間軸を区切る必要があります。中期的な成功への道筋といってよいでしょう。

戦略とセットで必要なのが**「仕組みや仕掛け」**です。英語でいえば、マネジメント・システム（Management System）とでもいいましょうか。組織設計や経営管理、責任と権限の設定、などがここに入ってきます。こうした仕組みや仕掛けなしには、いくら詳細な戦略を作っても動かすことができません。ここまでできて初めて、**日常的な業務プロセス**（Business Process）に至ります。

骨太の方針は確かに必要ですが、それだけで企業は動きません。**大きな「軸」が必要である一方、「神は細部に宿る」**のです。といっても、経営陣が、実務の細部までやらなければいけないか、というとそうではありません。そういうことをやってもらうために、経営陣は従業員に業務運営を任せています。したがって、大きな軸であるミッションやバリューと日常の業務プロセスをつなぐものとして、どのようにビジョンを設定し、戦略や仕組みをどう作るかということがとても重要です。このあたりの関係はまた後で見ましょう。

「言っていること」と「やっていること」が異なる企業

ここで経営陣が留意すべきは、**細部に至るまで、大きな「軸」と整合性を持って動くようになっているか**という点です。

ミッションでは「社会への貢献」を謳い、バリューでは「公正な企業活動を行う」ことを旨としていながら、日常の業務プロセスでは法令違反ばかり、といった企業は信頼されません。「何より人が大事」といいながら、いとも簡単に過酷なリストラをやるような企業も同様です。ミッション、バリューからはどうしても定義できない事業を営む企業もあるかもしれません。「世界平和に資する」といったミッションを謳いながら武器事業にのめりこんだり、「浮利を追わず」などと掲げたその足元で危ない投機にいそしんでいたり、というのは、「軸」に始まる体系がどこか歪んでいます。こうした歪みは、経営にとって大きな障害になります。毎日行っている仕事が、企業が内外に向けて掲げていることと矛盾していて、「ウチの会社は言っていることとやっていることが全く違う」と感じる社員が、元気よく働けるわけがありません。大黒柱を打ち立てたら、それを中心に家を建てなければうまくいかないのと同じように、企業が掲げた「軸」とは異なる戦略や仕組み、業務プロセスがまかり通っていては、内部も外部も混乱します。ミッションから、業務プロセスに至るまで、一気通貫で「なぜこうなのか」がわかるような企業の経営体系を構築することは、普段あまり気づかないかもしれませんが、企業の存続を左右するほど重要なことです。

3 経営陣は何をすべきか

1 経営陣は「脳梁」の役割を果たす

ここまで「左脳的な企業価値」と「右脳的な企業価値」を見てきました。この2つ、どちらも等しく大事です。「左脳的な企業価値」に傾倒するあまり近視眼となって、短期的な時価総額増大にあくせくするばかりでは、そもそも企業というのは何なのか、ということにもなります。投資して、利益を上げて、金主に返すだけなら、そこらにある投資ファンドと何ら代わりはありません。企業を立ち上げたからには、何か事業を行って社会に役に立つような存在になりたいという熱い思いがあったはずです。

一方、単純に「右脳的な企業価値」だけを追い求めていれば良いわけでもありません。企業は慈善団体ではありませんから、利潤を追求することはやはり必要です。「売上だけで良かった時代」に戻れるわけでもありませんから、経済的な指標としての企業価値をきちんと高めていく必要があります。

すなわち、〝いまどきの経営〟を行っていくには、「右脳」と「左脳」の両方を使い、それをうまくつないで発展させていくことが求められるようになっています。ただ、この〝2つの企業価値〟、放っておくとなかなか交わりません。「左脳的な企業価値」について財務部門が精緻な数値管理を行っても、それだけで右脳的な企業価値が実現できるわけではありません。一方で、サステナビリティ推進部門が「右脳的な企業価値」の重要性を説いても、なかなか事業には落とし込めず、左脳的な企業価値向上につながるには道遠し、になりがちです。

「脳梁」として行うべきこと

誰かがこの2つの価値をつなげていかないといけませんね。いくらシャープな左脳があっても、感受性豊かな右脳があっても、それだけでは人間の脳は全く働きません。それらをつなげて統合的な思考ができるようになってこその人間です。脳の中では、その統合の役割を果たすのは「脳梁」です。企業において、この**「脳梁」の役割を果たすのは経営者**です。

ここでいう経営者とは、単に「左脳を極めたビジネスの親玉」でもありませんし、「右脳で理想を語るだけの夢追い人」でもありません。**これらを統合して、目指すべき将来の姿を実現させるのが経営者の仕事**です。そのためには、多くの問題も解決しなければなりませんし、難しい意思決定も迫られます。昨今、こうした経営者の役割はますます重要になり、その巧拙が企業の命運を決めるようになってきています。

リーダーシップとコミュニケーション

経営者が役割を果たすために必要なのは何でしょう。ひとつには、「リーダーシップ」が挙げられます。経営者が2つの企業価値を重要と考えて、その向上にむけて当事者としていかに率先垂範することができるか、いかに人々を活気づけることができるか、が問われるということです。リーダーシップとは、単に

「ついてこい」と言って先頭を走れば済むものでも、強いカリスマでなければできないものでもありません。持って生まれた才能でさえありません。リーダーシップは学習して身に付けることが可能です。この点は結構誤解が多いところかもしれません。

経営学の泰斗、ピーター・ドラッカーは、その著書の中で「リーダーシップとは、組織の使命を考え抜き、それを目に見える形で明確に確立することである。リーダーとは、目標を定め、優先順位を決め、基準を定め、それを維持する者である」と述べ、「リーダーたることの第一の要件は、リーダーシップを仕事と見ることである」と指摘しています。深いですね。リーダーシップは、必ずしも経営者だけに求められるものではありません。グループのヘッドでも、新入社員でも発揮することができます。ただし、経営者には必ずリーダーシップが必要です。その発揮を自らの仕事として、地位や特権ではなく、責任と見て果たすこと（これがドラッカーの指摘する第二の要件です）が求められます。

その仕事を行うにあたっては、もうひとつ重要なものがあります。組織の中、また外との「コミュニケーション」です。**いくら経営者がリーダーシップを発揮しようと思っても、その経営者のコミュニケーション能力が低ければ、思っていることは伝わりません。**それどころか、相当能力が高くても伝えるのは難しくなっているのが昨今の状況です。今や日本人以外の社員もいるでしょうし、買収や合併でグループ入りした企業や事業もあるかもしれません。中途入社も増えてきました。こういった人たちに、会社の方向性をしっかりわかってもらうためには、経営者はしつこいほど同じことを言い続ける必要があります。また、それは組織の中に対してだけではありません。外にいる、様々な利害関係者に対しても同様です。経営者にとって、リーダーシップとコミュニケーションは欠くべからざるものと言えます（それにしても、これらの良い訳語がないのは悩ましいところです）。

2　統合的な思考が求められる

本質的な価値を共有する

リーダーシップを発揮して、積極的なコミュニケーションを実現するのは大事なのですが、実際にやるのはとても大変です。少しでもハードルを引き下げたいところです。どうしたらよいでしょう？

これには何といっても**共通言語を整える**に如くはありません。言語が共有化されていれば、伝達のハードルは著しく下がりますし、それによって人を説得し、まとめ上げて目指す方向に導くことも容易になります。

「共通言語」には、実は3つの意味があります。まずは、ここまで申し上げてきた**本質的な価値を共有すること**です。「営利を追求するにあたって、皆が共有できる成功指標を持つ」（＝左脳的な企業価値）、「企業の存在意義としての目指すべき理念を共有する」（＝右脳的な企業価値）、ということでした。経営者は「脳梁」の役割を果たすべく、これらを統合した将来の姿を示し、社内外の人々に腹落ちしてもらうまで、何百回でも、何千回でも繰り返して発信し、フィードバックを受けてまた発信し、ということを行うことになります。経営者の方々には大変おつかれさまですが、しかしとても重要なことですね。

ここで、先ほどから何度も「統合」という言葉が出ていることに気がつかれたでしょうか。この言葉、どこかで聞きませんか？　そう、統合報告書の「統合」です。Integratedという英語があてられますが、これは、「ひとつのものにする、完全にする」といった意味を持ちます。語源が同じ言葉として、Integrityという言葉があります。最近はよく企業理念などで用いられ、日本語では「誠実」などと訳されています。本来は、「倫理的に完全無欠な、高潔な」といった意味を持つ、訳すのがとても難しい言葉です。ただ、〝裏表のない〟、〝一体化された〟といった感じをわかっていただけますでしょうか。「会社の目指すべきところ」がばらばらであったり、数字と理念が別の方向を向いていたり、建前と本音が違っていたりしては困るわけですね。将来の企業像を、嘘偽りなく完全にひとつのものとして考えていこうというのが統合的思考と呼ばれる考え方であり、統合的思考に基づいて将来の姿を語ることができるのは「脳梁」たる経営者しかいません。経営者が描く企業の姿を具体的に映し出すのが統合報告書の役割ともいえます。コンサルに丸投げして美しいだけの統合報告書を整えるのでは意味がないということですね。

仕組みや仕掛けを整える

「本質的な価値」が共有できたら、次にくる〝共通言語化〟は「**それを実現するための仕組みや仕掛けを作り、誰でもどこでも共有できるようにする**」ということです。詳しくはこれから見ていきますが、左脳的な企業価値に関していえば、ゴールに至る道筋となるべき戦略を策定したり、その成果を見るために経営管理を充実させたりといったところがこれに当たります。また、右脳的な企業価値からは、企業理念の浸透を測る具体的な施策やダイバーシティ・マネジメントの実践などが不可欠になってきます。そして、これらの仕組みや仕掛けを作って動かしていくのは本社の仕事です。

この仕事をスムーズに進めるには、多くの人々が納得できる道具立ても大事です。「論理」や「事実」、「数字」を使って表現すべきと言われるのはこのためです。海外展開が進むにつれて、様々なコミュニケーションを「何語」で行うのかということも不可欠な検討要素となってきます。海外と全く関係のない部門まで巻き込んで「企業内公用語を英語に！」すればいいというものでもないでしょうが、「本社が送ってくるフォーマットは全部日本語なので、日本人駐在員が徹夜で翻訳して海外拠点のスタッフに渡している（逆も同様）」といった涙ぐましい話も未だ多くあります。そのために駐在員がいるわけではないはずですよね。

言葉の意味を定義する

数字や英語などの陰に隠れて意外に忘れられがちな、共通言語化の３つめの要素は、文字通り**「言葉の意味」を定義する**ことです。いや、そんなことは言われなくてもわかるだろうって？ そんなことはありません。例えば皆さんは「グローバル化」という言葉を正確に定義できますか？ 考えてみればとても不思議な言葉です。「ガバナンス」はどうでしょう。内部統制とどう違うのでしょうか。企業内だけで使われているいわゆる社内用語もあります。別にあってもいいのですが、それは全拠点どこでも使えるように、誰でも正確にわかるように浸透しているでしょうか。日本の本社の片隅の隠語にはなっていませんか。

M＆Aにおいて買収した後の統合（ＰＭＩ：Post-Merger Integration）を成功裡に切り抜けた企業では、この３つの「共通言語」あわせをうまくやっていることが多いように思います。本質的な価値の共有、仕組みや仕掛けの共有、そして言葉の定義やその使用方法の共有、これらの共通言語化を進めることはやはり重要といえます。

もしかしたらこうしたことは、個人の人生、例えば結婚した時なども同じかもしれませんね。新婚さんはじっくり考えてみてください（笑）。

第3章

本社の役割を確認する

CHAPTER 03

企業内の各機能が未分化なまま、組織が大きくなってくると様々な問題が起こります。
本社部門の機能は明確になっているでしょうか？

どこかにたどり着きたいと欲するならば、
今いるところには留まらないことを決心しなければならない。

J・P・モルガン

1 組織の括りをいったん忘れる

ここまで、「ゴールを決めて共有化する」という第一のルールを見てきました。10ページに掲げたルールの次に来るのは、「まずは投資家に徹する」です。投資家？　この言葉を聞いただけで本を閉じたくなる人もいるでしょう。しばしお待ちを。別に、ハイエナファンドになれ、と言っているわけではありません。ここで言いたいのは、グループ内の機能をきちんと分けたうえで、本社の仕事を定義し直そう、ということです。

1 機能未分化な日本企業

日本企業は戦後以来の成長過程において、どんどん事業分野を広げ、規模を拡大してきました。一丸となって成長してきた、と言ってもよいでしょう。しかし、一丸となっていると、良い面もありますが悪い面も出てきます。誰が何を行うべきなのか、だんだんはっきりしなくなってきます。多くの部門ができ、多くの子会社ができますが、それらがどんな機能を果たしているか、しっかり定義されないまま肥大化して、身動きが取りにくくなってしまいました。そろそろ、今ある「××子会社」や「△△本部」といった、組織としての括りをいったん全部忘れて、「機能」を考えてみませんか。

グループに存在する3つの機能

どんな企業にも、3つの機能が存在します。まずは、**事業を推進する機能**。「やりたいこと」を追求する人たちですね。要は、「事業部門」ということです。これは、一般的な社会でいうところの、「事業家」「企業家」の方々です。

一般的な社会にいる事業家は、「やりたいこと」をやるうえで、「先立つもの」や「取り組む人」の確保を外部の市場と相対して行うわけですが、グループの場合には、その確保をグループの本社機能に委ねることになります。グループ内の「事業家」から見れば、本社の人たちが、外部の市場に近い役目をするわけですね。したがって、本社は一般社会になぞらえれば「投資家」ということになるでしょう。もちろん、本社の機能はそれだけではありませんが、それについては後で見ます。ここでは、**事業**

図表5　グループに存在する3つの機能

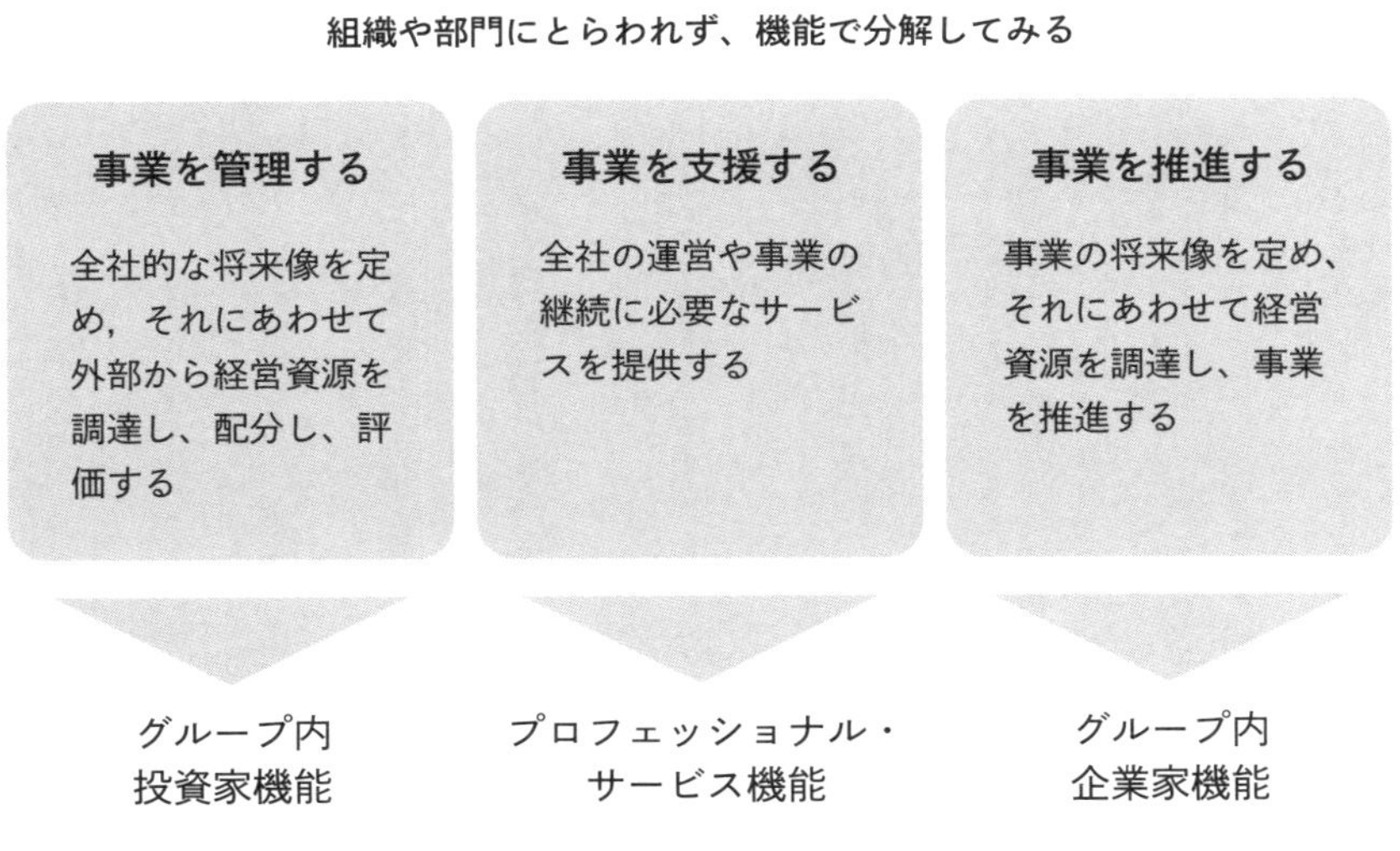

組織や部門にとらわれず、機能で分解してみる

を管理する機能、とでも言っておきましょうか。管理というのはあまり好きな言葉ではありませんが。

この機能を果たしているのは、グループにおける経営企画、財務、人事、システム、経営管理、等を司る部門ということになります。これらの部門の中には、もうひとつの機能、事業を支援する機能、といったものも含まれています。たとえば、〝人事部〟といっても、人的資源配分を考える人たちもいれば、福利厚生サービスの提供にいそしむ人たちもいるのが日本の企業です。ここではいったん、「人事部門」といった、従来ながらの組織の括りや部門の名称などは忘れてください。そうすると、人事部門、というところには、実は人的資源配分を行うという投資家的機能と、「福利厚生サービスを行う」という**サービス提供者的機能**の2つがあることがわかります。本社機能として取り上げるのは、前者のみです。

こういうと、「後者については、シェアドサービスか何かで外に子会社を作って括ってしまえというのだろう。体のいいコスト削減ではないか」などと言われてしまうかもしれません。しかし、ここでの主眼はそこにはなく、単純に「機能の異なるものを一緒にするな」ということです。後者のサービス提供機能は、これはこれでプロフェッショナルとして成り立つ立派な機能です。たとえば巷のコンサルティング会社や会計事務所、弁護士事務所などは皆「サービス提供機能」ですし、先ほどの「福利厚生」にしても、それだけを請け負っている会社などが実際にあります。どの機能が上で、どれが下、ということもありません。違うものを一緒にしていると混乱を招くだけだから止めましょう、ということです。

本社が果たすべき機能とは何か

本書の主題は「本社の仕事」、すなわち事業を管理する機能についてです。管理する、という言葉はどうも気に入らないので、さっさと定義し直してしまいましょう。管理する機能、とひとくくりにしている本社の機能をもう少し丁寧に見ると、さらに3つの機能があることがわかります。どれも、先ほど見た「2つの企業価値」という企業のゴールを追求していくのに必要なものばかりです。

1 「見極める力」――本社の投資家的機能
2 「連ねる力」――本社の連携強化機能
3 「束ねる力」――本社のグループ代表機能

まずは、**「左脳的な企業価値」を向上させていくことができる事業は何か、を見極める**必要があります。企業は慈善事業ではないと申し上げた通り、利潤の追求は重要です。個別の事業がどういった仕組みで利益を生み出し、それは将来どのように増えていくのか。そのためにはどのような手当てが必要なのか。手当の中には「先立つもの」も「取り組む人」も入ってきます。経営資源配分をいかに行うか、ということですね。もちろん、配分した後にはちゃんと回収できるか評価もしなければなりません。まずは、こうして個別の事業を「見極める力」が本社には必要です。

次に、**個別事業の間を貫いて、共有できるものは共有したり、一緒に取り組むとより効果の上がるようなものはともに行わせたり、といった連携強化機能**が挙げられます。連携、ということなので「連ねる力」としましょうか。事業間の横の連携を刺激するのは重要ですね。また、個々の事業では取り組めないような次世代成長の芽を育て、新しい連なりを作っていくような刺激を与えるのも「連ねる力」に入ってきます。研究開発や事業開発の支援、最近ではM&Aなどの取組みなどが挙げられます。また、不振に陥った事業を単に切り捨てるだけではなく、回復に向けて支援し連なりに戻すといったことも考えられますね。それによって、グループが連鎖的に悪くなっていくことを防ぎ、全体としてはより活性化する方向に保っていくことができます。ひとつひとつの事業だけでは生み出せない相乗効果を働かせるために、本社が縁の下の力持ちとなって働くことは重要です。こうした「連ねる力」が働かないと、企業は単なるファンドと変わらなくなってしまいます。

さらに、企業を企業たらしめているのは「束ねる力」です。**束ねてひとつの方向にまとめて価値を向上させていく**、ということです。ミッション、バリューに始まる経営の体系を、整合性をもって作り、企業グループを運営する大黒柱とする、ということ。また、束ねてひとつの方向を向いたグループ全体を、外部に向かって知らしめたり、それを通じてさらに経営資源を獲得したり、といったことも必要です。これによって、グループ全体がより良い経営資源を獲得し、より良いコミュニケーションを外部との間で有することができます。ひいてはより良い社会市民となって「右脳的な価値」を実現することにもつながります。

さて、これら3つの機能をこれから見ていきますが、その前に、いくつか触れておきたいことがあります。ひとつは、投資家機能という言葉の意味についてです。かなり誤解されている点も多いので、いったんまとめておきましょう。もうひとつは、これらの機能が明確に意識されていないが故に現状起こっているいくつかの弊害についてです。今の「悩み」はどのあたりにあるのかをちょっと考えてみたいと思います。

2 見過ごされがちな「投資家」機能

日本企業のグループ経営における顕著な特徴は、**本社が「投資家」的機能をきちんと果たせていない、**

ということです。「投資家」というと、事業会社の方はたいてい嫌な顔をします。世間を騒がせるアヤシイ人々の顔が脳裏をよぎるのでしょうか。額に汗して稼いでいない感じが嫌い、といった方も多いでしょう。投資家と称する人々は経営がわかっていない、とお腹立ちの経営者の方も相当いるはずです。お説ごもっとも。しかし、ここではいったん、そうした個別事情は忘れてください。ここで必要なのは、一般的な「投資家」としての機能です。企業にとっては「先立つもの」であるおカネという経営資源を提供してくれる存在です。

社会における投資家の機能を考えてみましょう（**図表6**）。彼らは事業には直接携わりません。その代わり、事業をよりよく知っている事業家に自らの資金を預け、その運用を委ねます。ただ、彼らも慈善事業をやっているわけではありませんから、運用する以上は、預けたおカネがさらに増えて手元に返ってくることを期待します。そのためには、きちんと返ってくることを見極める必要がありますね。したがって、①事業家が行おうとしている事業が本当に確からしい事業なのか（**運用方針**）、②事業家はこれまできちんとした実績を上げているのか（**運用実績**）、③事業を行うにふさわしい体制を整えているのか（**運用基盤**）、などを根掘り葉掘り尋ねます。

図表6　企業経営者と投資家の関係

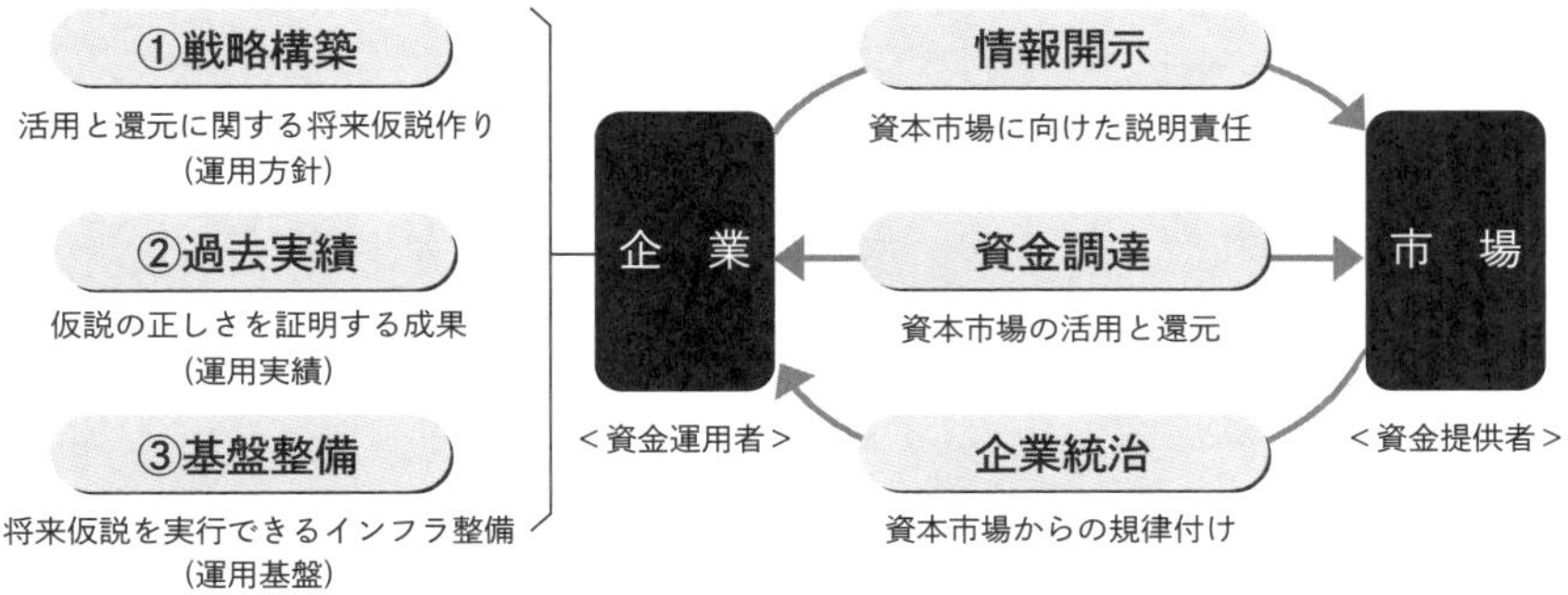

要は、それらに関する**「情報開示」を求める**ということです。その情報に納得すれば資金を拠出しますし、納得できなければばしません。また、拠出している間も状況がどうなっているのか常にモニタリングを行い、事業家が運用をさぼって逃げたりしていないか、預けた金で想定外の博打を打ったりしていないかなど、事業家に対して**規律付けを行おう**とします。これが**「企業統治」**ですね。

どこにでもある投資家と事業家の関係

難しく考えなくても、こうした関係はどこにでも見られます。早い話、皆さんが投資信託を買う場合には、皆さんはこうした「投資家」機能を果たしています。たとえば、成長著しい新興国におカネを注ぎ込みたいけれども、自分で実際にその国まで行って事業を行ったりすることはできない。では投資信託でも買おうか、ということになれば、どこかのファンドマネージャーにおカネを預けることになります。当然、預けるにあたっては、そのファンドマネージャーの運用実績や運用方針、また運用体制などをしっかりチェックしますよね。また、どうも怪しいと思えば、そこから資金を引き揚げたり、あるいは文句を付けたりするかと思います。これが投資家のやっていることです。

ここまで読めばおわかりの通り、本社が行うべきことの大きなひとつが、この「投資家」機能です。資本市場にいる投資家と企業経営者との関係は、グループ内における**本社機能と事業機能との関係と同じ**です（**図表7**）。前者が経営資源を提供する側。後者がそれを用いて事業を運営する側。前者は、後者からの情報開示を受け、企業統治の機能を働かせつつ、後者がやろうとしている事業の将来予測を検証し、リスクと見返りを判断して、適当と思えば投資を実行し、見返りが期待通りに得られたか評価する、ということです。

図表7　グループ経営と資本市場

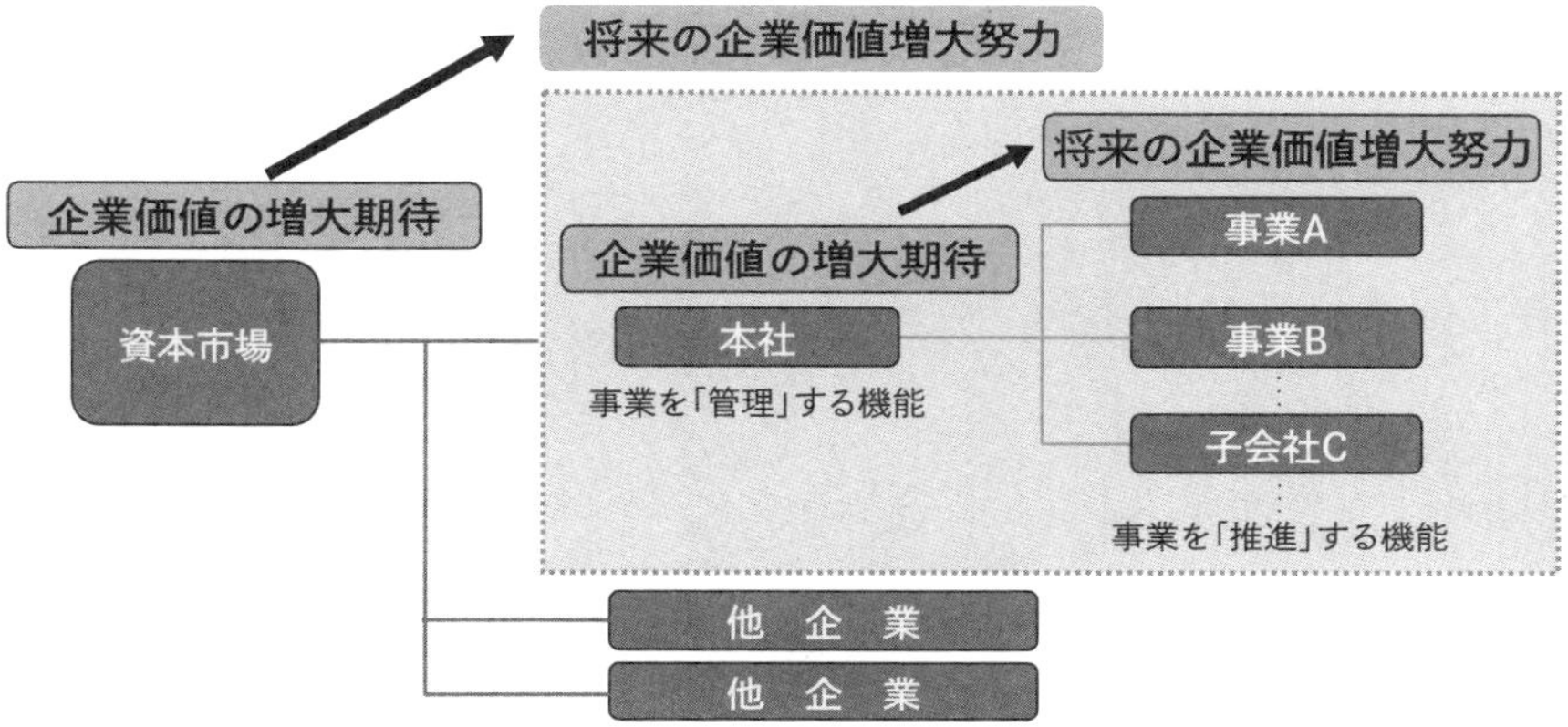

「先立つもの」について考えてこなかったツケ

昭和の時代に、前述の安定化装置付き経営によって財務について考えることを免除されてきた日本企業は、この「投資家」的機能にいまだ慣れていません。これは、資本市場との付き合い方などにも顕著に表れています。また、グループ内での投資家機能をうまく働かせられないために全社戦略に齟齬をきたしている例は枚挙に暇がありません。

経済が著しく成長している状況にあり、安定化装置がうまく機能しているのならば、すべての事業機能が最大限に欲張って「経営資源がほしい」といっても、それをそのまま調達してくることはそんなに難しくなかったでしょう。外部の、たとえば銀行などと適当におつきあいをしておカネを引っ張ってきて、言われるがままに配ればよかったわけです。今日の延長線上に明日があるような事業計画であっても特に問題はなく、事業部門から計画を出させて単純合算しておしまい、という全社戦略でも不都合はありませんでした。事業部門の「部分最適」と、グループの「全体最適」が一致していた幸せな時代だったのですね。

全体最適と部分最適が一致しない時代

しかし、時代は変わりました。経済が大きな変動を繰り返し、グローバルにスピードを求められるようになってきた今ほど、部分最適と全体最適の差が広がっている時はありません。当然、その間の調整が大いに必要になってきています。ある事業が出してきた事業計画は大幅に縮小しなければならないかもしれないし、別の事業には撤退してもらわないといけないかもしれません。ジャンプをするような意思決定をして会社を変革することも考えていかなければなりません。大規模なM&Aなどもそのひとつでしょう。

こうしたことは、事業部門限りではなかなかできません。事業部門は、あくまでその事業における部分最適を追求していくのが仕事です。しかし、**部分最適の単純合計は必ずしも全体最適にはなりません**。全体最適を考えながら各事業への資源配分を考えるのは、本社の仕事です。したがって、本社機能には、まず「投資家」としての様々なノウハウを身につけてもらう必要があります。また、「投資家」として必要な装備も行う必要があります。それらなしに、全社戦略を考えようとしても必ず失敗します。

2

日本企業になぜ閉塞感が強いのか

全体最適と部分最適が一致しない時代になってきたということは、どなたもお感じになっているでしょう。その中で、本社がきちんと投資家的機能を果たしていくことは喫緊の課題です。多くの会社が取組みを進めています。

しかし、それにしては変革はなかなか進まないようにも見えます。安定化装置付きで済ませてもよかった時代に作り上げた組織の枠組みが、機能の発揮を阻んでいるからです。以前は効果的であったものも、環境が変わると足かせになってきます。今の日本企業に目立つ「足かせ」を挙げてみると、以下のようになるのではないでしょうか。

1　事業部門の制度疲労
2　利益代表化した経営陣
3　経理・財務部門に対する誤解
4　経営企画部門の功罪
5　人事部門における戦略不在

1　事業部門の制度疲労

全体最適を目指そうとする本社機能の前に、まず立ちはだかるのは、日本企業に顕著な「現場主義」であり、そこから派生した「事業部門」の強さです。「やりたいこと」に専念していた仕組みだったことを思えば、それをやっている最前線が強くなるのも当たり前ですね。

事業部門が悪いわけではありません。事業部門に課せられた使命は、「現在よりも成長せよ」ですから、自分が今ある姿、置かれた状況を前提に、それより成長した姿を将来像とするのは当然です。連続的な事業環境の下で、既存のビジネスモデル、既存の強みをより「改善」することによって、将来の成長を実現しようというのが事業部門の考え方です。つまり、事業部門には、「過去の実績の積み上げの延長に将来を築こう」「常に改善し続けよう」という強いモチベーションが働きます。

改善は得意だが改革は苦手

これがうまく作用すれば、大きな力になります。将来的にも環境が大きく変わらず、右肩上がりの連続的な成長が見込めるときには、この事業部門のモチベーションは企業が前進する原動力になります。一方、事業環境が大きく変化し、これまでやってきたことが必ずしも通用しなくなり、事業の壁を越えた新しい動きを行っていかないと成長が獲得できないような不透明な状況では、この力は助けになりません。非連続な変化には極めて弱い、どころか、そうした中で企業が進んでいく際の抵抗力ともなりかねません。

特に、創立以来屋台骨を支えてきた事業部門などは既得権益が大きいだけに抵抗も強くなりがちです。

「祖業だから」と聖域化していたりします。しかし、こうした事業に限って、その事業ライフサイクルは終わりに近づいており、そこから経営資源を他に移すことが企業全体にとっては必要不可欠な状況にあります。この問題を先送りしていると、当面痛みを伴う措置は避けられるように見えるものの、企業としてはどんどん体力が弱り、経営の選択肢も狭まってきます。最近ようやくこうした「聖域」にメスを入れる企業も増えてきましたが、そのスピードはまだ遅いといわざるを得ません。また、聖域化まではいかずとも、各事業部門が独立国家のように振舞い、経営資源を囲い込んでいることも多くあります。改革のため優秀な人材を集めようとしても、事業部門がエースを手放さないといった経営者の悩みもよく聞くところです。

2 利益代表化した経営陣

では、こうして守られた事業部門のエースは、将来その会社を建て直す救世主になるのでしょうか。残念ながら、そうとも限りません。なぜならば、「やりたいこと」の経験は豊富ですが、「先立つもの」や「取り組む人」に関しては縁遠く、〝あちら立てればこちら立たず〟という難しい意思決定に直面したことが少なかったりするためです。**「事業の親玉」と、本来の経営者は似て非なるもの**です。

終身雇用を前提としていた頃の日本企業の「昇進」というのは、ピラミッドをひたすら上に登っていく形で行われてきました。事業部門責任者の次は、いよいよ本社の経営陣、などという人事がなされます。本人は偉くなったつもりでハッピーですが、役割が全く変わったということに気づきません。事業部門で華々しい成功を収めてきたエースならなおのことです。成功体験というのは、誰にとっても拠り所となるものですから、事業部門から本社部門への異動を、「より取り組む器が大きくなっただけ」と捉えて、同じように処理しようとします。

しかし、この取組みはうまくいきません。実は、全く違う仕事をしているわけですから。事業のエースと経営者では取組みのベクトルは逆でさえあります。前者は常に上昇あるのみですが、後者は既にピラミッドの頂点にいるのです。そこから下を見渡して、進む方向性を発信し、困難な意思決定に責任を持ち、各所で起こるトラブルを解決するのが経営者の仕事です。しかし、事業部門で大事にされすぎたエースは、こうした修羅場体験を踏んでいなかったりします。実は経営に関しては素人同然かもしれません。やむなく自分の得意なところに逃げこみます。実際には経営ではなく、いまだに出身事業の利益代表をやっているようなトップは、これからの時代で生き残るのは難しいでしょう。

3　経理・財務部門に対する誤解

ここまでの話と表裏一体になっているのが、日本企業には役員と名のつく人は多いが本来の経営者が少ない、あるいは育成されていないという点です。経営者とその育成については後述しますが、ここでは経営に必須といえる「先立つもの」がわかる人が少ないという点に着目してみましょう。経営者としての観点から「先立つもの」すなわち財務関連に責任を持つ役員をＣＦＯと呼びます。Chief Financial Officerの略です。最近は、ＣＦＯから社長になる人も出てきましたので、ご存じの方もだいぶ増えてきた言葉です。日本語でいうと、「最高財務責任者」となるでしょうか。しかしこの訳語、あまり適切ではありません。日本語で「財務」というと、企業の中で指し示す範囲はひどく限定されてしまうからです。ほとんどの場合、皆さんが思い描くのは「資金調達」でしょう。しかしこればかりやっていては、Chief Financial Officerではなく、Chief〝Funding〟Officerになってしまいます。資金調達を担当するためだけに、わざわざオフィサーと呼ばれる人は必要ありません。ちなみに、（ちなみに、オフィサーとは役員や将校など、何か広い分野の執行に対して最終的な権限と責任を有する〝エライ人〟のことをいいます）。日本では、よく経理担当役員の方がCFOを名乗っていることがありますが、これも違います。「先立つもの」の一部についての経験だけを基に昇進した人が経営の中枢に入るのは、先ほどの「事業の親玉」と同様に、「経理の親玉」を生み出すだけです。

CFOは、まずもって「経営者」でなければなりません。ここまでに述べた2つの企業価値を統合して企業の将来を語る力を持った上で、敢えて「左脳的な価値」寄りの意思決定やその後のモニタリング、リスク面のマネジメント、外部とのコミュニケーションなどに関わるのが仕事です。こうした本来的な意味でのCFOは、「先立つもの」について人為的な安定を図る枠組みのもとで生きてきた日本企業には不在でした。

しかし、今では資本市場の存在とその不安定性を考慮しながら、「先立つもの」について企業自身が意思決定しなければならなくなってきました。まさにCFOが必要になってきたのですね。そうしたニーズが生まれてきた当初は、近くにいる経理部門や財務部門が〝当座の火消し〟に走りましたが、統合的な経営を行っていくために、さすがに今では機能や役割を見直す必要が生じています。

4　経営企画部門の功罪

こうしたニーズの受け皿として、日本企業では従来、経営企画部門がその役割の一部を担ってきました。事業を進めるという観点から、経営陣の意向を確かめつつ、計画策定を行い、予算編成をし、実績管理をする、といったことですね。そういう意味では、**CFOの仕事に最も近いことをしていたのは、日本においては実は経営企画部門だった**ともいえます。ただ、ここでは売上や利益についてはしっかり管理していましたが、投資家的な見方から「元手に対するリスクやリターン」を見るということはほとんどなされておらず、リスクを表す資本コストなどの概念も縁遠いものでした。中期経営計画の策定には多大な労力がかけられましたが、それが本来必要な戦略策定となり得ていたかは少々疑問です。特に、全社戦略といった分野はほとんど重要視されませんでした。経営企画部門が担っていたのは専ら調整の役割だったといえましょう。事業の将来予測にツッコミを入れたり、全体最適を考えた経営資源配分の意思決定に関わったりという機能には乏しかったのが実情です（ゆえに本書も生まれたのですが）。最近になり、コーポレートガバナンス・コードなどが「資本コストを勘案した事業ポートフォリオマネジメントの強化」をしきりに謳うのはこうした理由ゆえです。**本社の機能を統合するべき経営企画部門の役割自体も大きく変わってきている**といえるでしょう。

5　人事部門における戦略不在

さて、ここまで「先立つもの」にまつわる「忘れられた機能」を見てきましたが、実は「取り組む人」

のほうも状況は同じです。こちらは、「人事部」という強大な権限を持った部署が君臨していました。ただ、この部門が権力を握っていたのは、「日本型経営システム」をつつがなく運営していくためだったかもしれません。新卒を一括採用する、採用した人材を定年までローテーションしてゼネラリストとして育てる、なるべく均一な労働力を確保する、囲い込んだ人材は一律に扱い、徒党を組んで反対運動などしないように労務管理や組合との協調を促進するといった部分は非常にうまく回りました。一方で、中途採用で有能な人材を獲得し手腕を発揮してもらう、多様な能力や属性を持つ人材を幅広く登用する、経営を担う人材を選抜してトレーニングする、専門的な力を発揮するプロフェッショナルを育てる、などといったことはあまり必要ともされず、また力も入れられていませんでした。また、2つの企業価値を統合した上で企業の将来を考えれば当然必要となってくる、企業理念を従業員に浸透させたり、経営戦略と整合的な人材配分を考えるということも仕事のうちには入っていませんでした。現在、「経営戦略と人事戦略の連携がない」ことがよく問題として挙げられますが、今まで必要とされていなかった機能なので、ある意味当然のことです。「取り組む人」に関しても、安定化装置に守られて、人材市場の不安定性に対処しながら統合的な経営を行っていくことは忘れられていたのですね。ゆえに、従来の人事担当役員がＣＨＲＯ（Chief Human Resource Officer）とは異なるのも、ＣＦＯの場合と同様です。**人的資源に関する投資家機能は働かず**、ただひたすら規程を作ったり、労務にいそしんだりする人事部門が多く存在していました。しかし、過去に前提となっていた終身雇用や年功序列といった世界は既に崩壊しています。今では、人事関連の「忘れられた機能」について、色々な角度からキャッチアップが図られています。「人的資本経営」といったキャッチフレーズはそれをよく表しているといえましょう。ただ、これについてはまた後ほど見ることにして、今は本社機能を俯瞰することに戻りましょう。

3 グループ本社は何をすべきか

先ほど見た通り、本社の機能は「見極める力」「連ねる力」「束ねる力」の3つですが、これをもう少し詳しく見ると、さらに2つずつに分かれます。

「見極める」力

① 純粋な意味での投資家機能

② 投資家機能を発揮するためのインフラ整備機能

「連ねる」力

③ 〝戦略的〟投資家としてのシナジー発揮推進機能

④ 〝戦略的〟投資家としてのインキュベーション機能

「束ねる」力

⑤ 外部に向けてグループを代表し経営資源を獲得する機能

⑥ 内部に向けてグループをひとつにしていく統括機能

1　見極める力――本社の投資家的機能

まず、「見極める力」についてです。ここではまず、①純粋な意味での投資家機能として、グループの投資方針を立てる機能が必要です。この機能は、実は最後の「束ねる力」と深く結びついています。なぜならば、先述した「右脳的な企業価値」、即ちミッション、バリューに発した「追い求めたい何か」が、実は「左脳的な企業価値」を向上させるための投資方針のベースになっているべきだからです。

また、この機能は「連ねる力」にもつながります。投資先を選定し、それらに対する投資割合を決めるだけではなく、事業間のシナジーを発揮させたり、全くの新規事業を育てたり、不振企業の立て直しに人材を投下したりする必要が出てくるからです。これらについては後ほど見ましょう。

まずは**個別事業の見極め**です。個別事業はそれだけで単一の価値を持ち、あるいは生み出すことができる存在です。各事業の将来予測を十分に行い、そこから得られるキャッシュフローを予測し、リスク・リターンを考える、といった一連の作業が必要になります。事業部門と議論と戦わせながら、各事業の目標を決め、具体的な経営資源を配分して実行を促す。そして、どの程度実行できたのかを「左脳的な企業価値」「右脳的な企業価値」に照らして評価する。最後に、事業の責任者へのフィードバックを行うとともに、全社の投資方針の検証につなげる、ということになります。グループ経営という観点からは、これら個々の事業がどうしたら最大の価値を実現できるのか、そのためには、限りある資源をどこにどうやって投入していけばよいのか、という点を考えることが不可欠です。しかし、この点について、個々の事業責任者が考える部分最適の視点と、グループ本社が考える全体最適の視点は異なりますし、軋轢も生じますので、その対処が重要なポイントになります。これら一連の行動は、外部の投資家であっても似たようなことをやっているという意味で、純粋に投資家的なものと言うことができます。

投資に必要な基盤を作る

次に、②投資家機能を発揮するためのインフラ整備機能、です。投資方針を決定して、計画策定から実行、評価、フィードバックに至る一連のマネジメントサイクルを回していくためには、リアルタイムで様々な状況がわかるようにしておかなければいけません。投資家的判断をしたいのに、事業ごとのデータがない、などというお粗末な事態は避けたいので、いわゆる**経営管理を充実していく**ことが必要になります。この軸になるのは「企業価値」です。ここでは「左脳的な企業価値」が中心となります。

経営管理を進めていくうえでは、データインフラの構築や、リスクマネジメントなども重要です。機能として欠くことのできないのは、「ビジネスファイナンス」の機能です。部分最適を追求する事業部門に対して、**全体最適の観点からツッコミをいれる**機能のことです。現場起点の事業戦略をしっかりと事業部門が作ることも大事ですが、それを投資家的な視点から考え直し、事業部門との間で建設的な議論を戦わせていくことでその戦略はより確かなものになります。また、そうやって磨き上げた個々の事業戦略を、どのように全社戦略につなげていくかも重要です。投資家の世界になぞらえて言えば、「アナリスト・ストラテジスト・エコノミスト」といった機能に相当するかもしれません。グループ経営を進めていくうえで不可欠な機能といえます。

2 連ねる力――本社の連携強化機能

58ページに掲げた①と②は、外部投資家も同様のことを行っており、まさに投資家的機能といえますが、③と④は、事業会社ならではの要素といえます。単に、ファイナンシャルインベスターとして「安く買って、高く売って終わり」というのではなく、中長期の時間をかけて様々な連携の効果を実現して本質的な事業価値向上を追求していこう、ということですね。

本社部門は切り売り屋でもハイエナでもありませんから、持っている事業の組み合わせが**単純な足し算以上のものになっていくか**、を考えなければなりません。③は、個別にある事業の間をどうにかすることで生まれる価値を増やすということですね。この価値は一般的にシナジーと呼ばれます。A事業とB事業がそれぞれ別個に単体としてあるよりは、一緒に何かやったほうが価値が大きくなる、ということです。これをどのように実現させていくかは、実は本社機能の仕事です。事業部門単体ではなかなか他の事業と連携してどうにかしよう、という発想は生まれてきませんし、仮にやろうとしても様々な部門との調整も必要になります。縁の下の力持ちが必要ですね。各事業部門で同じようなことをやっている場合には、本社主導でその機能をくくりだして共有してコストダウンを図る、といったこともあるでしょうし（この場合、くくりだされた機能は、先述のサービス提供機能へと進化していきます）、事業部門の間に業際的に落ちているビジネスチャンスは、事業部門を動かして共同でも掬わせなければいけません。また、もし事業部門が不振に陥った場合には、事業再生支援として乗り込んでいくような動きも必要です。**事業を刺激する機能**、と言ってもよいでしょう。企業が複数の事業を営む以上は、企業理念に基づいて、何かしらのシナジーを実現していくことが求められます。グループの理念に確かに共鳴し、整合するいくつもの事業群があり、それがお互いに協働しあって、より高い価値を作っていく。こうなれば、**コングロマリット・プレミアム**が生まれます。ひとつひとつの事業に単体で投資しているよりも、それらを束ねて運営していくグループの手腕に任せたほうが全体としての価値が高くなるという状態をこう呼びます。これは単純に売買しているだけの投資家には実現できません。まさに事業会社の強みです。非常に重要な機能であることがおわかりいただけるかと思います。ちなみに、個別事業の企業価値の単純合計よりも、全体としての価値の方が低くなってしまう状態は、コングロマリット・ディスカウントと呼ばれます。こうはなりたくないですよね。

新しい芽を生み、育てる

④もまた、重要です。これまで、投資家や事業家など実際の社会における様々な役割に模して話を進めてきましたが、企業内社会が、実際の社会と異なることがあります。黙っていては、新しい〝起業家〟は出てこない、ということです。一般社会では、奇人変人といわれかねないような人たちがいつのまにやら出現し、世界を変えていったりするわけですが、企業社会でそれを期待するのはなかなか難しいことです。そうであれば作るしかありません。新規事業を立ち上げる、その支援をする、あるいはM＆Aを行う、といったことはここに入ってきます。**新規事業創造機能**ということでいえば、研究開発（R＆D）機能も含まれます。「研究開発部門をどこに置くか」ということはよく問題になりますが、既存事業とは離れた新しい芽の創造という意味では、本社部門に直結させておくことが適当ともいえます。研究開発機能の位置づけについては、既存事業部門の抵抗を受けやすいところですし、また研究開発部門自体に新しいものを生み出してやろうという気概がないと掛け声倒れに陥りやすい、難しいテーマでもあります。ま

た、事業が置かれているステージによっては、事業直轄にしたほうがよい場合もあります。

3　束ねる力——本社のグループ代表機能

最後に来るのは**グループを代表する代表者としての機能**です。これは、グループ内に向けて投資家として発揮する機能とは異なるもうひとつの顔です。

58ページに掲げた⑤は、グループ外にむけて、グループの代表者として振舞う機能です。最も想起しやすいのは、**「経営資源の調達」**といった機能でしょう。資本市場に相対して、「先立つもの」＝おカネという経営資源を確保してくること、人材市場に相対して、「取り組む人」＝ヒトを確保してくること、などがここに入ってきます。単に調達するばかりではありません。調達するにあたっては、きちんと「やりたいこと」をアピールすることも必要です。情報開示や企業統治といったことを考えるのも、この機能に含まれるでしょう。

また、アピールできるような企業グループのあり方を確立して、利害関係者に理解を求めるためには、⑥にあるように、**グループ内部をひとつにしていく**ことも大事です。既に見たとおり、「右脳的な企業価値」と「左脳的な企業価値」を統合して、リーダーシップとコミュニケーション能力を活かして企業グループとしての姿を打ち出していくということです。最も難しく、やりがいのある役割ですね。もし、こうしたものがなければ、個々の事業としては「何でここにいなければいけないのかなあ」などと考え出すかもしれません。昔ならいざ知らず、M&Aが当たり前になってきた世の中では、経営陣が会社を買い取ってグループから離脱するといったことも容易に考えられます。これは個々の社員についても同様です。「やっぱりここのグループじゃなければダメなんだ」と思わせる強い力が、グループ経営を進めていくうえではやはり必要です。**グループアイデンティティの確立と浸透**ということですね。

「機能」であって「組織」ではない

本社が必ずやらなければならない仕事は、大きく括ってしまえばこれだけです（**図表8**）。え、これをやるのが大変なのだって？　その通り。大変です。リソースは少ないし、仕事は雨あられと降り注ぐし、企業の間接部門はどこも疲弊しています。つらいのは承知ですが、しかし、せっかく仕事をするのならこれからの時代に求められる本質的なことに積極的に取り組みたいものです。そのためには、部門の垣根を減らすというのも具体的な解決のひとつです。ここで見てきたのは、あくまでも本社の**「機能」であって、「部門」ではありません**。機能がしっかり定義できてさえいれば、経営企画部も財務部も人事部もひとつ屋根の下で①～⑥にいそしんでいても全く構いません。そもそ

図表8　本社部門が持つべき機能

見極める力	①投資家機能	各事業を見定め、経営資源を配分する
	②インフラ整備機能	組織構造、経済構造の設計やマネジメントサイクルの運営など必要なインフラ整備を行う
連ねる力	③シナジーの発揮推進機能	事業横断的な働きかけを行う
	④インキュベーション機能	新規事業や事業の入れ替え、撤退を支援する
束ねる力	⑤経営資源調達機能	経営資源を外部市場から効率的・効果的に調達する
	⑥グループ統括機能	強固なアイデンティティをグループ内に示す

も、こうした昔ながらの部門の名前や切り分け自体、意味が薄れてきているのではないでしょうか。

一方、機能が定義できておらず、本社の仕事を理解していない人が本社で多く働いていると、その企業は間違いなく縦割りや官僚化が進み、元気がなくなってきます。こうしたサイロのような組織の中で、受け身的な規制対応だけに専念して仕事をした気になっている高圧的な本社パーソンなどが跋扈していたらもう最悪です。そうなっていないか、改めて身の回りを見渡してみてください。

第4章

「見極める力」を強くする(1)
――将来予測重視の経営

細かい商品施策や行動計画は不要です。
事業を見る目をいかに備えるか、が問われます。

CHAPTER 04

「議論というものは、およそ理由を尋ねた方が勝ち」

ソクラテス

1 将来像をどう描くか

本章では、「見極める」力について見ていきます。まずは、純粋な投資家機能からです。こういう呼び方をすると、血も涙もなく数字を振りかざす冷たいイメージを持たれるかもしれません。しかし、いきなり数字に入るのは間違いです。ここで重要なのは「左脳的な企業価値」を考えることですが、最初のステップは、**事業の将来予測をきちんと行う**、ということです。

1 従来と異なる経営計画の意味

事業の将来予測をどう行うかということは、意外に軽視されているような気もします。ひとつには「こんなに激しく揺れ動く時代に、計画なんて作ったってすぐに陳腐化するだけだから要らない」という論調が時々出てくるからでしょう。

確かに一寸先は闇です。ただ、「だから将来予測は要らない」ということにはなりません。「不要論」を説く人の中には、オーナー会社、ワンマンカンパニーのトップなどもいます。こういう人たちは、計画が要らないのではなくて、自分の頭で全部処理したほうが早いから人に作らせる必要がないのです。もちろん、これが良いかどうかはわかりません。意思決定は早いでしょうが、こういうトップがいる限りは、その会社はオーナーの独裁、そのワンマンの個人商店で終わってしまいます。とはいえ、ワンマン経営者に文句を言うのはここでの趣旨ではありません。皆が共有できる将来予測がないというのは、何もなしで暴風雨の中を航海するようなものです。どうせ波が荒くてそれに任せるよりないのだから、無理に方向を決めなくてもいいよ、とは思いませんよね。

細かすぎる予算は不要

一方、あまりに細かい予算まで組んでしまって、その後の環境変化で使い物にならなくなった、ということは確かに多いでしょう。しかし、それは将来を予測したことが間違いなのではなく、**計画の立て方や使い方が間違っている**のです。当初の予測がなければ、変化が起こった時に何が悪いのかわからず、途方に暮れてしまいます。たとえば「これから中期的に円安である」という予測を立てているからこそ、「その予測に基づけばこの事業はこうなりそうだ」とか、「予測が外れて円高に振れてしまったので、乖離幅はこれくらいになりそうだ」「ではこうやって修正しよう」という方向で話を進められます。ここで言っている「将来予測」というのは、自社の将来をがんじがらめに規定する細かい予算作成や短期的な行動計画のことではなく、中長期的な将来を見据えた際の、カギとなる要因がどのように動くのか、そしてその結果として、事業の将来はどれほど変わるのか、ということです。日本企業では、過去の実績は克明に記録しますが、将来予測を大胆に行う、ということは少ないように思えます。間違えることが怖い、ということもあるでしょう。しかし、**事業というのは将来に向けて行うもの**です。その将来をきちんと考えないほうがよほど怖いのではないでしょうか。環境が変化する中、経営の舵取りが難しくなっているからこそ、真剣に将来を見つめる必要があります。それをやるのが左脳的な企業価値を支える第一歩である、というのがこの章の趣旨です。

2　将来予測に期待される要素

最も成功した社会主義

事業の将来予測があまり真剣に考えられていなかったのには、いくつか理由があります。まずは、先に見た銀行中心の安定化システムの影響です。これが機能していた昔には、「先立つもの」は銀行が鷹揚に提供してくれました。銀行に代表される〝債権者〟は、事業が成長したからといってより多くの見返りを得られるわけではありません。したがって、「将来どのくらい成長するのか」よりも、「結局どのくらい安定しているのか」を重視します。もちろん、これには将来どのくらいおカネを稼げるのかという意味もありますが、今の時点で借金が多くないかとか、赤字になっていないかとか、万が一の時に担保に取れるような資産があるかとか、そういったことも気にします。要は、過去および現在の実績が隆々としていれば、あまり問題はなかったのですね。

経済環境が安定していたことも、こうした傾向に拍車をかけました。今日と同じ明日があるなら、今日と同じことをやればよいわけです。わざわざ将来予測に時間をかける必要はありません。従業員にしても、終身雇用制度の中では「日々是改善」にいそしめば安定した生活が保障されました。このシステムは、昔はとてもうまく回っていたわけですね。日本が、ある意味では「最も成功した社会主義」と言われてきた由縁です。

「社会主義」の世界では必ず、現在の環境を前提とした「計画」というものが策定されます。昔の日本でもそうでした。これが「中期経営計画（中計）」ですね。別に、外部に向けて華々しく開示するためでも、達成しないと誰かのクビが飛んだりするものでもありませんでした。各事業部門が自らの事業について克明に記した資料を、経営企画部が単に合冊（この場合はこの言葉が適当ですね）すれば済みました。数字にしても、売上と、せいぜい利益がどうなるのかがわかっていれば何の問題もありませんでした。一方、こうした管理はどんどん精緻化していき、予算策定などといった形で詳細かつ莫大な作業として展開されました。こうなってくるとあまりいい加減な数字は書けません。したがって、中長期的な将来像といっても、あまり勝手に予測ができなくなってきてしまいました。将来のことなのに、「君、それは正しいのかね」などと言われたら、ちょっとひっこめたくなりますよね。

将来予測の持つ意味は昔と違う

今はもう、こうした時代ではありません。新たに「先立つもの」に関して発言権を得た〝株主〟が得る見返りは、**ひとえに会社の将来の成長によるもの**です。さきゆき事業が成長しなかったら、株主も大損となってしまうかもしれません。ゆえに、自分のおカネがこの先どう使われるのか、企業の「やりたいこと」は自分たちにちゃんと見返りを渡してくれるような見込みがあるのか、といったことを知りたがります。企業の「やりたいこと」の将来の成功に、自分たちのおカネをかけているのですから当然ですね。こうした株主たちが求めるのが、自分の預けた「先立つもの」を「やりたいこと」にどう使おうとしているのか、という将来に向けた指針です。企業における「経営戦略」は、投資家にしてみれば、その企業が資金をどのように投下して回収するのか、ということを明記した（すべき）**「投資方針」に他なりません。**

投資方針が不明確だと投資家も困ります。最悪の場合、「もっと良い投資方針があるのだから、経営は俺にやらせろ」といった敵対的買収者が出てこないとも限りません。コーポレートガバナンス・コードにおいて、「会社の目指すところ（企業理念）や経営戦略、経営計画」をきちんと開示せよ、とされているのにはこのような意味があります。ただし、同コードはちょっと「計画」という言葉に重きを置きすぎているようにも見えますが。

投資家だけではなく、従業員も流動化する時代にあっては、「これから入ろうとするこの会社はどういった将来像を描いているのだろうか」、「何だか将来展望が見えないからもう辞めてしまおうかな」といったことも起こり得ます。人材という経営資源をどのように使おうとしているのか、社員は将来予測から読み取ろうとします。こうした要請にも応えていかなければなりません。場合によっては顧客や取引先、地域社会などといった利害関係者に向けても、自らの将来像をきちんと明らかにしていく必要があります。

経営戦略は見せて説明するもの

すなわち、経営戦略はいまや社内外の様々な要請に対して、**「見せて説明するもの」**になったということです。そのためには、経営戦略が身内の言葉だけで書かれていたりしては困ります。

身内の言葉を全く解しない人たちに、何とかわからせるために使用できるツールは何でしょう？　ひとつは**「論理」**ですね。何だかコンサルタントのようで嫌だなあ、と思うかもしれません。実はその通りで、コンサルタントが全く知らない会社に入って短期間に成果を上げ得るとしたら、唯一すがるしかないのは、集めた事実を基に論理的に説得することです。「何となくこんな感じがするんですよねえ」などといった感情の発露にクライアントはお金を払っているわけではないので、ビジネスの世界の共通言語としての論理に頼らざるを得ません。

もうひとつ、頼れるものは**「数字」**です。数字は注意して使わないととんだ誤解を招くことにもなりますが、集めた事実を客観的に見せる際には威力を発揮します。「論理」が成り立っていて、それを「数字」でバックアップできていたら、ビジネス上納得できる説明を展開することはそれほど難しくありません。それに対して、また別の論理で反論される、というのはもちろんありますが、これは健全な議論ですね。

また、「論理」と「数字」に加えて、**「事実」**の裏付けも大事です。いくら将来予測が求められるといっても、現状分析や財務成果といった現時点での「発射台」を確認せずに事を始める人はいないでしょう。

ここで留意すべきは、願望と事実を混ぜないということです。熱意を持って何かを推進するのはとても大事ですが、やはり「熱い心に必要なのは冷静な頭」です。そうでないと、願望に目がくらんで都合のよいデータをでっち上げたり、本当に必要な観察を怠ったりすることもでてきます。

また、その事実は本質的なのかを常に自問自答することも必要です。たとえば、何か新商品を出そうとする時、よく「顧客動向調査」なる活動が行われたりします。これをマーケティングと称して「90％の顧客がウチの商品に肯定的です」、という〝事実〟が重要視されたりします。しかし、実際に出してみるとさっぱり売れません。なぜでしょう。マーケティング結果が本質的な事実ではないからです。「これどうですか」と言われたら多くの人々は無造作に「良いかも」くらいは言うでしょう。しかし、それだけでは本当のニーズはわかりません。「なぜそう思うのか？」をそれこそ5回くらい繰り返してようやく「だって、こういうことに困っていたのだもの」という本音が出てきます。これこそが押さえるべき「事実」です。事実の掘り下げが少ないことが、もしかすると既存製品の焼き直しばかりでイノベーションにつながらないという悩みの原因になっているかもしれません。

企業も、自分の身内ではない人たちに、自社の将来像を見せて説明することが必要になってきたため、こうした「論理」と「数字」、「事実」を用いた経営戦略を作らざるを得なくなってきた、ということです。大変な時代になってきましたね。しかし、いまや「身内ではない人たち」は「身内」にもいます。グループ内にも、将来の方向を説明してほしい人たちが大勢存在するようになりました。彼ら彼女らに対しては、「右脳的な価値」を共有してもらうとともに（これは後で見ます）、「左脳的な価値」の将来像をきちんと示す必要があります。「論理」と「数字」、そして「事実」で説明することの重要性は高まりこそすれ、なくなることはないでしょう。

3　なぜ中期経営計画不要論が叫ばれるのか

中計は将来像を語っているか

企業の将来像については、企業で働く方々からすれば、先ほどちょっと触れた「中計」こそ我が社の将来を体現するものと思っているかもしれません。それなのに、最近では中計不要論もかまびすしい状況です。なぜなのでしょう。

正直申し上げると、中計自体が駄目なわけではありません。あまたある上場企業の中には、未だ自社の中計さえ開示していないという企業もあります。どんな中計であろうが、開示しないよりはした方がマシです。まずはさっさと開示しましょう。それがなければ話が始まりません。

そのうえで、開示も説明もしているのに、いまひとつ理解されていない場合には、多くは以下の要因が考えられます。

①　戦略になっていない
②　ストーリーになっていない
③　優先順位がついていない
④　柔軟に修正されていない
⑤　リスクを考えていない

これらは、逆にいえば「将来像を語るならば、必ず考えてほしいこと」でもあります。また、後ほど出てくる「本社としての戦略」および「事業部門としての戦略」に共通の課題でもあります。したがって、まずここで見てしまいましょう。

「戦略」と「計画」はどう違うか

まず、「戦略になっていない」です。この「戦略」という言葉、もともとは軍事用語で、かなり「血の匂い」がする言葉です。軍事用語からビジネス用語に転用された今でも**「儲けの匂い」**がする〝べき〟言葉です。もととなったギリシア語〝stratgos〟は「将軍の術」を意味したと言われています。すなわち、日々のオペレーション上の細かい技術ではないということですね。こちらは戦術といいます。

また、目標それ自体でもありません。企業にとっての究極の目標は、先に述べた通り、左脳的な企業価値の向上と右脳的な企業価値の実現です。それを全うするために、長期的に目指すべき将来像、あるいは企業の青写真がビジョンでしたね。そのビジョンを実現するために、市場や競合の状況など外部の環境がどう変化するかを見極め、その変化の中で自社の経営資源をどのように用いて、自分の強みを生かせるポジションを獲得して儲けるのかという道筋が戦略にあたります。

投資家の関心という観点から考えてみましょう。投資家の関心はまずもって**「まっとうなことをしてちゃんと儲かるような将来のストーリーを持っているのか」**というところにつきます。「儲けた分をちゃんと還元してくれるんでしょうね」というおまけつきですが。先ほど見た通り、企業における経営戦略は、投資家にとっては「私のおカネの投資運用方針」に他なりません。ちゃんと儲かるところ（＝市場に機会があり、競合に対する優位を実現できるポジショニングができるところ）にビジネスを立地させて、そこでちゃんと儲かる**仕組み（＝ビジネスモデル）を設計するために**我々のおカネを投じているのか、そして将来豊かなキャッシュフローを生み出すことができそうなのか、そこから元手を出した我々にしかるべく還元することができそうなのか、が知りたいということです。

「戦略」が中長期的な将来の道筋に関する広い概念を表すのに対して、「戦術」はそれを実現していく上でのより短期的な現場での個別の方策を表します。投資家に対して、戦術レベルを細かく説明する必要は通常ありません。大きな道筋がわかれば、投資運用方針を理解するには十分だからです。

「計画」は、戦略を実現するための戦術、個別具体的なオペレーションを、いつまでに誰がやるのか段取りするものです。皆さんが大事にしている中計は、もしかすると「戦略」のレベルではなく、「戦術」や「計画」のレベルを精緻に語っていたりしませんか。内部での管理には必要ですが、今求められている外部への説明にはそぐわないかもしれません。

人は誰しも「物語」を求める

それでも、中計が皆さんの会社の成長ストーリーを語ってくれているのならば、外部の人々は喜んでそれを聞くでしょう。外部だけではなく、内部の人々をやる気にさせるかもしれません。では、果たして現在の中計がそうした成長ストーリーを語ってくれているでしょうか。残念ながら、あまりそうは見えませんね。

まず、**「ストーリー」になっているかどうか**が重要です。ヒトは皆お話が大好き。皆さんも、意味のない言葉を10覚えろと言われた時に、その言葉を使ってお話を作って覚えたりしませんか。人間の脳は、因果関係がはっきりしているほどしっかり記憶に残りやすいようにできているそうです。おまけに、素敵な物語を聴くと、オキシトシンという幸せホルモンまで分泌されて、共感力が高まってしまうそうです。古今東西の芸術は皆これを狙っているのですね。

我々が企業の将来像を語るためには、一流の芸術家になるほど鍛錬を積む必要はありません。ストーリーの骨子はもう決まっているからです。「まっとうなことをしてちゃんと儲かるように将来のストーリーを描け」というシンプルなお題に応えましょう。それで十分です。

本来、これに役立てるために「パワーポイント」というツールも作られました。このツールの本質は「紙芝居」です。ひとつの紙にひとつだけメッセージを載せて、「え、次はどうなるの？」という、人々の物語〝心〟をくすぐるために作られた、その点ではよくできたツールと言えましょう。しかし、多くの日本企業ではそのようにはもはや使われていません。Ａ４一枚に世界のすべてを収めようとする細密画か曼荼羅図のようなパワーポイントが横行しています。確かに見た目は美しいですが、何のストーリーも語らない紙が量産されます。こんなものを作っても何の役にも立ちません。**日本企業の低い生産性がますます低くなるだけ**です。膨大な時間をかけてこうした「単なる作業」をしているヒマがあったら、「共感を得るストーリー」作りに時間をかけましょう。

さて、「まっとうなことをしてちゃんと儲かる」ストーリーは、必ずや〝成長〟を運んでくるはずです。企業の成長とともに自らへの見返りが増える株主にとっては嬉しいですね。ただ、株主だけとは限りません。現在もしくは将来の従業員の方々も、成長によってより多くの配分を受けられる可能性が高まりますし、取引先や地域社会もさらに潤うかもしれません。「これからより良くなってゆく、伸びてゆく」というストーリーはやはりヒトを幸せにします。右肩上がりのグラフを見ただけで、ヒトの脳は活性化して身体が元気になるそうです。

とはいえ、場合によっては必ずしもそうではないストーリーを描かざるを得ない場合もあるでしょう。「ここしばらくは我慢の時だ」とか「事業再生に失敗して清算せざるを得ない」とか。あまり考えたくない想定ではありますが、こうした時にもその説明がきちんとストーリーになっているかが大事です。利害関係者の怒号や怨嗟の声は、「話が違うじゃないか！」という声に象徴される如く、説明内容が物語として腹落ちしないがゆえに起こるものです。

優先順位はどうなっているのか

成長ストーリーを描こうとすると、困った問題に突き当たることがあります。「この事業においては成長が見込めるが、別の事業においてはなかなかそうした将来像が描けない」という問題です。多角化企業においては顕著ですが、専業であっても製品群や地域など、色々な比較においてこうした問題は出てきます。悩ましいですね。しかし、これについての意思決定を行うのがまさに「戦略」であり、経営者の行うべき「意思決定」です。

日本企業の出す中計に対して否定的な人々が必ず批判するのは「総花的である」ということです。いや確かに。でも、作っている企業の側はこう思っているかもしれません。「これだけ沢山の事業をやっているので、ひとつひとつの先行きをきちんと丁寧に書いたつもりだ。しっかり網羅性も担保しているのに、何がいけないんだ」。こちらもごもっとも。でも、内部管理用に使うならともかく、外部説明用にそこまで細かいことが要らないのは既に書いた通りです。それと同時に、実は「網羅性」も要りません。成長が見込める事業も、そうでない事業も、同じような力をかけて作業する必要は全くありません。むしろ、そうしないでほしいのです。なぜならば、優先順位がわからなくなるからです。

経営資源が無限にあれば、優先順位をつける必要はありません。「これこれの資源がほしい」という事業に、にこにこしてそれを配ればよいだけだからです。これが昔の日本企業だったとも言えましょう。しかし、今はそんな時代ではありません。**経営資源は有限です。**ましてや、経営資源のうち「カネ」の提供を担当している投資家としては、自らが出したおカネは明らかに有限です。どこにでもばらまくなどということは通用しません。どこに優先的に投下すると最も大きな見返りが得られるのか、これがとても知りたいのです。劣後しているものについて事細かに語っていただく必要は一切ありません。ちなみに、一度自社の中計をじっくり読み、経営資源の優先配分がなされている要素を3つ挙げてみてください。意外に読み取れないことが多いのではないでしょうか。そこに外部の人々はフラストレーションを感じているのです。

環境が変わったら修正する

もうひとつ、中計に対する批判があります。**「環境が変わっても内容が変わらない」**です。コロナ禍という最大級の外部環境変化に際しても、「中計を変えるべきなのか」と悩む企業は多かったですね。前提が変わっているのだから戦略も変える必要があるに決まっています。しかし、あまりに網羅的に細かく作ってしまったので、変えるに変えられないのかもしれません。あるいはお国柄からなのか、いったん作ったものを変えるのはどうしても嫌なのかもしれません。別に憲法改正を主張するつもりは全くありませんが、日本国憲法が一度も改正されていない戦後数十年間に、ドイツの憲法は60回以上改正されています。ドイツ統一などもありましたから単純な比較はできないものの、激動の時代において、環境に合わせて変えるべきものは変えることが現実的な対処法なのではないでしょうか。ちなみに、ドイツの憲法でも「変えてはいけないもの」は変えないことになっています。第一条の「人間の尊厳、人権、基本権による拘束」については、変えるべきではない旨明記されています。企業でいえば、「企業理念」にあたるところですね。一方、その下位概念である戦略は、状況に合わせて臨機応変に変えていくのが一番です。完璧な戦略を作ることが大事なのではなく、状況に応じて変更できる柔軟性こそが大事なのだといえましょう。

中計を安易に開示するリスク

一方、投資家は何も批判しませんが、見ていて危ういのではと思うこともあります。やたらと細かな事業ごとの計画や数字などを思いっきり開示している場合です。オープンで良いですね、と言いたいところですが、少々ナイーブ（この場合、悪い意味です）でもあります。情報開示というのは、何でもかんでもすればよいというものでもありません。先に見たように、「戦略構築」「過去実績」「基盤整備」が開示してほしいことであり、将来に向けての骨太なストーリーが最も聞きたいところだったはずです。欧米企業はこうした骨太なストーリーについては語るものの、中期経営計画といった形での開示はほとんど行っていませんо。ひとつには、これまで見た通り必要ないからですね。もうひとつには、あまりに多くの開示はリスクが高すぎるからです。下手に〝やります〟と約束してしまってできなかったら、**「経営陣のクビが飛ぶから」**です。経営者の選解任はコーポレートガバナンスの一丁目一番地です。成果を上げれば然るべき地位や報酬という見返りがありますが、約束を破れば責任を取らなければなりません。

そう考えると、日本企業の中期経営計画は善良かつ率直に「会社のすべてをさらし過ぎ」、かつ「将来の不確かな要素についてもお約束し過ぎ」だったりします。ROEを3年で10%以上にしますとか、女性役員の比率を2030年には3割にしますとか、割と無造作にコミットしています。もしこれが達成できなかったらどうするのでしょう。あれこれと取組みを述べる割には約束をしたという意識や、責任を取らなければならないという認識がありません。したがって、計画が未達でも平気な顔をしています。悪気があるわけではありません。昔ながらの中期経営計画のイメージしか頭にないからです。しかし、これまで見てきたとおり、株主中心へと企業を取り巻く環境が大きく舵を切っているこの時代に、あまりに無邪気に何でも約束するのは、企業の将来業績に自分の資金をかけている株主のメンタリティを理解していないようにも見えます。戦略レベルの骨太な方針についてはぜひとも知らしめてほしいところですが、**戦術レベルの方策に至るまで野放図に約束することには、経営者として大きな責任とリスクが伴う**ことは理解しておく必要があるでしょう。

もっとも、こうした中期経営計画がまだ幅を利かせているということは、日本の株式市場にいる投資家の方々がよく言えば「優しい」ということかもしれません。悪く言えば「甘い」のでしょうが、こうした投資家が企業を生温かく見守ってくれるような状況はもはや大きく変わってきています。

4 双方向型の戦略策定

さて、ここからは戦略策定に関する本社の役割を見てみましょう。

企業が行う将来予測には2つあります。 ひとつは、各事業部門が行う事業予測。これは重要です。「事件は現場で起こっている」ので、事業運営を進めていくうえで、どのような営業計画を立てたらよいか、どんなマーケティングプランが今年はふさわしいか、など、事業部門でなければ手も足も出ない要素をきちんと考える必要があります。こういったものは、確かに事業部門に任せるべきですし、任せておいてかまいません。

しかし、それだけでは困ります。事業部門が作る事業計画は、基本的には連続的な変化しか前提にしていません。事業部門自ら「この事業は止めましょう」とは言いません。事業の存在は大前提であり、それを成長させていくのが事業部門のミッションだからです。しかも、通常はこれまで積み重ねてきた実績があるので、その実績の延長線上の未来を考えます。

しかし、そうした計画を事業部門の数だけ集めて単純合計したものを全社計画であるとしているならば、全体最適を考える本社側は何も価値を出していないことになります。これでは、各事業部門の出してきた計画を書いた紙を、単にホッチキス留めしているだけです。ホッチキス経営企画部を置いておく余裕は、今やどこの会社にもありません。

本社のアナリスト機能

先に見た通り、本社部門は「グループ内の投資家」ですから、「その事業に投資して本当に見返りを得られるのか」という客観的な眼が必要です。投資家であるならば、投資先の状況を分析できるような機能は持っていなければいけません。どこの証券会社にだって、アナリストやストラテジスト、エコノミストはいますよね。こうした存在なしに、事業のプロフェッショナルと戦うのは無謀です。

一方、こうした人たちが**「現場の詳細にまで通じている」必要はありません**。それは事業家の仕事であって、投資家の仕事ではないからです。外部投資家だって、事業会社が流通の店頭で棚割戦争を行っている時に「その棚はこうやってディスプレイしたほうがよいのではないか」などとは言わないですよね。投資家としての本社が興味を持つべきなのは、そうした営業戦略をとることで、どのように当該事業のキャッシュフローに影響が出るのか、ということです。また、その事業に対して経営資源の投下をし続けることが全社的に見て適当なのか、といったことは、本社部門にしか判断できません。もしかしたら、既存の事業に投下している人員や資金などはいったん引き上げて、より有望な新規事業に回したほうが、全体としての成長は獲得できるかもしれません。

本社部門が行う事業の将来予測は、こうした**全体最適を考える視点から行われます。**その結果、本社部門と事業部門の意見が異なる場合も出てくるでしょうし、事業部門がやりたいことを押しとどめざるを得ないこともあるかもしれません。しかし、それこそが非連続な変化の時代を生き抜いていくために必要な機能です。

したがって、将来予測を行ううえでは、事業部門が策定する現場に根ざしたボトムアップ的な予測と、本社部門が投資家として策定する非連続な変化への対応も含めて全体最適を考えたトップダウン的な予測とを、双方向的にすり合わせていくことが大事です。事業部門からいえば、グループ内投資家である本社部門に対して**IRを行っている**ようなものです。一方、グループ内投資家である本社はそのIRを受けて、自ら持っている仮説からの乖離度を検証し、全社的な視点から課題や質問、期待値といったものを投げかけて、ひとつにまとめていくということになります。こうしたことを行っていくための機能が本社部門には不可欠です。次節では、この機能が具体的に何をすべきか見ていきましょう。

2

本社が行う戦略策定は何が違うのか

本社が行う将来予測において重要なのは、以下の7つです。

1　企業理念と合致しているか考える
2　キャッシュフローに影響があるかどうかを見る
3　「大きな物語」を作る
4　事業の型を把握する
5　徹底的に議論する
6　非連続なジャンプを考える
7　数字に落とす

1　「2つの企業価値」との整合性を取る

まず重要なのは、先に見た「2つの企業価値」との整合性を取ることです。ひとつには、先述の通り企業理念と整合性のある将来予測である必要があります。もうひとつは、経済的な成功指標としての企業価値との整合性です。経営戦略で取り上げられている内容は、**将来キャッシュフローを生み出す力に目に見えて変化を及ぼすような**内容でなければなりません。企業価値に何ら影響のない、枝葉末節の事柄に力を入れても意味がないのです。グループ売上高の50%を占める事業も、5%しか占めない事業も同じように重きを置いて説明したり、キャッシュフローにさして影響を与えないような話でありながら直近に出た新製品の話に時間を割いたり、といったことがよく見られます。こうした内容を無視しろ、と言っているわけではありませんが、時間は有限、労力も有限です。「メリハリ」をつけましょう。扱っている内容を、中期的な将来キャッシュフローにどのくらい影響するのか、という観点から見直して、力の配分を決めてください。より長期的な将来像は「ビジョン」として語ればよいですし、足元のトピックスは「日常の業務活動」の一環として整理すれば十分です。我々が今焦点をあてたいのは中期的な将来予測です。ここにフォーカスすればきっと、余計なことをする手間が大いに省けると同時に、自社にとって本当に注力すべき大事なことは何なのかが見えてくるはずです。

2　「大きな物語」を作る

自社の企業理念に沿うことを前提に事業の将来像を考え、「将来にわたって生み出すキャッシュフロー」をどのように増やしていくのかに注力する。「経営戦略」を作るうえでの基本姿勢ですね。では、姿勢を正したところで具体的にどうすればよいでしょう。将来のキャッシュフローを考えていくのですから、これが何によって左右されるかを見なければいけません。キャッシュフローを生み出すのは当然ながら事業ですから、話は、事業がどうなっているか、これからどうなっていくのかに集中します。**「やりたいこと」とはいったい何なのか（What）、それをやるとどうしておカネが入ってくるのか（Why）**、ということですね。事業部門が作る計画は、「おカネが入ってくるためにはどうしたら良いか（How）」が中心となりますが、本社部門が計画を作るときは、おカネが入ってくる仕組みを理解して、それが将来どうなっていくのか、という大きな物語を描く必要があります。ストーリーの重要性については先ほども述べましたが、本社においてこれを意識することは特に重要です。これがないと、全体を俯瞰して最適解を考えたり、外に向かって発信したりすることができません。まずは、事業ごとの将来像を描くことからはじめましょう。

外部環境から始める

そういうと、早速腕まくりをして財務分析や内部調査に取り掛かる向きもありますが、それはあまり賢い方法とはいえません。我々自身も常に環境から影響を受けているごとく、事業を取り巻く大きな流れがわからなければ、その事業の来し方行く末に関する理解もおぼつきません。そういうわけで、物語を作るためには、まず**事業が置かれている環境を理解し、その中でその事業がどのような地位を占めているか、それはなぜか**、といったことを見ます。教科書的にいえば、最初が「外部環境分析」、次に「内部資源分析」ということになります（**図表9**）。

外部環境には、事業を行う国における政治・経済・社会・技術の状況といったマクロ的な動向分析がまず求められます。最近では、サステナビリティ的な視点から環境要因などもここに含まれます。業界や市場動向、顧客の状況、競争状態、規制の動向など個別の業界に関するミクロ的な分析も大事です。これらが企業の生み出すキャッシュフローを大きく規定してしまう場合もあります。一方、こうした環境の中で、企業が現在どのようなマーケットポジションを得ていて、そして将来も得ていくことができるのか、といった分析が内部資源の分析になります。ここで重要なのは、「何がそのマーケットポジションを保持していくことができる原動力になっているのか」ということです。その企業の強みといってもよいでしょうし、もう少し堅苦しくいえば**「競争優位の源泉はどこにあるのか」**ということになります。「競争」というとこれも誤解されがちですが、他と違ってユニークであるがゆえに今の地位を築くに至ったその要素は何か、ということです。事業にとって、他にはない貴重な宝物、のことですね。ただ、単に強いだけではないことに注意してください。他社も強ければその強みは埋没してしまいます。他社と比べた場合の違いが強みであり、宝物となり得ます。これがなければ将来にわたってキャッシュフローを生み出し続けることはできません。そして、この強みを最大限に生かせるような経営戦略、事業戦略が描かれており、それを実行

図表9　事業分析の全体像

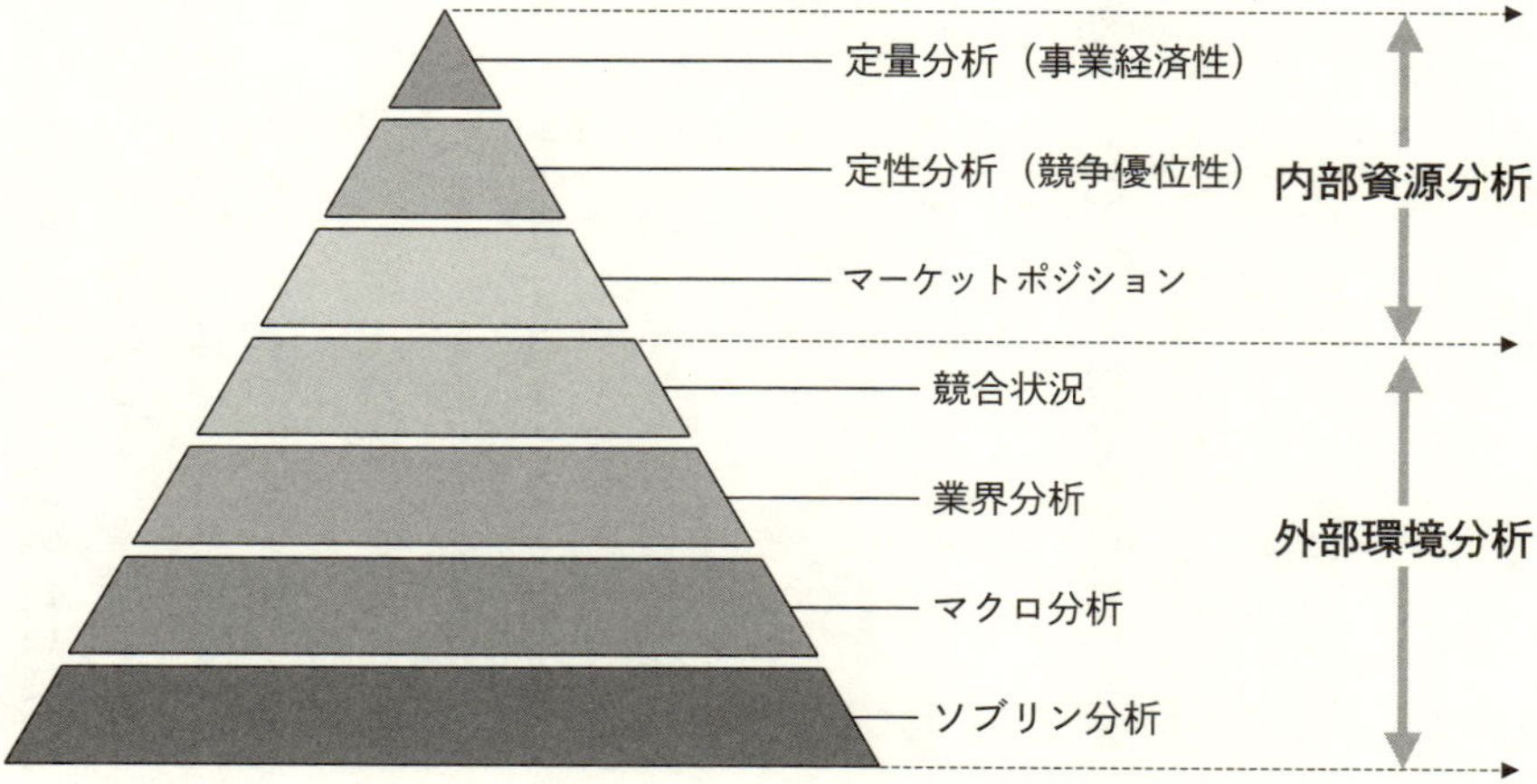

に移すことのできる経営者、責任者がいるか、という点もまた重要です。組織のあり方や仕掛けの状況なども考える必要があるかもしれません。最後に、これまで培ってきた実績を基に、将来予測がどのような数字に表されるかを考えます。

SWOT分析を正しく使えるか

「市場（Customer）・競合（Competitor）・自社（Company）」の3Cを見よ、と言われることがありますが、外部環境分析は前者の2つ、内部資源分析は自社の分析、ということです。また、SWOT分析、というのもよく使われますね。Strengths（S：強み）、Weaknesses（W：弱み）が内部資源の分析、Opportunities（O：機会）、Threats（T：脅威）が外部資源分析、に相当します。余談ですが、この分析では、SとO、WとTを取り違える場合がとても多いです。また、分析しただけで終わってしまい、担当者の引き出しにしまいこまれている事例も多数あります。実はこの分析は、ブレーンストーミングなどで使うには適していますが、机上で考えるだけではあまり役に立ちません。次のアクションにつながらないからです。この欠点をカバーするには、いったん分析したSWOTをさらに組み合わせ、たとえば「機会があるところで強みを活かしたら具体的に何ができるか」といった施策を考える必要があります（**図表10**）。このとき、「脅威がある状況で弱みを突かれてしまったらどうするか」という組み合わせは、そのままリスクマネジメントにもつなげることができます。こうした分析手法をTOWS分析などと呼んだりもしますが（単にSWOTをひっくり返しただけです）、呼称はともかく、実際の打ち手につなげるひと工夫をぜひ。

3　組立て方の順序が異なる

本社部門が計画を作るときに留意すべきことがもうひとつあります。**投資家的な考え方の順番で「物語」を作っていく**ことです。実は、投資家が企業を分析する時と、企業が自社について考える時には、同じ外部環境分析、内部資源分析を扱っていても、その組立の順番が全く異なります（**図表11**）。88ページの**図表9**で、考えるべき要素をピラミッドのように積み重ねてみましたが、企業の方々は必ずといっていいほど、上から順番に、つまり自社のことから組み立てていきます。ピラミッドを上から降りてくるわけですね。

別に悪いことではありません。企業は、そもそも「やりたいこと」があって何かを始めた存在です。その「やりたいこと」が面白いから、新しいから、うまくいくと思って行っています。当然、それは自社だからこそ進めていける独自の取組みであり、自らの強みです。したがってまずそれを

図表 10　TOWS 分析

	強み S (Strengths)	弱み W (Weaknesses)
O (Opportunities) 機会	行動計画 • ――― • ――― • ――― ⋮ 戦略の要	行動計画 • ――― • ――― • ―――
T (Threats) 脅威	行動計画 • ――― • ――― • ―――	行動計画 • ――― • ――― • ――― リスクマネジメントの要

語りたい。それが斬新であればあるほど、同じことをやっている人たちなどはいない、と思います。ですから、競合といえるほどの競合は見当たらないと考えたりします。オンリーワンなのですね。それゆえに、業界に新しい価値を与えることができるわけです。こう思わなければ、そして実際にそうでなければ事業を長く続けていくことはできませんから、この考え方には全く無理はありません。

相対比較で考える

ところが、投資家の頭の中はこうなってはいません。彼らは、どこに「先立つもの」を投じると最も儲かるか、という視点でものを見ています。つまり、すべてを相対比較してしまう人たちです。そもそも、米国に投資するのか、日本に投資するのか、からして相対比較です。その中で日本を選んだとします。次は、日本における株式市場がいいのか、社債市場がいいの

図表11　投資家の視点、企業の視点

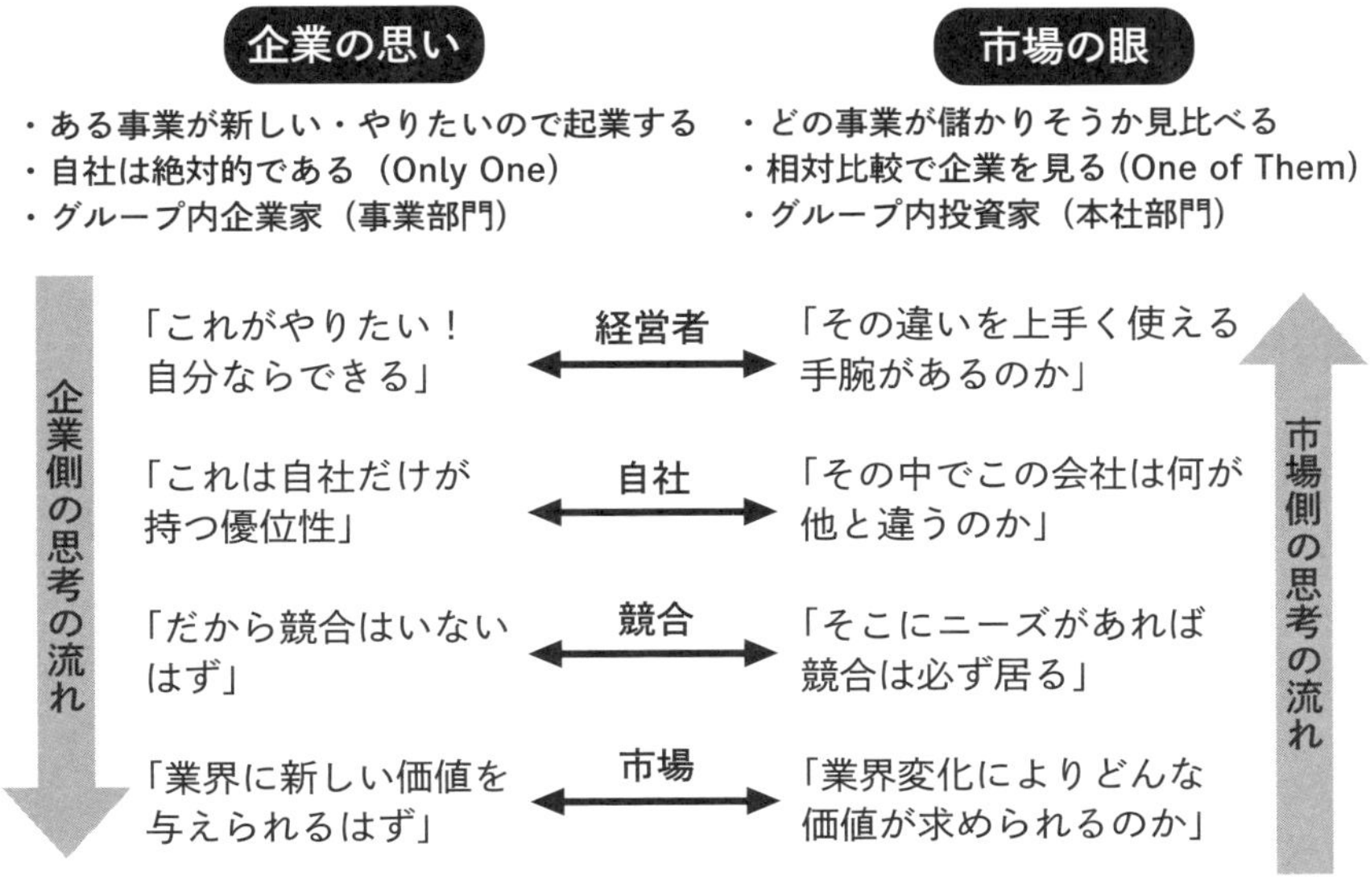

か、不動産市場がいいのか、これも相対比較です。仮に株式市場にしたとしたら、そこでまたどの業界がいいのか、という話になります。業界がやっと選べたら、そこの業界にいるプレイヤーたちはまずもって全部「競合」です。

主だったプレイヤーたちの財務数値は全部横比較してみたり、将来予測も比べてみたり、「並べて比べる」ことに余念はありません。まずは業界全体を捉えてプレイヤーに然るべき区分をつけるまでは、広く皆競合です。企業の皆さんが、「どうしてそんなところが競合になるのか」と不平をもらしたとしても、そうした相対比較の中から、「この会社は確かに競争優位性がある」と判断した会社に対して、実際にその強みは将来も維持可能なのだろうか、うまく維持していけるような経営者がいるのだろうか、本当に「やりたいこと」は何なのだろうか、と興味を持つわけです。先ほどの**図表9**にあるピラミッドを下からのぼってくる人たちです。

「競合はいない」は禁句

こうした人たちを企業の側から見ると、「何てもののわかっていない人たちだろう」と思われるでしょう。あんな会社とウチを並べるなんて、よっぽど業界構造がわかっていないに違いない、とか、どうしてウチがこんなに業界に対して価値を与えていることがわからないのだ、とか、フラストレーションも溜まります。しかし、相手も皆さんの上から降りてくる説明を聞いてこう思っています。「何て独りよがりな企業なんだろう」と。彼らは相対比較でしかものを考えない人たちですから、「競合はいない」などと言われれば、「それはすごい」と思う前に「それでは分析ができない」と思います。企業と投資家、どちらが劣っている、間違っている、といったことではなく、そもそもの思考の流れの方向が逆なのです（**図表**

11)。したがって、企業の方々の説明があくまで上から降りてくるものだと、やはり投資家としては理解度が低くなります。これは、企業が資本市場に対してIRを行う際にも留意すべきことですが、ここでは、「投資家たる本社部門では、下からのぼっていくように将来予測を作らなければならない」という話になります。

これは結構難しいです。なぜならば、本社部門にいる人たちも企業の一員として長年生きているので、投資家的な見方に切り替えること自体に抵抗があるからです。しかし、こうした見方をしていかないと、自社を取り巻く大きな流れの中で、どこに「先立つもの」を投下すると将来伸びていけるのか、といった問題に答えは出せません。本社部門における将来予測は、事業部門と同じ目線で事業を見ることにあるのではありません。彼らが自分に引き寄せて見がちな**外部環境を客観的に把握し、その環境に合致した強みを生かしていくことができるのかを見定めたうえで、他の事業との相対比較を行って経営資源の配分を決めるため**にあります。ここはひとつ、「下から上にのぼる」見方をしながら、大きな物語を描いていただければと思います。

4 「事業の型」を把握する

ところで、その際にぜひ明らかにしておきたいのは**「その事業の型」は何なのか**、ということです。本社部門として把握すべきなのは、どういう仕組みでその事業が儲かるようになっており、それは確かに将来的にも機能するようになっているのか、という大きな枠組みです。その枠組みの中で、どのようにキャッシュイン（売上などオカネの〝入〟）が生まれ、そのためにどのようなキャッシュアウト（投資などオカネの〝出〟）が必要なのか、そしてそれらにはどのようなリスクがあるのか、ということが、本社部門が事業の将来像を描くうえで押さえなければならないことです。こうした枠組みがどうなっているかにより、それに適した打ち手も変わってきます。事業の型に全く合っていない打ち手ばかりでは失敗間違いなしです。投資をすれば儲かるはずだとおカネをつぎこんで規模を大きくしたら、それが裏目に出て不振に喘ぐようになってしまった、などということが起こらないように、本社機能としては、各事業の「クセ」ともいえる型を把握しておくことがカギになります。こうした「クセ」は、特定の事業を営んでいると共通して見られる業界全体の特徴、すなわち外部環境分析によって見極められる場合が多くあります。

規模か、差別化か

たとえば、アドバンテッジ・マトリクスという手法があります（**図表12**）。簡単に言えば**「規模が効くのか」、「差別化ができるのか」**ということに着目した分析で、具体的には、業界内の企業の売上高（＝規模）と、利益率（＝差別化の程度）をとってその傾向を見ます。

最もわかりやすいのが「規模は非常に効くけれどもあまり差別化の余地はない」という事業です。これを「規模型」といいます。たとえば、自動車事業などは規模型の典型例です。様々な車種があるように見えますが、コストはかなりの部分で共通化されています。原材料の仕入れにしても、大量ロットを発注できれば値引幅も大きくなります。規模が大きければ大きいほど、メリットが享受できます。

これとは逆に、規模を大きくしていくと収益性が下がってしまうこともあります。こうした傾向を持った事業を「分散型」といいます。卸売事業などはまさにそうですね。ひとつの製品だけ集中して扱っていれば高収益だったのに、保管方法も配送手段も全く異なる様々な製品を扱うようになったらコストが余計にかかってしまった、ということが起こります。

他に「特化型」というタイプもあります。「規模も効くし、差別化もできる」という事業です。業界内の各社売上高と利益率を見ても、ほとんど何の関連もないように見えます。ただ、差別化のひとつの要素である何かに着目すると、実は非常に規模が効いているというのが特化型の特徴です。医薬品業界などは典型例です。業界全体としては特に傾向が見えないけれども、大衆向け医薬品に着目すると非常に規模が効いている、といった具合です。最後は、規模を大きくしてもはかばかしくないし、さりとて差別化の要素も

図表12　アドバンテッジ・マトリクス

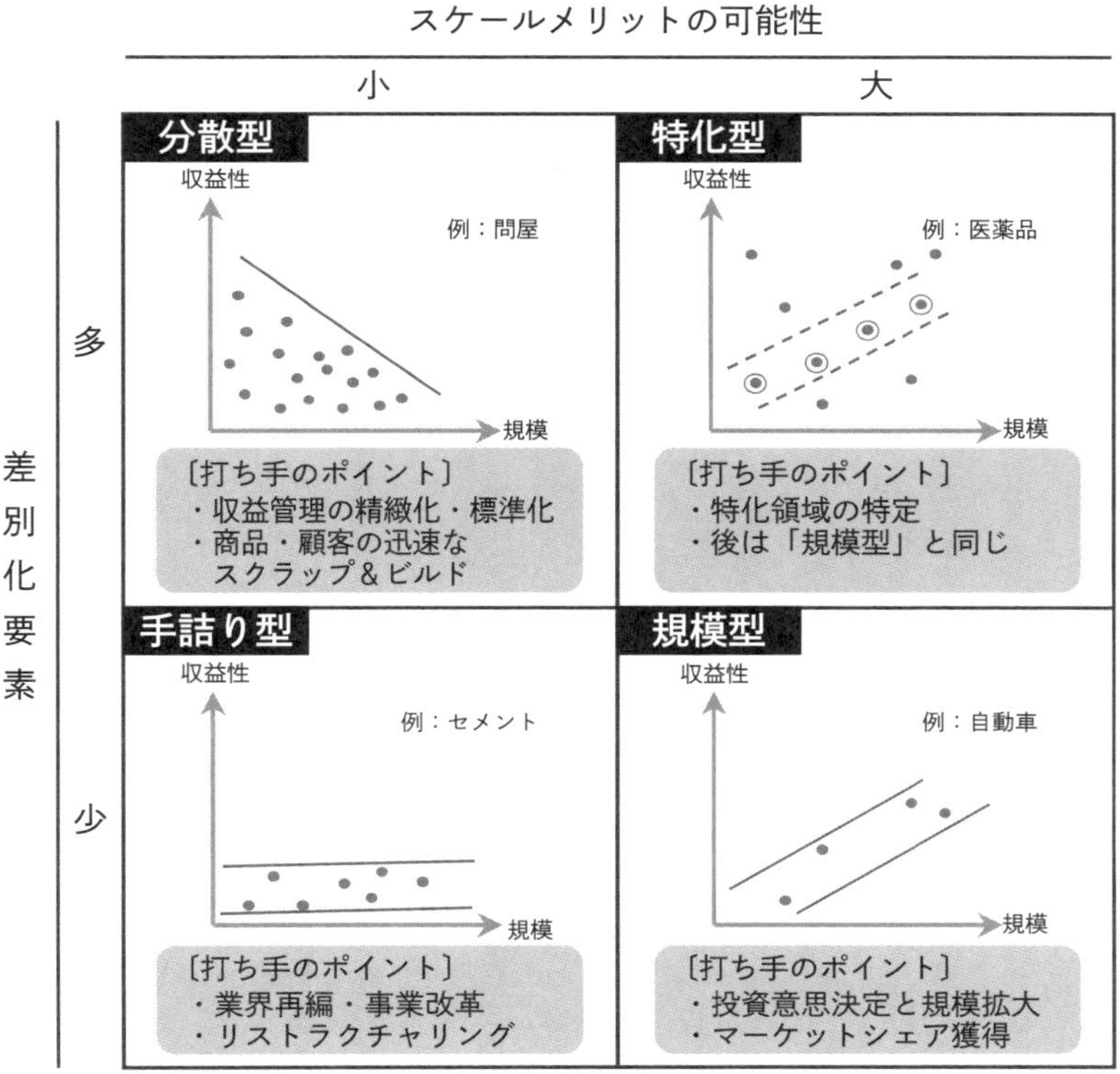

乏しいし、という事業で、その名も「手詰り型」と呼ばれます。

打ち手に直結する分析を行う

これらの分類は、当然何かの打ち手を期待して行われています。規模型の場合は、まず「規模を大きくすること」が至上命題となります。そのためにはおカネがかかりますから、投資の意思決定は規模型事業の先行きを大きく左右します。したがって、投資を行ったら規模拡大の実現に邁進する必要がありますし、その成功度合いを測るものとして、マーケットシェアにも意味があります。また、M&Aといった手段も、それが規模を拡大するものである場合、成功する確率は他の事業の型に比べて高いといえます。

一方で、分散型の事業で安易にM&Aを行うと、失敗を招きがちです。単に規模が大きくなるだけなら収益性が下がってしまう確率が高いわけですから。このタイプの事業では、ひとつひとつの製品なりサービスなりを、手をかけて管理することが重要です。差別化が効きやすいので、その違いを大事に育ててやる。もし、そろそろ儲からなくなってきたと思ったらすぐにやめる一方で、これはいけるかもしれない、と思ったらすばやく次の芽を伸ばす、といったスクラップ&ビルドが成功の鍵になります。これを行うためには当然、日々の収益性管理などがきちんとなされていなければなりません。ちょっとの動きでもきちんと目に留まるようにしておく。業務を標準化し、見えやすくしておくことも重要です。

「特化型」の事業では、そもそも自らが「何の軸で」特化しているのか、が意外にわかりません。これを把握することが最初の一歩です。わかってしまえば後はやることは「規模型」と同じです。「手詰り型」の事業は、文字通り手詰まってしまっていますので、そのままにしておいても好転は望めません。構造改革を行うなり、業界あげての再編を行うなりしないと、閉塞していくばかりになってしまいます。

いくつかのフレームワーク

他にも、事業の型を考えるのに有効な手法はいくつかあります。業界には「業界内競合の圧力」「売り手の力」「買い手の力」「新規参入者の脅威」「代替品の脅威」という5つの力が働いているという、5つの力分析（Five Forces Analysis）といったものもあります（**図表13**）。この分析は有名ですが、意外に「何のために」行うのかを心得ている人が少ないように思います。5つの力を理解することにより、業界における**基本的な収益性を捉える**ことができるのですね。それにより、収益性を強く圧迫する要素に対する打ち手を具体的に考え、構造が変化した場合に素早くその変化を活用していくことが可能になります。

どんな事業にもすべからく寿命があり、衰退期に至るまでの導入期、成長期、成熟期のそれぞれに応じて打ち手は異なる、ということを説明する「事業のライフサイクル仮説」といった枠組みもあります（**図表14**）。

投資家的な視点でよく使われるのは、その事業がＰＬ型か、ＢＳ型か、といった分類です。投資と回収の時間

図表13　5つの力分析（Five Forces Analysis）

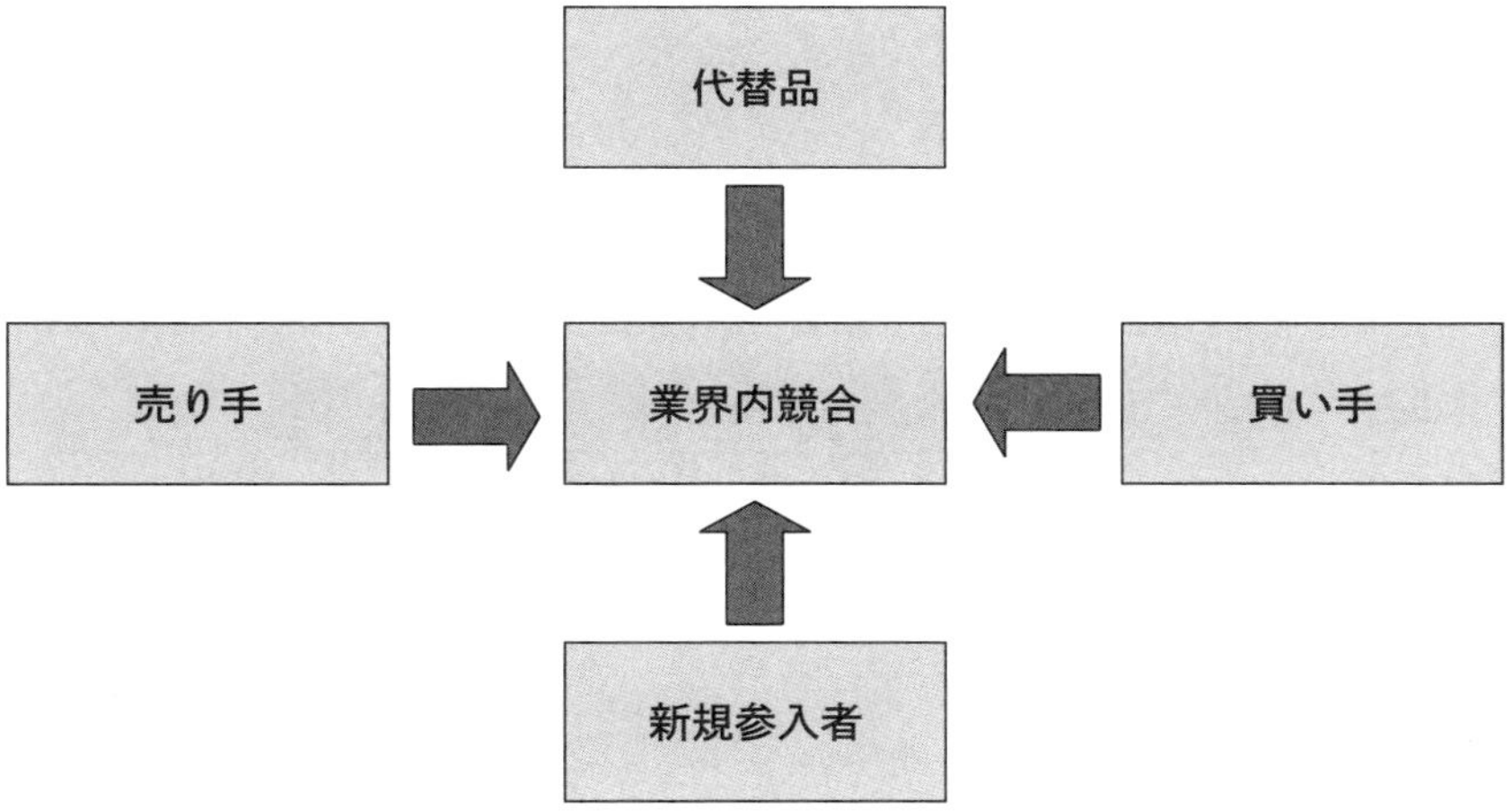

の違い、と言ってもよいかもしれません（**図表15**）。

前者は、投資から回収までほとんど時間がかからない型です。投資と回収が同年度の中で高速回転しているようなタイプです。外食産業などはかなりこれに近いといえます。一方、巨額の投資をしてから回収までに長い時間がかかる、という事業も多くあります。俗に、バランスシートヘビーな業種、と呼ばれるものです。インフラ系の事業は大抵そうですね。これは、バランスシートをしっかり見ないと、その事業で何が起こっているのか、といったことはなかなかわかりません。

なぜこの事業は儲かるのか

他にも様々なフレームワークがありますが、気をつけていただきたいのは、こうした道具を使うことが目的化しないように、ということです。あれこれ分析したこと自体に満足してしまって、「それで、この結果をどうするの?」と言われて答えられない、などという事態は避けたいものです。これらの

図表14　事業ライフサイクル仮説

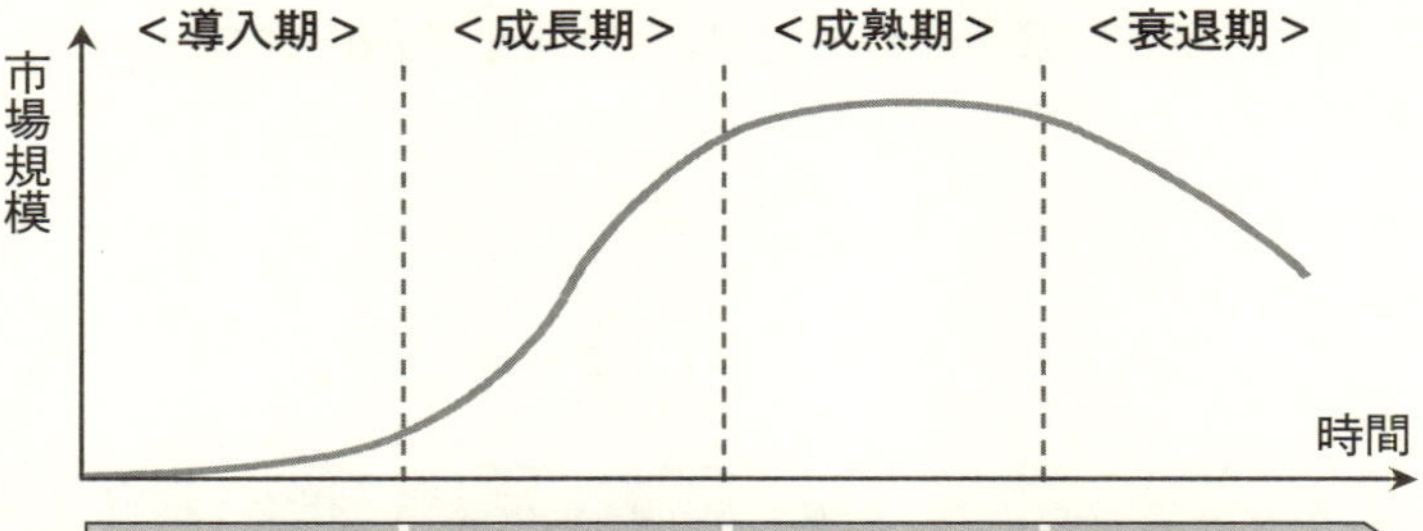

成長性	低成長	高成長	停　滞	マイナス
競　争	少ない	競争激化	淘　汰	寡　占
収益性	低　い	上　昇	高水準	低　下
キャッシュフロー	マイナス	好　転	高水準の回収	高水準から低下
戦略課題	市場の拡大	市場への浸透	利益最大化 シェアの防衛	効率改善

フレームワークは、あくまでも事業の型を解明するための手段でしかありません。目的を見失わないためには、以下の点に集中してください。**「結局、この事業におけるおカネの出入りは何で決まるのだろう?」**です。「いったいどうして儲かるのか」と言いかえてもいいかもしれません。

たとえば、開発医薬事業であれば、キャッシュが出ていく大きな要素は、莫大かつ長期にわたって必要な研究開発費です。研究開発が成功した暁には新薬を上市することによる売上は非常に大きなものとなります。こうした「クセ」から、この事業を見ていくポイントは研究開発費であり、その研究開発ポートフォリオの内容やマネジメント体制が重要であることがわかります。効率を上げるためには、研究開発分野を集中させて特定領域での知見を積み上げることが有効かもしれません。また、莫大な研究開発投資がかかる一方できちんと儲けを出すためには、何といっても特許でキャッシュインを守ることが不可欠です。これが一番大事。そのうえで、地域

図表15　投資と回収による事業分類

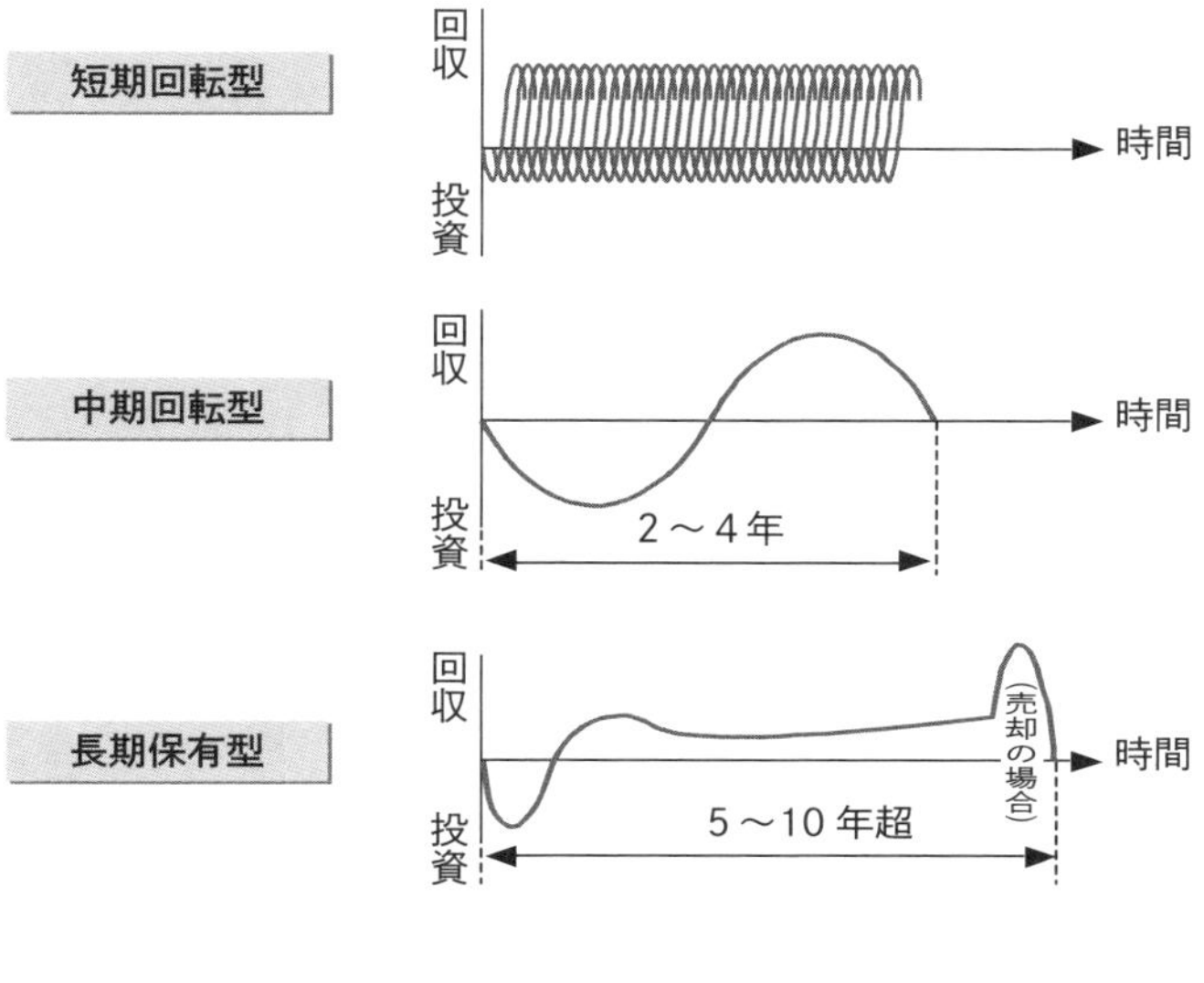

的な販売拡大を考えたり（規模の経済）、同じ特許で用途発明の可能性を探ったり（範囲の経済）していくことも重要でしょう。逆に、こうした事業において、原価低減に血道を上げたり、凝りに凝った広告で消費者にアピールしたりしても、おカネの出入りにさほどの影響はありません。事業の型からいって有効ではないのですね。そうしたことは速やかに忘れましょう。

おカネの出入りを考える際には、「今は出入りがないけれども、もし起こったらそれが莫大になる」可能性について考えることも必要です。上市すれば特許で守られて儲かるからといって、副作用の害が強い新薬を出してしまったらどうなるでしょう。とてつもない損害が企業を襲います（こうなるともう金銭面だけではないですね）。製品の安全性確保を徹底することは必須です。また、莫大かつ長期間必要な研究開発投資が失敗したらどうしましょう。おカネが回らなくなった時にたまたま社債の返済時期が迫っていたりしたら最悪です。そうならないようになるべく借金をしないという財務施策も必要になってきます。

「つまり、今はないおカネの出入りも一緒に考えることは、その事業が「クセ」として持つリスクについても考えることになります。先ほども見た通り、事業の型を解明するのは、「どのようにキャッシュインが生まれ、それにはどのようなキャッシュアウトが必要で、そこにどのようなリスクがあるのか」を正しく把握して将来のキャッシュフローを最大に、リスクを最小にする打ち手を実行するためです。分析の目的を見失いそうだと思った時には、必ずここに戻ってきてください。

これができると、いわゆる「ビジネスモデル」を的確に見極められるようになります。ビジネスモデルというと、何やら〝素敵なアイデア〟や〝カッコいい起業家〟などを思い浮かべがちですが、ここは質実剛健にいきましょう。何といっても重要なのは、**その事業におけるキャッシュインとキャッシュアウトを明らかにし、前者が後者より大きくなるようにする**ことです。この出入りがわかればそこに存在するリスクもわかり、ビジネスのキモやってはいけないことも見えてきます。

たとえば、航空会社のビジネスモデルはどのようなものでしょうか。単純化して考えれば、最大のキャッシュインは運賃収入で、最大のキャッシュアウトは航空機の調達費用です。したがって、当たり前ですが航空機の買い過ぎは事業を立ちゆかなくさせます。

また、キャッシュアウトして買った飛行機は最大限に活用してキャッシュインである顧客収入を増やさなければなりません。飛行機を飛ばすなら満席にして飛ばす。すなわち、絶対にやってはいけないことは「空気を乗せて飛行機を飛ばす」ことです。それを避けるためなら、多少の値引きは大した問題ではありません。このビジネスのキモは「空席率をいかに低くするか」です。実は、航空会社はどこもこの管理にしのぎを削っています。これをイールド・マネジメントといいますが、その巧拙が彼らのビジネスの成否を左右しています。

「競争しないこと」に意義がある

事業の型が理解されてくると、競合との戦い方も見えるようになってきます。しかし、こうした分析は事業部門では意外に見落とされがちだったりもします。

もちろん、事業の最前線における熾烈な競争について、事業部門より詳しいところはどこにもありません。「今月はライバルのX社に何ポイント差リード！」など、それは威勢がよいものです。ただ、もしかするとそれは、目先の競争に勝ってほんのわずかなキャッシュを稼ぐために、販促費やら広告費やら莫大な資金流出を伴っているような状態かもしれません。これを見抜くのは本社の仕事です。より客観的に、事業が置かれている競争状況を確認しましょう。事業の型を有効に利用しているのはどういった競合他社なのか、そのためにどのような施策を打ってきているのか、自社の事業部門とどのように違うのか、などなど。

ここで枝葉末節に入る必要は全くありません。見ておきたいのは、**その競争メカニズムは本当に正しいのか？ 今後も続くのか？** ということです。目先の戦いに汲々としていると、現在の競合他社だけに目を奪われて、新規参入者や代替品の脅威を忘れがちです。たとえば、小型軽量デジタルカメラ分野は、既存の競合が価格競争を繰り広げている間に、スマホに席巻されてしまいました。

事業部門が血で血を洗うようなレッドオーシャン的な戦いを繰り広げていたとしても、それが将来キャッシュフロー生成能力の向上につながらないなら、本社としては止めさせるほうが重要です。よく、「競争戦略」というと、厳しい競争を勝ち残るためのものだと思っている人がいますが、最も痛手が少ない勝ち方は、**「競争しないで成果を得る」ことであり、これが競争戦略の極意**です。

自社の「ユニークなポジション」は何か

ただ、競争のない未開拓市場を切り開くのは、これはこれで大変です。自社のポジションをきちんと把握して、それに合った打ち手を考える必要があります。このあたりから、分析はだんだん外部環境分析から、内部資源分析に入ってきます。まずは、これまで見てきたような外部環境の中で、当該事業がどのような地位を築いており、今後築いていくかといったことを考えます。売上や利益の順位、業界平均や競合と比べた時の乖離度合い、マーケットシェアの動向など基礎的な事項は押さえたうえで、当該事業がどのようなポジションで戦っているのか、戦っていけばよいのかということを考えます。

マーケットのポジションというと、シェアに応じてリーダー、チャレンジャー、フォロワー、ニッチャーといった4つのカテゴリーに分けてそれぞれに特有な打ち手を考えるといったことも行われます。カテゴリーにおける定石と考えられる打ち手と全く異なる施策ばかりやっているとうまくいかないかもしれません。図表16を参考にしてください。

分析の目的化はここでも禁物です。重要なのは、自社のその事業が**「なぜそのマーケットポジションを得ることができたのか」**に対する答えです。「何か」が他よりも優れていたから、であるはずですよね。その「何か」を特定することがここでの目標です。その事業が持つ他と違った「強み」ということです。先にみた「競争優位性」ですね。皆さんの「宝物」です。

競争優位性を理解する上で意外に行われていないのが、「3つの基本戦略」のどれに自社の戦略が該当するのか、という確認です（**図表17**）。まずはターゲットをどう規定するか考えます。広く取るのか狭く限るのか、これは外部環境分析のところで検討されているはずですね。

そして、そのターゲットに対して、どのような競争優位性を発揮していくか考えます。ひとつには**他社よりも低いコストを強みとするのか**、もうひとつには**他社とは違った差別化要素を強みとするのか**という2つの選択肢があります。ここで気をつけていた

図表16　マーケットポジションと打ち手

リーダー	■自他共に認める第一人者 ■経営資源の質量ともに多い ■市場規模全体の拡大を目指す
チャレンジャー	■二番手 ■経営資源の量は多いが質が伴わない ■シェアの奪取を目指す
フォロワー	■チャレンジャーとシェア上の差はないが競争を避ける ■経営資源の質量ともに少ない ■競争に直面しないように動き、収益の向上を目指す
ニッチャー	■特化戦略を採る ■経営資源の量は少ないが質は高い ■何に特化するかを考える（市場、顧客、地域、等々）

だきたいのは、「他社より低いコスト」＝価格競争ではないということです。価格を安くするのではなく、同じ価格でも、何らかのコスト優位があるのでより多くの利益が得られるのでなければいけません。また、差別化要素にも誤解があります。何か高いものを作って売るのではなく、何か違うものを作って、それに対して顧客が魅力を感じて買ってくれることによって利益が得られるということです。この2つの道は、同時に追うことはできません。自社の強みを、どちらの道で発揮するのか、十分に考えてください。

ただし、この「宝物」ですが、単に「今持っている」だけではダメです。見たいのは「将来にわたってキャッシュフローを生み出す力」ですから、宝物を「将来にわたっても維持することができるか」を見極めなければなりません。**将来も維持可能な優位性がどこにあるのか**、が分析のカギです。

自分だけは特別、と思うのが人の常

さて、この「将来も維持可能」という条件がついた中で「優位性」を考えるのは意外に難しいものです。「いや、今これだけ強みを持っているのだから将来的にも大丈夫でしょう」「これはやっぱりウチだけしかできない特別なものだし……」――人間誰しもそう思いたいのです。しかし残念

図表17　3つの基本戦略

	他社より低いコスト	差別化要素
広いターゲット	1．コストリーダーシップ戦略	2．差別化戦略
狭いターゲット	3a．コスト集中戦略	3b．差別化戦略

（3a・3b）3．集中戦略

ながら現実は甘くありません。少なくとも本社の方々は、ここには危険な幻想が潜んでいると思ってください。自社が培ってきた強み、というのは、市場に変化が起こったり、競合の打ち手が変わったりすることにより、維持可能ではなくなってしまうことがよくあります。そしてなお怖いのは、「自社だけがそれに気づかない」ということです。そのために昔の成功体験にしがみついて内向きになり、没落していった企業は数知れず。

たとえば、内部資源における優位性を考えるうえでＶＲＩＯ分析という枠組みがあります。Value（価値）、Rarity（希少性）、Imitability（模倣可能性）、Organization（組織）の４つの区分ごとに分析することで、持っている資源がどれほどの優位性を発揮しているか把握しようというものです。これはこれで有効な枠組みなのですが（とはいえ、フレームワークだらけになるのも嫌なのでもうこれで打ち止めにしましょう）、仮にこの分析によって素晴らしい優位性を持つとされた資源は、いったいいつまでその優位を保持することができるのでしょうか。「価値」があるかどうかは市場が、顧客が決めることです。市場の状況が変われば価値は変わり得ます。「稀少性」にしても同じことですね。時間の経過とともに「模倣可能性」も変化し、製品ばかりかビジネスモデルも真似られたりします。「組織」は、他の３つを活かすような組織でなければならない、という付随的なものですが、他の３つがなくなってしまった時にもこれだけは生き続けて却って足を引っ張る厄介な代物でもあります。つまり、時間軸を入れて考えないと、あなたの会社の持っている「宝物」の効力を見誤りかねない、それどころか足かせになりかねない、ということです。今や聖域化してしまって分析も不可能、になってしまう不幸な事例もあります。日本の「ものづくり」などといった言葉にはこうした不幸の匂いがしますね。どのような要素が本来の価値の源泉なのか、それは将来にも通用するのか考えないと、宝物は情緒と郷愁のかなたに消えていってしまいそうです。これだけ環境が変化している中で、ひと昔前の強みがそのまま保持できているなどということはまずありません。今の時代は競争優位性を長く維持することよりも、それが通用しなくなってきた時に素早く次の競争優位性を作り出す能力こそが問われます。「万物は流転する」と思って常に見直してください。

最後はトップの話し合い

貴重な「宝物」を豊富に持っていたとしても、それをうまく生かしていくことができなければ文字通り「宝の持ち腐れ」になってしまいます。**「宝を使っている人の能力」や「どうやって使っていこうとしているかという意思」**に踏み込むことになります。経営陣の質や能力などですね。「そんなものどうやって測るのだ」と問われがちですが、たとえばアナリストが企業トップと直接面談して話を聞きたがるのは、別に偉い人に会いたいからではなく、実際に話をしてこの点をしっかり把握したいがためです。また、過去にその経営陣がコミットしてきたことを実際にどの程度実行しているのか、という実績も重要です。

本社部門が各事業の分析を行う際には、こうした「宝を使っている人の能力」は、事業部門の責任者を配置した時点で既に相当試されているでしょうから、より力を入れるべきは**「事業責任者とのコミュニケーション」**です。彼らは事業の視点から計画を立てており、それを基に経営資源配分を求めてきます。一方で、本社部門は客観的、全体的な視点からその事業の将来を考えています。このすり合わせが必要になります。企業が外部投資家に対して行うIRミーティングのような場が、企業内部で、本社部門と事業部門との間で必要となります。ここで議論を円滑に進めるために、お互いが「論理」と「数字」および「事実」に基づいて話をすることが大事です。これは内容の正しさに白黒つけるための戦いではなく、それぞれの知見を持ち寄って、冷静により良いものを作るための機会です。とは言え、ディベートに慣れていない多くの日本人にとっては、少々やりにくいかもしれません。あまり堅固しい場とせずに、あえてロールプレイングなどゲーム的な設定でやってみる方が、議論が盛り上がります。

5　非連続な変化を提示する

事業責任者と討議する際に、本社の側が必ず仕掛けてほしいのは、**「非連続な変化を考えるとどうなるか」**という議論です。先ほども見た通り、事業部門が得意なのは、現在の環境を前提として、連続的に改善を行っていくとどこまで良くなるかというタイプの将来予測です。

一方、本社の側は常に非連続な改革を考えていなければなりません。もしかしたら、その事業は既にグループとしては不要になっているかもしれません。あるいは、今の方針では成長が遅すぎるので、M＆Aなどにより時間を買うことが望ましいかもしれません。今の時代、大規模な業界再編の可能性についても考えておくことは必須でしょう。どこの業界も似たようなプレイヤーが数多くひしめいていますが、この状況のまま今後10年、20年と変わらぬ日々が続くはずがありません。既にあちこちで大きな業界再編の波が湧き起こっています。仕掛けられるよりは仕掛ける側になるよう頭の体操を十分にしておきましょう。

「ジャンプした目標について考えさせる」ことも必要です。現在、売上が300億円ある事業に対して、400億円に伸ばせといえば、その事業部門は現在の延長線上の中で何とかしようと思います。営業人員の尻をもっと叩くとかですね。一方、これを3，000億円にしろ、と言われたら根性論ではどうしようもありませんね。違う次元のことを考える必要が生じます。なかには、ギャップはすべてM＆Aで埋めますが何を買うかは決めていません、などという本末転倒な答えを出してくる事業部門もいるでしょうが、ぜひそれについても議論を戦わせてください。そのために、わざわざ事業部門と本社部門で別々に将来予測を考えてみているのですから。将来予測を作るのは、部分最適と全体最適をすり合わせてひとつのものを作り上げるためであり、コミュニケーションを促進させるためです。ぜひ豊富なディスカッションを。

「先延ばし」による不幸

ディスカッションをしていると、相当冷静に議論しているつもりでも、その背後にある「変わりたくない」「変えるべきではない」という強固な情緒の流れに揺り動かされる時が結構あるはずです。もともと人間はそういう風に生まれついているそうですから、それも仕方がないのかもしれませんが、そうはいっても企業や事業の仕組みが状況に合わなくなってくれば、止めるか変わるかしないとその先にはより悲惨な未来が待っています。もちろん、「今は変えない」という結論はあるでしょう。しかし、それは単なる決断の先送りではなく、現時点で動くことと動かないことのメリット・デメリットを比較検討したうえでの決断であることが必要です。ただ、「失われた30年」とも言われるこれまでの停滞期に企業が「変えない」と主張していたことの多くは、時間の経過とともに結局は「変えざるを得なく」なっています。それも、当初よりは不利な状態で。もしかすると、単に意思決定に伴う責任から逃れようとして、後代に大きなツケを払わせているだけかもしれません。このことはぜひ自問自答してみて下さい。

陥りがちな3つのコストの罠

情緒の流れに身を任せると、なかなか論理的に考えられなくなってくるのが以下の3つの「コスト」です。スイッチングコスト、サンクコスト、オポチュニティコスト。どれも何だか日本人には苦手そうな項目ですね、だいたい英語なのが嫌です。ただ、コストといっても数式が出てきたりするわけではないですから、日本語に直しながらひとつずつ見ていきましょう。

スイッチングコストとは乗り換え費用などとも呼ばれ、継続して利用している製品やサービスから、他の製品やサービスに乗り換える際に発生する費用を指します。これが高いと、代替する製品やサービスに乗り換えにくくなります。金銭的な負担だけではなく、心理的なハードルなども含まれます。今までアイフォンを使っていたのにアンドロイドにするのは、単なる買い替え負担だけではなく、何となく宗派を変えるようで嫌だ、などですね。気持ちは大いにわかりますが、スイッチングコストが高くなりすぎると、変えるものも変えられなくなったりします。どのような抵抗がなぜ生じているのか冷静に分析して議論しましょう。変えてみたら何ということはなかった、というほうがはるかに多いと思います。

支払った費用は取り戻せない

次に**サンクコスト**、埋没費用です。既に支払ってしまっていて取り戻せない費用のことを指します。どう頑張ってもこれから取り戻すことは不可能なのですから、投資における収益などを判断するにあたってこれを加味するのは適切ではありません。しかし、頭ではわかっていても、つい「もったいない」精神が働いてしまうことが往々にしてあります。公共事業などでも多いですね。これまでこんなに苦労してカネもかけたのだから、このダムを最後まで作らないでどうする、といったような議論です。でも、これまでの苦労話は本質的な議論ではありません（人に対するコミュニケーションという意味ではまた別ですが）。議論の場にそういう雰囲気がたちこめてきたら、きちんと本題に戻しましょう。投資計算としては、これから先、プロジェクト完成までにかかる投資が回収できるかどうかで判断します。

たとえ90％まで完成していたとしても、ここから先の10％を完成させるための投資がどう見ても回収できないならその投資は止めるべきです。登山と同じで、あと100メートルを欲張ると命を落とすかもしれない時に、ここまで登ってきたのだからとは考えないのがプロフェッショナルです。

経営資源をより有効に使うために

最後に出てくるのが**オポチュニティコスト**、機会費用です。人間は同時にいくつもの人生を生きられませんので、ある行動を選択することで他の選択肢を選んでいたら得られたであろう利益は失われます。就職のときに、今いる会社ではなくてあっちを選んでいたらなあ……というものですね。この失われた利益のうち最大のものを指して機会費用と呼びます。衰退事業に延々と張り付けている経営資源を成長事業に迅速に移せば、より大きな成果が期待できるのにそうしないことで失っている利益は結構多そうです。

経営資源の配分においては、この3つのコストが絡まり合って最悪の結論を導き出すことも少なくありません。変えたほうがよいのに変えずに以前からのやり方に拘ってそこにさらにおカネをつぎ込む、ここまでやったからもったいないとさらに追加で投資する、そこで追加投資されているおカネを他に回したらはるかに大きなリターンが得られることには目をつぶる。あるいは、減価償却済だからといって骨董品のような工場設備をだましだまし使い、そのために莫大な属人的負担を強いている。論理的に考えればおかしいと思えることも、組織のしがらみや情緒的な反応に絡め取られると、いつのまにか流されてしまいがちです。そうならないために、まずはしっかり事実を押さえて、論理が通るのか考えてみましょう。様々な要素を斟酌するのはその後です。また、数字も重要です。これを次に見ていきます。

3

経営戦略を作りっぱなしにしない

議論を行う時に、その対象となる要素が「数字」で示されていると、議論はより生産的になります。もし数字なしで議論をするとどうなるでしょう。「この先、売上はぐっと増えると思うんですよ」「〝ぐっと〟ってどういうことなんですか」「まあ順調に回っていくってことで…」「何で？」――あまり生産的な議論とはいえませんね。「これまでの業界平均の売上の伸びは3％だが、我が社はかかる強みがあって長年2％近く上回ってきている。大きな業界環境変化がないので、今後2～3年はこの差は維持できよう。ただし、3年後に規制緩和があって、新しいプレイヤーが入ってくることが考えられ、シミュレーションを行うと、当該年に売上成長率は2％程度低下すると思われる」くらいの説明があれば、「ではシミュレーションの内容を具体的に」とか、「規制緩和前に参入障壁を強固にすれば影響はこれくらいでは」というように、話が具体的に先に進みます。したがって、戦略の内容はぜひ数字に落としておきたいものです。

とはいえ、いい加減な数字を置くわけにはいきません。逆に、あまりに精緻な数字を作りこんでも労多くして何とやらです。したがって、過去の実績について財務分析などを通じて参照しつつ、将来に関する議論に必要十分な予測を行う、というバランスの取れた取組みが不可欠となります。

1　数字まで落としてこその経営戦略

財務分析において見るべき要素は、成長性、収益性、効率性、安全性、流動性、生産性、といったあたりに区分できるでしょう（**図表18**）。こうした視点を定めずに財務分析に乗り出すと、無数にある指標の波におぼれて収拾がつかなくなります。視点を定めた上で、自分の使いやすい指標を選んで、それを使った見方を磨きあげるのが早道です。

過去の数字から得られる各種の財務指標は、企業が過去に決めた事柄を実際に行ってきたかどうか、本当に評価に値する業績を上げてきたのか、を示します。一方、「過去の分析」からわかるのは、「過去その企業がそうであった」ということだけです。もちろんそれは情報としては有効であり、重要なものですが、本社部門が事業部門とすりあわせ、投資の意思決定を行いたいのは、事業の将来に関してです。「では

図表18　主な経営分析指標

種類		内容	主な指標（例）
損益関連	成長性	• 売上・利益・CFの成長度	• 売上高成長率 • 営業利益成長率・CF成長率
	収益性	• 利益・CFの状況 • 固定費と変動費の割合	• 売上高営業利益率 • 売上高CF比率
財務関連	効率性	• 資産収益の対比 • 各種回転期間分析	• ROA、ROE、ROIC • 売上債権回転期間（率）
	安全性	• 財務の柔軟性 • 負債と資本の対比 • 負債と収益の対比	• DE Ratio（負債／資本比率） • CF／負債比率 • インタレスト・カバレッジ
	流動性	• 短期的な資金繰り • バックアップラインの有無	• 手元現金残高 • 流動比率、当座比率
その他	生産性	• 投入量と産出量の対比	• 従業員あたり売上高、利益 • 労働生産性・資本生産性
	市場動向	• 為替・金利等変動の影響 • 感応度分析	• 単位あたり変動割合

これからどうなるのか」に相当するものが、数字として示されていると有益です。これまで分析してきた様々な定性的な要素を的確に数字に落とし込んだ将来予測を、「ファイナンシャルプロジェクション」と呼びます。財務モデリングという呼び方も、同じことを指しています。これをもって、将来のキャッシュフロー生成能力が数字として見ることができるようになるわけですね（**図表19**）。

大所を押さえることが重要

ファイナンシャルプロジェクションを作るというと、とかく面倒くさいことに思われがちです。エクセルなどの表計算ソフトを使うのが苦手な方は、聞いただけで勘弁してくれ、とも思うかもしれません。ただ、実際にはそれほど難しいことではありません。

ここで、多くの人が陥りやすいワナをひとつ指摘しておきましょう。「プロジェクションを作る際に、**過度に会計（アカウンティング）にこだわるな**」ということです。会計というのは過去の実績を正確に、一定の型に基づいて作り上げるための約束事です。一方、ファイナンシャルプロジェクションを作るのは、将来の予測を確からしく行い、企業価値の先行きについて全体像を理解するためです。会計上精緻なものを作る必要は全くありません。そんなところに時間をかけるのはやめましょう。

では、どうすればいいのか。「大所を押さえる」ことが肝心です。この時、キャッシュフローにはこだわってください。企業価値は**「将来キャッシュフローを生み出す力」**でしたね。ですから、将来どこからキャッシュフローが生まれそうなのか、あるいは出ていきそうなのか、ということが明らかになれば良いわけです。キャッシュが出入りするところを押さえる。これだけです。それも、やたらと細かいものは不要です。事業に影響を与えるような大きな出入りに集中しましょう。**入ってくるうちで最も大きいのは**

図表 19　ファイナンシャルプロジェクションの例

A 社損益計算書（P／L）（単位：百万円）

	前年度	1 年度	2 年度	3 年度	4 年度	5 年度
売上高	1,000	1,030	1,061	1,093	1,126	1,159
売上原価		733	752	772	781	791
（うち減価償却費）		88	88	88	88	87
売上総利益		297	309	321	345	368
販売および一般管理費		213	223	227	231	235
（うち減価償却費）		22	22	22	22	22
営業利益		85	86	94	114	134
減価償却費		110	110	110	110	110
EBITDA（利払前・税引前・償却前利益）		195	196	205	224	243
受取利息・配当金		0	0	1	2	2
支払利息・割引料		13	11	11	13	13
経常利益		72	75	84	102	122
税引前当期純利益		72	75	84	102	122
法人税等		29	30	33	41	49
当期純利益	47	43	45	50	61	73

A 社貸借対照表（B／S）（単位：百万円）

	前年度	1 年度	2 年度	3 年度	4 年度	5 年度
流動資産						
現金・預金	40	54	89	263	314	375
売上債権	95	99	102	105	108	111
たな卸資産	145	127	131	120	123	127
固定資産						
有形固定資産	1,600	1,712	1,824	1,932	2,038	2,142
減価償却累計額	500	610	720	831	941	1,050
純固定資産額	1,100	1,102	1,103	1,101	1,098	1,091
総資産	1,380	1,382	1,425	1,589	1,643	1,704

	前年度	1 年度	2 年度	3 年度	4 年度	5 年度
負債						
仕入債務	95	99	102	105	108	111
短期借入金	50	50	50	165	165	165
長期借入金	375	335	335	335	330	320
負債合計	520	484	487	605	603	596
資本						
株主資本	860	898	939	984	1,040	1,108
負債および株主資本合計	1,380	1,382	1,425	1,589	1,643	1,704

A 社キャッシュフロー計算書（C／F）（単位：百万円）

	前年度	1 年度	2 年度	3 年度	4 年度	5 年度
当期純利益	47	43	45	50	61	73
減価償却費		110	110	110	110	110
運転資金増減額		18	−4	11	−4	−4
営業活動によるキャッシュフロー		171	152	172	168	179
投資活動によるキャッシュフロー		−112	−111	−108	−107	−103
FCF（フリーキャッシュフロー）		59	40	63	61	76
配当金		5	5	5	5	5
短期借入金返済額						
長期借入金返済額		40	0	300	5	10
新規短期借入金				115		
新規長期借入金				300		
新規株式発行額						
現金増加分		14	35	173	51	61

「売上」です。また、「負債」や「資本」などを調達すれば、いずれは返済や還元などという形を取る必要があるものの、調達した時点でのキャッシュは増えます。

2　これだけ押さえればすぐできる

一方で、キャッシュを減らす大きな要因は何でしょう。なんといっても、**大きなキャッシュの出は「投資」**です。企業活動の花形でもありますね。とても大事な項目です。また、各種の「費用」もかかります。企業は、様々な利害関係者に対して費用を支払っています。取引先への支払、従業員の人件費、債権者への金利支払、国や地域に支払う税金、そして株主への配当です。損益計算書にはこの順番に費用の支払状況が並んでいますね。加えて、「運転資金」もキャッシュに影響します。これは18ページで見ましたね。

この5つを中心に見ていけば、大所はつかめます。

1　売上
2　費用
3　運転資金
4　投資資金
5　負債・資本

この中でこれまで見てきた外部環境分析や内部資源分析に直結しているのは、何といっても売上です。

したがって、ファイナンシャルプロジェクションを作るときにやるべきことの第一は、これまで調べてきた外部環境や内部資源に関する定性的な分析のあれこれを、「そうなると自社の売上はどうなるのだ？」という定量的な数字に置き換えることです（**図表20**）。これまで市場が年率３％で成長していたとすれば、その要因は何なのか、それは今後も続くのかを踏まえたうえで、特に変わる要因がないのであれば、業界全体の成長率は３％と置いてもいいでしょう。３年後からは規制が変わってダメージがあるとする、ならば、それによって３年目以降の成長はどのくらい減るのか考えましょう。まずは、対象とする市場の大きさを将来にわたって推定することです。

売上の将来仮説を立てる

次に、そのパイのうちどれくらいを自社が取れるのかを見ます。競争状況が厳しくなっているのかどうか、自社の強みはそれでも通用するのか、やや見直しが必要なのか、全然もう太刀打ちできないのか。これまで業界平均を上回ってずっと５％程度の成長を続けてきており、今後も暫くはそれが実

図表20　ファイナンシャルプロジェクションの作り方

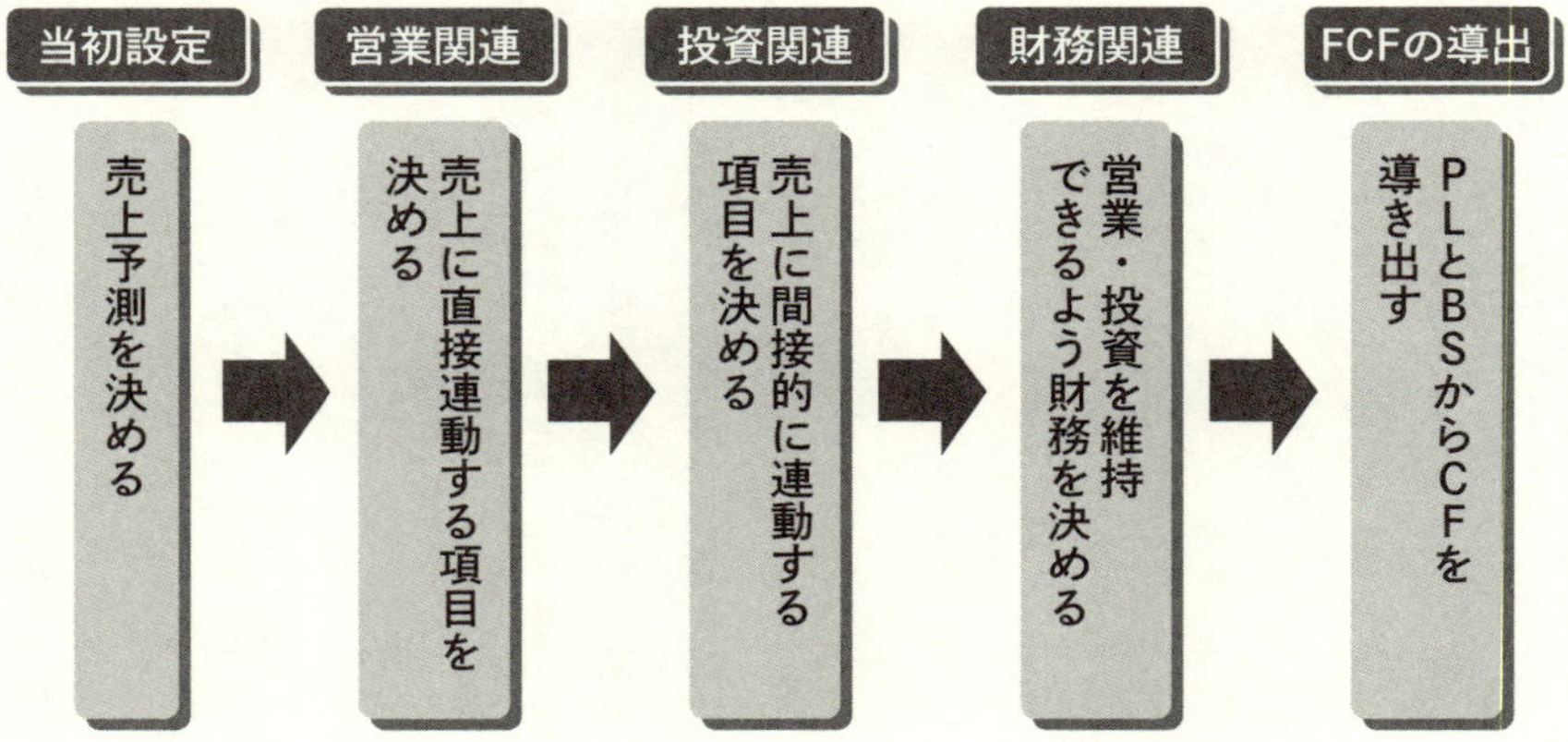
当初設定
売上予測を決める
営業関連
売上に直接連動する項目を決める
投資関連
売上に間接的に連動する項目を決める
財務関連
営業・投資を維持できるよう財務を決める
FCFの導出
PLとBSからCFを導き出す

現できそうならば、その根拠を明らかにしたうえで、業界平均を2％程度上回るような売上予測を立ててもよいでしょう。売上は「単価×数量」で決まります。この単価と数量の動向がどうなのかによっても予測数字は変わってきます。これまで伸びてきたのが主に単価を上げてきたことによるものであり、これからしばらくは競争が激しくなって、そうした行動が望み薄なのであれば、単価を下げた時のシミュレーションをしなければなりません。こうして売上の将来予測が決まります。ここでは、受験生のように唯一の解を求めるのではなく、確からしい仮説を打ち立てることが重要です。何を根拠にその予測をしたのか、それを論理と数字、事実できちんと示すことに専念しましょう。

費用と運転資金を設定する

売上が決まると、後はそれに連動して決まる項目が結構多くあります。まずは費用。色々な分け方がありますす。ここでは、売上に連動して増減する費用、即ち変動費と、そうではない固定費に分けてみましょう。いわゆる損益分岐点分析です。分析の詳細は省きますが、費用をまかなえる売上はいくらなのかを知るうえで必要な分析ですね。

変動費は、過去の実績としての変動費をまず見ます。それが将来的にもあまり変わらないのであれば、たとえば過去3年の平均値としての変動費率を、予測した売上にかけて逆算して変動費を求めます。固定費はこうはいきませんから、正確には人事上の見込みなどを使って人件費を出したり、広告宣伝費の予算を見たりしつつ、実額を考えていかなければいけません。ただ、ざっくり見るだけであれば、とりあえず過去実績から引き伸ばすということもできます。一般的に、コストの中でも重要な項目については、過去の実績や売上との連動性など詳細に分析して設定しますが、それほど大きくない費目（＝キャッシュフローに大きな影響を与えない項目）については、特に大きな変動がない限り過去実績を引き伸ばしておけば十分です。

他にも売上連動で決められる要素があります。先ほどでてきた運転資金ですね。売掛債権、買掛債務、棚卸資産、すべて売上と深く関係します。これも、それぞれ回転期間や回転率といった指標があり、過去の実績は既にわかっています（このために、過去の財務分析は必要なのですね）ので、これも大きな変動がなければその指標から将来の運転資金を逆算します。もし、「これから全社的に在庫削減プロジェクトに注力する。3年後までに棚卸資産の回転期間は2割削減！」などというSCM（サプライチェーンマネジメント）改善運動が盛り上がっているなら、これは見込んでおきましょう。

重要な投資を見極める

ここまでくると、損益計算書のほとんどと、バランスシートの上半分くらいはできてしまっています。後は、バランスシートの下半分と、それに関係する損益計算書上の項目を作れば良いだけです。

ただ、ここから先は売上と連動しないので、先ほどの固定費のように実額を考えざるを得ません。その最たるものが投資です。設備投資にしろ、企業買収等の投資にしろ、バランスシートの左下側に記載される資産の異動はどれほどあるのか？　通常、企業は投資計画も減価償却の予定も持っていますから、その実額を入れれば大丈夫です。各事業会社が出してきた投資計画をまず入れてみる、というのがよいかと思います。企業を外から見て判断するアナリストの人たちが、決算説明会で「投資と減価償却の予定は？」と必ず聞くのはなぜかというと、キャッシュアウトの大きな要素となり得るのに、外からはいまひとつわからない、ここの数字を埋めたいからです。もし、企業が開示してくれなければどうするか？　仕方がないので、これまで得た定性的な投資計画情報や、過去実績などから自分たちなりの仮説を引き出してバランスシートを作っています。これが皆さんにとって有利なものならばよいですが、非常に不利なものを作られないよう、少なくともある程度の方向性は出しておくのが企業の情報開示では必要といえそうですね。

負債と資本を考える

投資金額が入ると、バランスシートの左側は完成してしまいます。後は右側ですが、上半分はすでにできていますね。したがって、あとは負債と資本を考えればいいだけです。このうち、先に作るのは資本の側です。増資計画などをまず考えたくなりますが、いったん置いておきましょう。まず考えるべきは、資本の部に年々歳々加わる利益（もしくは損失）の部分です。すでに作った損益計算書の中から、すべての利害関係者に支払った費用を除いた金額が資本の部に組み込まれます。金利や配当、税金等についての設定はできていますか？　金利については、今借りたらいくらで借りられるかという想定金利を使いましょう。配当は、過去の実績若しくはこれからの意思としての配当性向があればそれで良いでしょう。税金は、とりあえず実効税率を使っておけば十分です。これらを設定して、資本に組み込まれるべき利益を組み込んでしまえば、これでほぼおしまいです。バランスシートの右半分の残りは、買掛債務でも資本でも埋められない必要資金額となります。これを、負債で調達するか、資本で調達するかという問題はありますが、いったんすべて負債で調達することにしてしまいましょう。これで負債の額が決まります。もし、あまりに多すぎたら、あとから資本での調達を考えればよいだけです。この点については後ほど補足がありますが、今は先に進みましょう。

細かいことは忘れる

「ちょっと待って、他にも〝その他流動資産〟とか、〝特別損失〟とか、色々あるのに何で全部無視していいの?」と思われる方もいるかもしれません。ここで、先ほどの話を思い出してください。「アカウンティングにこだわるな」「キャッシュフローにこだわれ」ということでしたよね。その他資産などの様々な要素がキャッシュフローに大きな影響を与えない限りにおいては、過去実績を引き伸ばしておくくらいで十分です。特別損失などは出ることがわかっていて、しかも金額が大きいのならその見込み額をいれておけばいいだけです。こんなところに時間を使うのは無駄です。今やりたいのは、先ほど挙げた5つの要素がどう動いて、将来のキャッシュフローがどのように見込めるのか、です(**図表21**)。いたずらに仕事を増やすことなく、速やか

図表21　ファイナンシャルプロジェクションの完成形

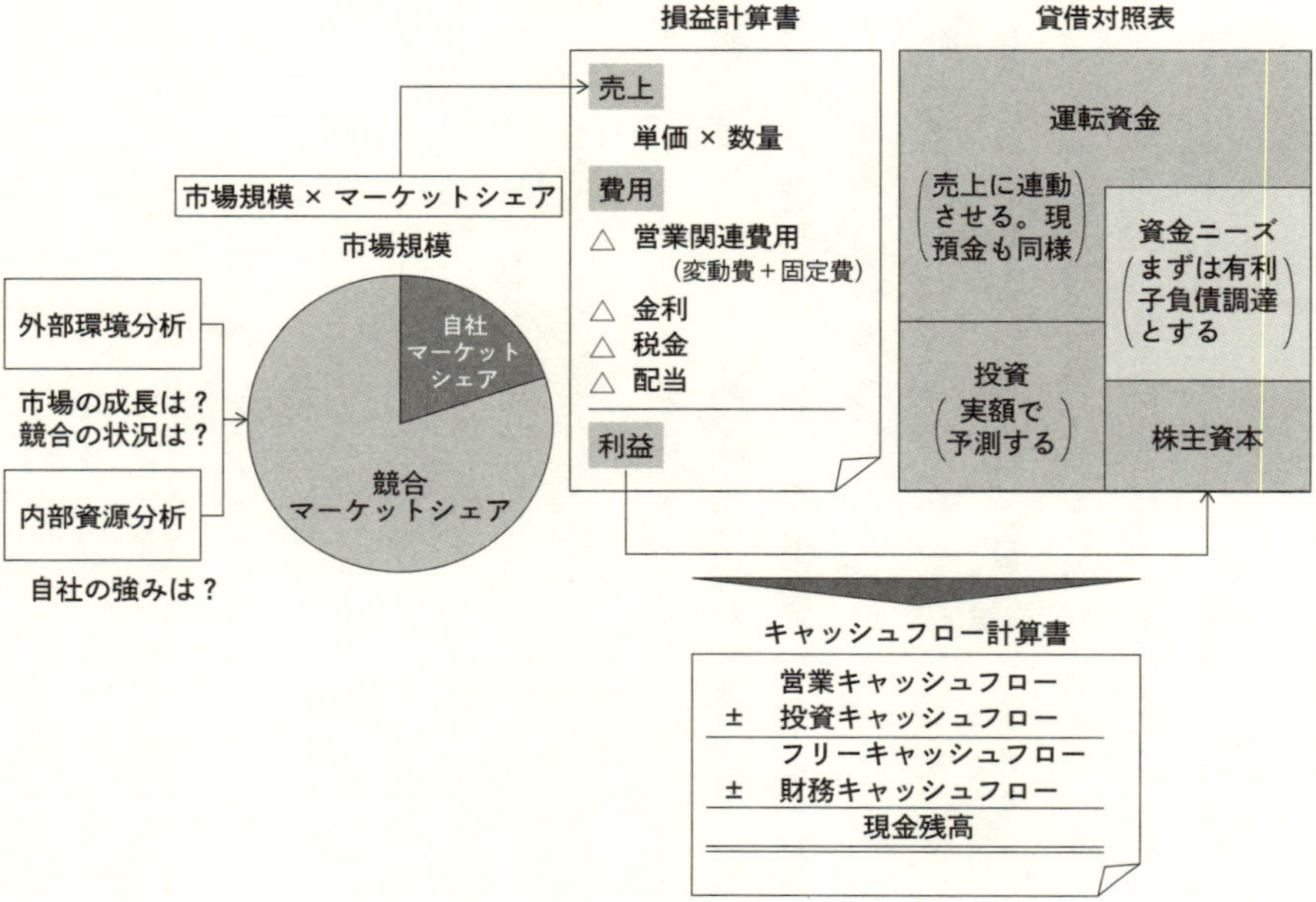

に済ませましょう。

合意した内容に対してコミットする

やっと、過去の実績とつながる、将来の予測ができました。おつかれさまです。でも、これで終わりではありません。目的は、ファイナンシャルプロジェクションを作ることではないですからね。これを用いて、**様々なコミュニケーションを図る**ことにあります。まず何といっても、事業部門とのやり取り。事業部門が出してきた投資計画を全部丸呑みすると、その事業部門は債務超過になることがわかったり、業界の状況に対してあまりにも保守的な売上予測しかしてきていなかったり（若しくはその反対）といったことが、数字と論理を持って示せるようになります。これで、後は十分に話し合ってください。なお、ファイナンシャルプロジェクションを作るのは事業部門任せで、本社は事業部門が出してきたものを眺めるだけ、という会社も時々ありますが、これではうまくいきません。本社の側でのストーリーが数字に落ちていないからです。事業部門としては「せっかく出したのにわかってないな」と不満をためることになりますし、本社としては質問や反論について著しく説得力を欠く羽目になります。外部の投資家やアナリストだって、自分でファイナンシャルプロジェクションを作ってストーリーを検証するのは当たり前のことです（どのように作業分担するのかはともかくとして）。本社の方々も、社内投資家としてぜひこの点については汗をかきましょう。

また、ファイナンシャルプロジェクションを作った以上は使い倒しましょう。具体的には、まず**シミュレーションを色々と行うこと**。市場の伸びが1％落ちたらキャッシュフローにはどのくらいの影響があるのか、為替が1円振れたらどうなるのか、等々。投資額を動かした場合の影響なども見ておきたいところです。ぜひやっていただきたいのは**リスクシナリオの検証**です。考えられるリスクが具現化した時に、その事業の、あるいは我が社の業況はどうなるのか。そして、その結果は貴方の会社のリスクマネジメントにも生かしてください。日本の企業では多くの場合、経営計画策定とリスクマネジメントが分断されてしまっていますが、リターンを追求するには当然ながらリスクがつきものです。ぜひ統合して考えましょう。それによって、より強固な将来予測ができあがるはずです。

そして、納得いくような論理と数字ができたならば、ぜひそれを社内で共有してください。事業部門としては、本社部門とやり取りをして「これをやりたい、ここまでできるから経営資源を付けてほしい」と提言したわけですから、経営資源を調達した以上は、そこで約束した目標を達成する責任があります。一方、本社部門としては、事業の責任者が約束した将来予測を達成することができるかどうかをきちんと見ることが必要です。この時にも、ファイナンシャルプロジェクションは、予測と実績の一致度を測る、いわば**モニタリングツールとして活用**できます。そのためには色々なインフラも必要になってきますね。この点は後ほど見ましょう。

外部投資家に向けて発信する

ここで作成したファイナンシャルプロジェクションは、**外部の投資家に説明する際の有力な道具**にもなります。事業部門が出してきた将来予測を、本社部門は全体最適の観点から敢えて叩き、建設的な対話を経てお互いに納得するものができたなら、これは全体最適の観点が入った将来予測の集大成になり得ます。これが、全社としての「やりたいこと」であり、そのために必要な「先立つもの」は、**ファイナンシャルプロジェクション**が示してくれます。どこまで開示するかはともかく、出てきたアウトプットが、自社の強みや外部環境の分析などが的確に組み込まれ、確かに「自社として」納得のいく数字になっているかどうかは、十分に検証する必要があります。まずは大まかな全体像からで結構ですので、ぜひご用意いただければと思います。

CHAPTER 05

第5章

「見極める力」を強くする(2)

――企業価値重視の経営

グループ経営を行っていくうえで、財務の知識は不可欠です。
とはいっても、難しい専門書に頼る必要はありません。
投資とそのコスト、そして会社の値段を知ることができれば十分です。

「金とは、常に受け取る前か、又はつかった後からの観念である。」

内田百閒

1 ファイナンスの基本は押さえる

将来予測をきちんと行い、事業を見極めようとすると、次に必要になってくるのは、それらの事業が実際にどのくらい企業価値を上げるのか、上げるためにどんな資金が必要なのか、それにはどのくらいコストがかかるのか、といった「先立つもの」の話です。何だか数字がたくさん出てきそうな気配がして嫌ですね。なるべく専門的な話は控えましょう。昨今、コーポレートファイナンスに関する本は数多く書店に並んでいますが、その分厚さを見ると読む前に挫折しそうです。しかし、財務の専門家ならいざ知らず、グループ経営を考えるうえでどうしても知っておかなければいけない財務の知識というのは、実はごくわずかです。ただ、これがわからないと「左脳的な企業価値」を使ってグループ経営を進めていくことができません。

一方、このわずかな知識を知るためにファイナンスの森に踏み込んで迷う必要はまったくありませんので、本書では、グループ経営に必要なエッセンスだけに絞って見ていきたいと思います。コーポレートファイナンスの話を3つにまとめてしまおうという野心的な試みです。さすがにちょっと片仮名が増えますが、この分野は、最重要単語のひとつである「リスク」からして日本語には訳せないという悩ましい世界なのでご勘弁を。なお、数字の話はどうしても嫌、という方や、コーポレートファイナンスは一応わかる、という方はこの章の前半部分は読み飛ばしていただいてかまいません。また、これでは足りないという方は、拙著であれば『コーポレートファイナンス実務の教科書』（日本実業出版社）などで補っていただければと思います。

この節で見ていくのは、以下の3つです。

1 負債と資本の問題
2 資本コストの問題
3 企業価値評価の問題

1 負債と資本の問題

まずは負債と資本の問題からです。さきほど、資本を提供する「株主」という人たちと、負債を提供する「債権者」という人たちは結構違う、と申し上げました。前者のほうは、要求する見返りはえらく高いけれども、提供してもらったおカネを決まった期日に返す必要はない、という特徴を持ちます。後者は逆です。借りたおカネは必ず返さなければなりませんが、要求する見返りは安いです。さて、皆さんはどちらを使いますか？

事業部門の方々は「そんなこと自分には関係ない」と思っていらっしゃるかもしれません。しかし、実は関係があるのです。みなさんが営む「やりたいこと」、すなわち**事業の内容によって、この2つの割合をどうするかが決まってくる**からです。

それによって、本社部門が外部から「先立つもの」を調達してくるときの割合をどうするかも決まります。グループの各事業が持っている「やりたいこと」は、それぞれどんな割合の「先立つもの」を必要とするのだろうか、というのはちょっと見ておかなくてはいけなさそうですね。

借金してギャンブルをしない

金融には2つの大きな「鉄則」があります。そのひとつが、**「ハイリスクはハイリターン、ローリスクはローリターン」**ということです。「やりたいこと」が非常に大きな利益（リターン）を生む場合には、それが持つリスクも非常に高くなります。「虎穴に入らずんば虎児を得ず」ということです。

したがって、本社部門としては、大きな利益を上げる事業があっても喜んでばかりはいられません。その分リスクも取っているからです。儲かるときはとてつもなく儲かるけれども、何か起こったらそれと同じだけの損失が出てしまうかもしれません。こうしたリスクに対して備えをする必要があります。一番起こると困ることは何でしょう。「何か起こって損失が出ている時」に「先立つもの」を返してくれ、と言われることではないでしょうか。おカネがなくて大変なのに、そんなことできませんよね。

これと同じ構図は、日常の生活でもまま見られます。「一攫千金を夢見て、借金をしてギャンブルに手を出したけれども負けてしまった。返すあてはないけれど借金の返済日は近づくばかり。どうしよう」といった話です。あるいは「思い切ってオカネを借りて投資用マンションを買い、賃貸収入で悠々と暮らそうと思ったら、不動産価格が暴落して、手元に残ったのは値段が10分の1になった空き部屋と多額の借金ばかり」という話もあります。こんな話ばかりしていると暗くなりますね。さっさと結論に移りましょう。要は、「リスクの高い儲け話に手を出すなら、間違っても借金で賄うな」ということです。ギャンブルは手元資金の範囲で収めましょう。信用買いで株に手を出すのも危ないですよ。本当は、こうしたことこそ投資教育としてしっかりやらないと、いつまで経ってもローン地獄にあえぐ人たちが減らないことになるのですが。

リスクの高い事業には資本が必要

話がそれました。今は本社機能の話です。投資教育がしっかりできている本社機能は、傘下の事業がハイリスク・ハイリターンであれば、その事業のためにはなるべく借金をしないでおこう、と思います。その代わり、必要な「先立つもの」は返す必要のない「資本」で賄おう、ということになります。コストは確かに高いのですが、当たれば儲けの大きい事業ですから、うまくいけば十分払えそうです。仮に失敗しても、現金で払わなければならないのは配当だけで、これは業況によって「ごめんなさい、払えません」と言うことができますから、「何か起こって損失が出ている時」に「先立つもの」を返さなければいけない義務はありません。

一方、ローリスク・ローリターンの事業、というものもあります。将来のキャッシュフローの予測はしやすいですが、目の覚めるような利益を上げることはできない事業です。そうすると、「先立つもの」にあまり高いコストをかけるのは割に合わないように思えます。コストの安い「負債」というものをそれなりに採り入れることが必要になります。もちろん、さきほど見たように、「信用リスク」には抵触しない範囲で、ということですが。

事業リスクに対する財務のカバー

「やりたいこと」＝事業におけるリスクが高いのであれば、その事業の財務構成は資本を多めに、それほどリスクが高くないのであれば負債を多めにすることにより、全体の事業リスクを財務構成でカバーしながら、なるべくコストを安くすることを考える必要が生じます（**図表22**）。

たとえば、開発医薬品事業と食品事業を持っているグループがあるとします。ともにディフェンシブ銘柄といわれたりしていますが、実は開発医薬品事業のリスクは非常に高いです。研究開発投資は莫大で、花開くまでに長期を要します。しかも、ほとんどの研究開発は途中で頓挫してしまい、商品として世に出るのはごくわずかです。言葉は悪いですが、まさにギャンブルみたいなものですね。こうした事業の「先立つもの」は、基本的に資本で賄ったほうがよさそうです。

一方、食品事業というのは多くの場合、何かしらのブランド商品を有しています。そのブランドが強ければ、食中毒でも起こさない限り（これをイベントリスクといいます）、将来のキャッシュフローは比較的読みやすいです。ただし、医薬品事業のようにハイリスクを取っていないので、収益性はそれほど高くありません。医薬品の営業利益率が20％くらいだとすると、食品事業のそれは５％程度です。この収益性に見合ったコストしか支払えません。もし、コストのほうが高すぎれば、企業価値を減らす結果になってしまいます。したがって、それなりに負債を使うことはひとつの選択肢であるといえます。ちなみに、日本の食品企業は、収益性が低いにもかかわらず無借金経営といったところが結構多く、それが２０００年代中盤に敵対的買収が食品業界に集中した理由のひとつでした。

負債と資本はなぜ違うか

　負債と資本との違いを、投資家の特徴の違いからみてみましょう。投資家の側にも、ハイリスク・ハイリターンを選好する人たちと、そうではない人たちがいます。前者が株主、後者が債権者です（**図表23**）。なお、ここでは特に記載のない場合、銀行や社債投資家などの債権者の提供する有利子負債（金利を払う必要のある借金）を「負債」と呼びます。買掛債務などの負債は無利子負債ですので、ここには含まれません。

　この選好の違いは、彼らのおカネの出所からきています。債権者の人たちが持っているおカネは、基本的にあまり冒険ので

図表 22　事業リスクと財務構成によるカバー

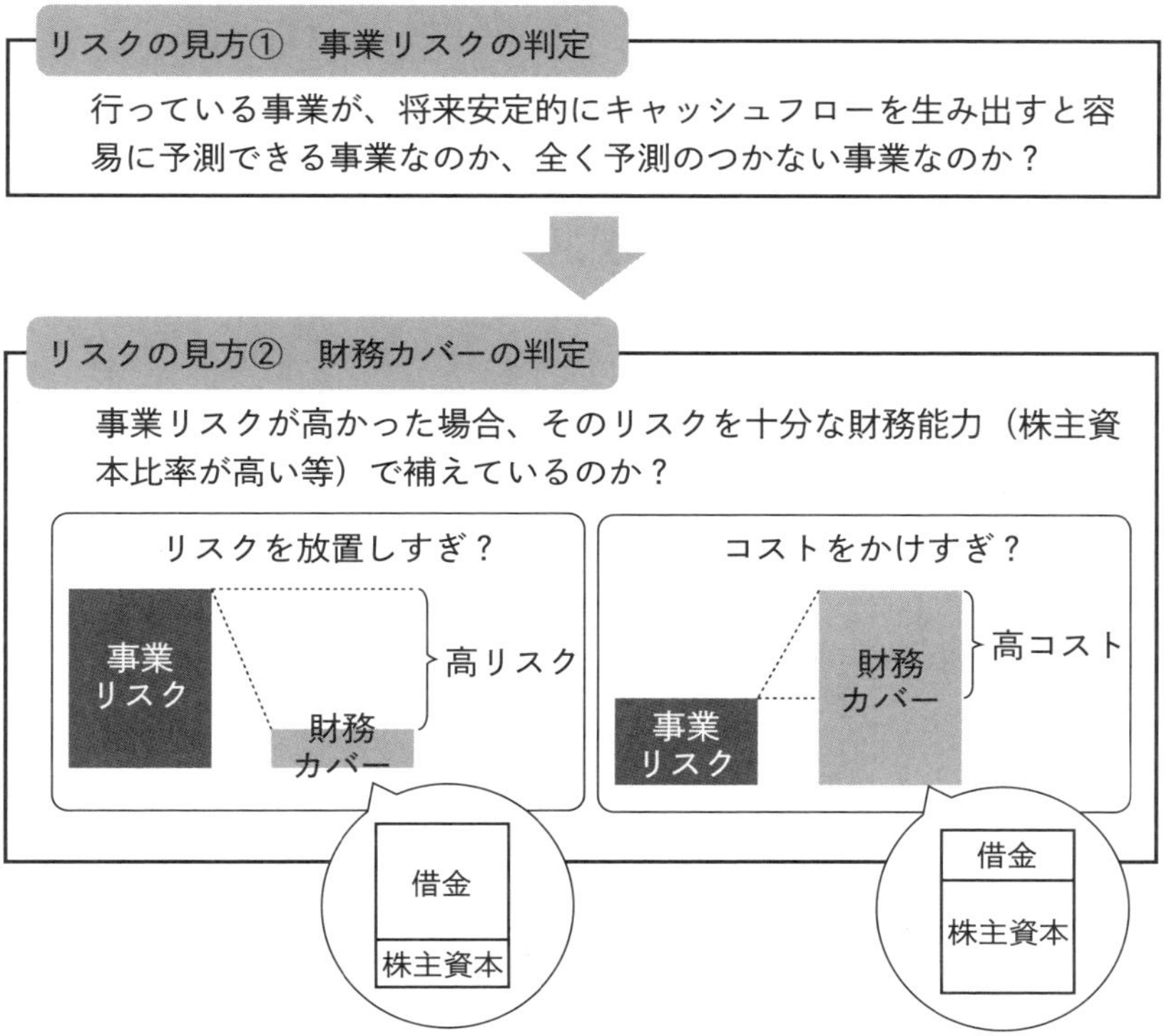

きない種類のおカネです。たとえば銀行。彼らが出しているおカネの出所は、皆さんの預金です。これについて損を出すことはできませんね。100万円預けた定期預金を、1年後に「すみません、ちょっと運用に失敗してしまって60万円しか返せないんです」と言われたらどうしますか？　暴動でも起こしたくなりますよね（これに近いのが取り付け騒ぎというやつです）。銀行のお金の出所は、元本と金利を耳をそろえて期日に返さなければいけない預金です。したがって、運用する場合にもあまり危ないことはできません。勢い、ローリスク・ローリターン型になります。

なぜ債権者は契約を結ぶのか

また、このリスク・リターンも企業業績に任せておくのは心配です。したがって、債権者は、前もって契約を結んでそれを決めてしまいます。金利はいくら、返す日はいつ、契

図表23　株式と負債の違い

	有利子負債	株主資本
存在の根拠	契約による	法律による
請求権	優先	劣後
議決権	なし	あり
資金の性質	確定日に返済義務あり	返済義務なし
リスクの所在	信用リスク 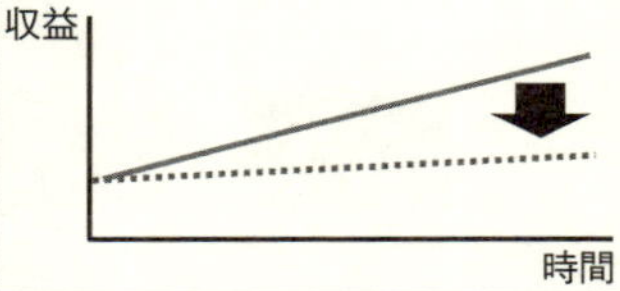	株価リスク 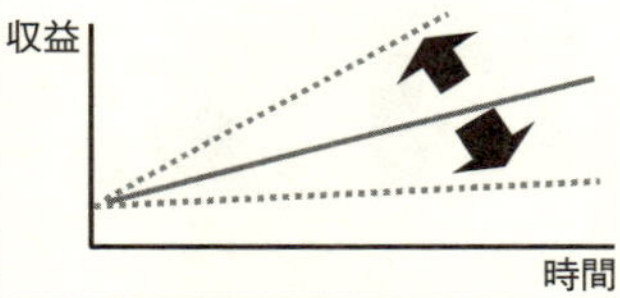
リスク選好度	低い	高い
リターンへの期待	金利	キャピタルゲインおよびインカムゲイン
リターンの実現	契約による	企業業績による

約を破ったらどうする、といったことですね。この時点で、債権者はアップサイドのリターンを失います。会社が10倍に成長したとしても、自分の元手が10倍になって返ってくるというわけではないということです。返ってくるのは契約で約束した金額のみ。つまらないですね。でも、これも仕方がありません。彼らはローリスク・ローリターンの道を選んだわけですから。元手が10倍に増える可能性を捨てる代わりに、確定期日にきちんと貸しただけ返ってくる約束を選んだのです。

こうなると、債権者の関心はただひとつ、「約束だけは破らないでね」ということになります。正直にいうと、別に成長なんかしてくれなくてもいい、そのために危ない橋を渡ってくれなくてもいいのです。おカネを返してくれるその日まで、安定して返せるだけのキャッシュフローを生み続けていてくれればそれで十分です。安定第一。その代わり、契約違反だけは許せません。契約違反したら即刻返せ、といった厳しい条件をつけて貸し出しに臨みます。

さらに、約束した日に、「現金で」返してもらわなければならないので、現金のありかや、現金に換金できるもののありかは非常に気にします。財務諸表でいえばバランスシートやキャッシュフロー計算書が関心の的です。

会社の成長とともにある株主

一方、株主はこれとは異なります。会社が10倍になったら自分のおカネも10倍。嬉しいですね。会社が成長したらその分自分がかけた元手も増える。勢い、「どんどん成長してほしい」ということになります。でも、会社がこけたら紙くずになってしまうかもしれません。それでも仕方がありません、彼らの選んだのはハイリスク・ハイリターンの道です。

また、株主は契約で株式の売却日や配当支払額などを定めているわけではありません。リターンは企業の業況次第です。企業が成長して株価が上がってくれればこれは嬉しいですし、配当は利益水準によって決まりますから、損益計算書はやはり気になります。

業績が良い場合には、株主はこの世の春を謳歌できます。増えていくキャッシュフローはみんな自分のもの。成長すれば成長しただけ自分の取り分も増える。何といっても、株の「主」ですから。一方、悪くなってくると厳しい立場に置かれます。せいぜい株を売るくらいしかできませんし、会社が倒産でもしたら、単なる最劣後債権者になってしまいます。バランスシートの一番下にいる以上、仕方がありません。

企業への対応の違い

債権者は業績が悪化するとどんどん口うるさくなってきます。契約違反をしないか心配ですし、状況をつぶさにチェックすることによって、色々な手も打てるからです。倒産しそうになれば資金繰りを支援することもあるでしょうし、一方では会社を潰す引き金をひくこともできる怖い存在でもあります。成長にはあまり興味がないどころか、「ウチの会社はとにかくこれから成長します。年率10%くらいの成長が続きますよ」などと喜び勇んで言おうものなら、まず確実に彼らは「不安に」なります。なぜなら、売上の成長が続くということは、それだけ運転資金も必要だということだからです。「勘定あって銭足らず」「黒字倒産」といったこともありえます。それだけ成長するのであれば、設備等への投資も必要になるでしょう。さらにおカネを借りたりするかもしれません。そうすると財務状況は悪くなるかも――と、不安は不安を呼んでしまいます。

一方で、株主の方々に慎重を期して「このくらいしか伸びないかもしれません」などといえば、彼らは興味を失って他の成長機会を探しに行ってしまいます。彼らとしては、ぜひ将来における成長の夢を語ってほしいのです。トップライン（売上）がどこまで伸びるのか、ボトムライン（当期純利益）がどれほど潤沢か、そしてそこからどれほど還元がなされるか、などが興味の中心です。バランスシートにも興味はありますが、債権者のように担保を取って資産を押さえられるわけでもなし、株主への還元はひとえに会社の業況しだいです。本社部門の方々は、こうした違いのある2種類の投資家にどのように対応しようかと日々考えなければいけないわけですね。

最適資本構成を追い求める

これは企業の「先立つもの」を考えるうえで最大の問題となります。負債に偏りすぎれば信用リスクの懸念が生じます。金融動向が不安定なときはなおさらです。マクロ環境を見極めて、場合によっては返さなくてもよい株主資本を厚くしておくことも必要です。一方で、株主資本を積んで無借金経営をしていればいいかというと、その場合の「先立つもの」のコストは非常に高くなります。「やりたいこと」から得られる利益よりも、コストのほうが高くなって、企業価値を損ねてしまうことになりかねません。

「やりたいこと」のリスクをきちんとカバーしつつ、信用リスクに抵触しない範囲で、「先立つもの」のコストを最も安くできる、このような理想的な財務構成を「最適資本構成」といいます。企業における財務機能の主たる仕事は、この最適資本構成を追い求めることです（**図表24**）。これが実現したとき、「企業価値を上げる3つの方法」のうちの3番目が達成されることになります。

ただ、実務的には「言うは易し、行うは難し」です。理論的に最適資本構成を弾き出すこともできなくはありませんが、信用リスクをどう計量するのか難しいので一般的な企業ではあまり使われません。実際には、債権者と株主と日常的に接して得られる反応や資本市場の状況などを克明に見極めながら、「もう少し負債を借りても大丈夫そうだな」「そろそろ増資しないとマズイ」などという判断をします。

覇道ではなく王道をいこう

なかには、とにかく短期的な企業価値の向上を実現しようと、無理して負債を増やしてコストを下げよう、とする企業も出てきます。たとえば、ROE（Return On Equity：株主資本利益率）という指標は株主が注目する指標のひとつですが、これを良くするためには、**分子である「R」、すなわち当期純利益を上げるという手段のほかに、分母である「E」、すなわち株主資本を下げるという手段も取り得ます**。やりすぎれば当然、事業リスクを無視した財務構成にもなりかねません。

しかし、このROEが8％以上でなければな

図表 24　最適資本構成

A　借入比率が一定以上に高まると、全体の資本コストは上昇（信用リスクへの懸念）

B　株主資本比率が一定以上に高まると、全体の資本コストは上昇（株主資本コストの高さ）

C　資本コストを最小にする負債資本構成の追求（最適資本構成の実現）

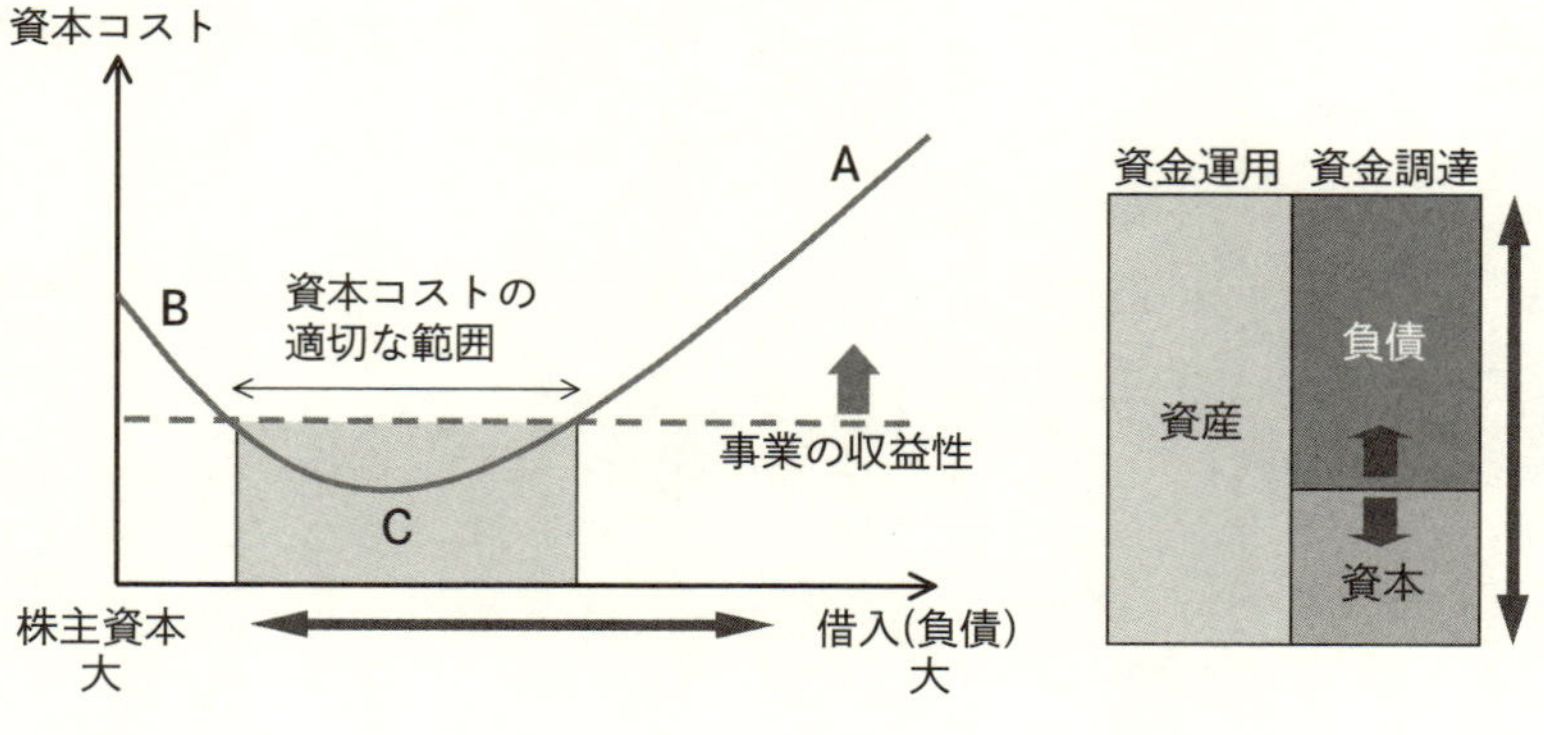

らないとか、5年間平均で5％を上回らなければ経営陣の選任に賛成しないといったことは今や当たり前のように言われています。身に覚えのある企業はちょっとあせります。そこで頑張って、事業の成果である「R」のほうを上げよう、というのが本来の姿、王道なのですが、なかには覇道を行こうとする企業も出てきます。王道を追求してもなかなか即効性がないので、手っ取り早く負債を借りて自社株買いを行い、「E」を下げてしまおう、と考えるわけですね。確かにROEの数字は上がります。しかし、事業リスクに見合った財務カバーが本当になされているかは不安です。結構危うくなっているかもしれません。

余談ですが、ROEという指標、ちょっと不思議な指標だとは思いませんか？　確かに株主が投じた資本を活用することでいくら儲けを出したか、という意味の指標ではあるのですが、ファイナンスの世界では通常、儲けといえばキャッシュベース、資本といえば時価です。それなのに、ROEというのは、損益計算書上の利益とバランスシート上の簿価ベースの資本を使った指標なのですね。まあ、わかりやすく計算しやすい指標ですし、株主としては当期純利益の多寡から求められる配当の割合も気になりますから、無意味な指標ではないのですが、単にこれだけを良く見せるために、事業リスクを無視して財務テクニックに走る企業を見ると、大丈夫かなと不安になったりします。**ROEの改善は、何といってもまず「R」から。**王道を行きましょう。

また、最近ではROEだけではなく、ROICといった指標もよく使われるようになっています。後ほど出てくる重要な指標なので、ちょっと記憶に留めておいてください。

株式市場の期待を示すPBR

ついでにもうひとつ。最近注目されている指標の一つに、**PBR**（Price -BookValue Ratio：株価純資産倍率）というのがあります。これが**1倍を割れているとよろしくない**などということで、上場企業を震撼させている指標ですが、要は**時価総額をその企業の純資産で割ったもの**のことです。時価簿価比率とも言います。たとえば、時価総額が100億円、純資産が80億円の場合、100億円÷80億円＝1・25倍となります。この場合、簿価の純資産に対して25％プレミアムがついた水準まで株価が買われているということになります。逆に、純資産が80億円なのに時価総額が40億円しかなければ40億円÷80億円＝0・5倍で1倍割れとなります。

なぜ1倍割れが好ましくないのでしょう。これは、株価というのがその企業の将来への成長期待を織り込んで形成されていることを考えると分かりやすいかもしれません。今の簿価での純資産額が80億円だとしても、この企業が将来順調に儲けていくならば、この純資産には利益が組み込まれて増えていくはずですよね。それがどのくらいまで増えそうか、という期待に値を付けているのが株式市場とも言えます。

したがって、先の事例で100億円の時価総額になっているということは、株式市場がそのくらいまで将来成長しそうだという期待を持っているということです。一方、これが40億円だったら？　将来的に純資産に利益が組み込まれて増えていくのではなく、損失が組み込まれて目減りしていくのではという懸念が表されているということです。もうこの会社は儲からないのでは、将来は赤字を垂れ流して悪くなっていくだけなのでは、というのが株式市場の見方ということですね。それだったら今のうちに事業をやめて清算してしまった方がまし、と考える人も出てくるでしょう。こうはなりたくないですよね。**こうした期待の境目が、PBR＝1・0というところ**なのです。ちなみに、1倍というのは最低ラインであって、これさえ超えていれば大丈夫という水準ではありません。1倍を多少超えた程度で安心して気を抜かないようにしてくださいね。

ちなみに、似た指標にＰＥＲ（Price-Earning Ratio：株価収益率）というものもあります。これは時価総額を当期純利益で割ったもののことで、時価総額が100億円で当期純利益が10億円なら10倍、ということです。これも同様に、今の利益に対する将来の期待が何倍あるのかを見たものですので、基本的には数字は大きい方が評価が高いです。ただ、あまりにも高すぎる時には株価が割高過ぎることを表している場合もあるので留意が必要です。

本社機能における負債と資本の管理

健全な事業と財務のバランスを取るためには、事業リスクに応じた財務カバーを考え、最適資本構成を目指していきたいわけですが、それを行うのは本社の仕事になります。

本社部門は、グループ内投資家として、グループ内事業家への「先立つもの」の供給を一手に引き受ける立場にあります。そういう意味では、「ひとり株主、ひとり債権者」として、先ほど見た２つの異なる投資家の役割を兼ねています。

だからといって、グループ内事業家に渡すおカネはどちらの種類でも関係ない、というわけにはいきません。それは事業リスクに見合ったものである必要があります。事業リスクに応じた財務カバーの必要性がグループ内部で把握できていなければ、外に向けて調達するときも、どちらの種類をどのくらい調達すればいいかわからなくなります。全社での事業リスクと財務のカバー、最適資本構成を考えるときには、事業ごとのそれも必要だということですね。

また、グループ内投資家としての本社機能が、事業部門に対して「あなたの『やりたいこと』にかかっている『先立つもの』のコストはこれくらいですよ。少なくともこれは上回ってくださいね」と伝えることは、各事業の価値を上げていくためには不可欠です。事業部門にとって、「先立つもの」のコストは、**事業を行っていくためのハードルレート**になります。この管理をきちんと行うことによって、各事業の価値を上げていくための経営が可能になります。

2 資本コストの問題

このハードルレート、コーポレートファイナンスの世界では**「資本コスト」**と呼ばれます。投資家が「先立つもの」を提供する見返りとして要求するコストのことです。今まで単に負債や資本の「コスト」と呼んでいたものは、実はこの「資本コスト」というものです。コーポレートガバナンス・コードでも使われて有名になりました

図表 25 資本コストマネジメント

(C) −(F)：(「やりたいこと」で得た儲け) −(「先立つもの」にかかるコスト)

	売上高(A)	費用(B)	利益(C)	投下資本(D)	資本コスト(率)(E)	資本コスト(額)(F)＝(D)×(E)	資本コスト差引後利益(C)−(F)
事業A	3,000	800	200	4,000	5.0%	200	ゼロ
事業B	1,500	200	300	2,000	20.0%	400	▲100
事業C	1,400	100	200	300	6.6%	20	180
事業D	500	50	50	200	10.0%	20	30

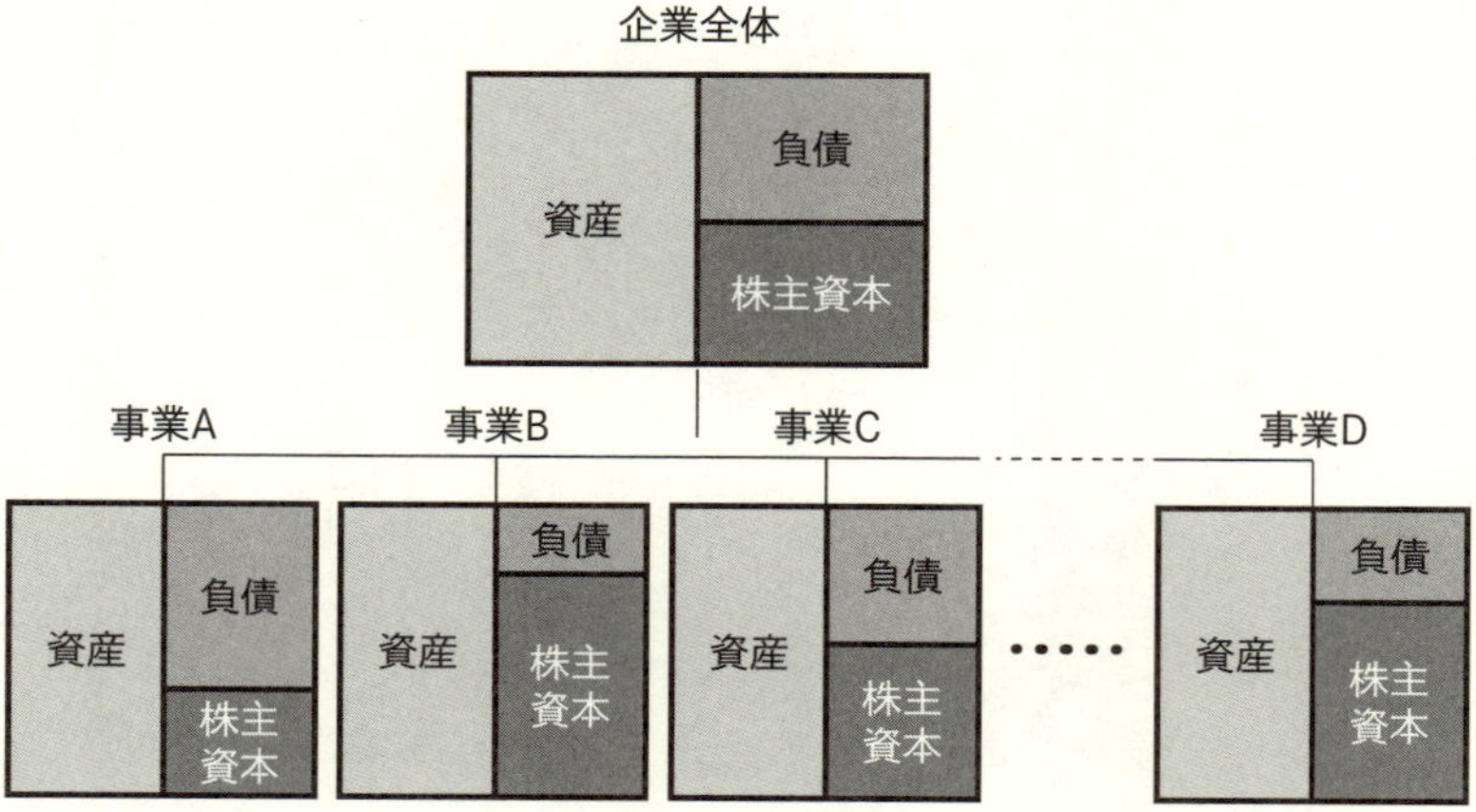

ね。負債にかかる資本コストは負債コスト、株式にかかる資本コストは株主資本コストと呼ばれ、企業全体の資本コストは、これら2つをミックスしたものとなります。したがって、負債コストと株主資本コストをそれぞれの負債、株主資本の割合に応じて加重平均したものが、企業全体にかかるコストとなります。これを、**加重平均資本コスト（Weighted Average Cost of Capital：WACC）**といいます。頭文字を取って、ワックと呼ばれています（図表26）。

そんな難しい呼び方をしなくたって、負債にかかるコストって要するに金利のことだし、資本にかかるコストって配当のことでしょう、何で敢えて呼び方を変えているのだ、と思う方もいらっしゃるでしょう。実は、ちょっとだけ違うのです。

資本コストは実払額ではない

有価証券報告書などで報告される金利や配当は、過去に企業が投資家に向けてどれくらい払ったか、

図表26　有利子負債コストと株主資本コスト

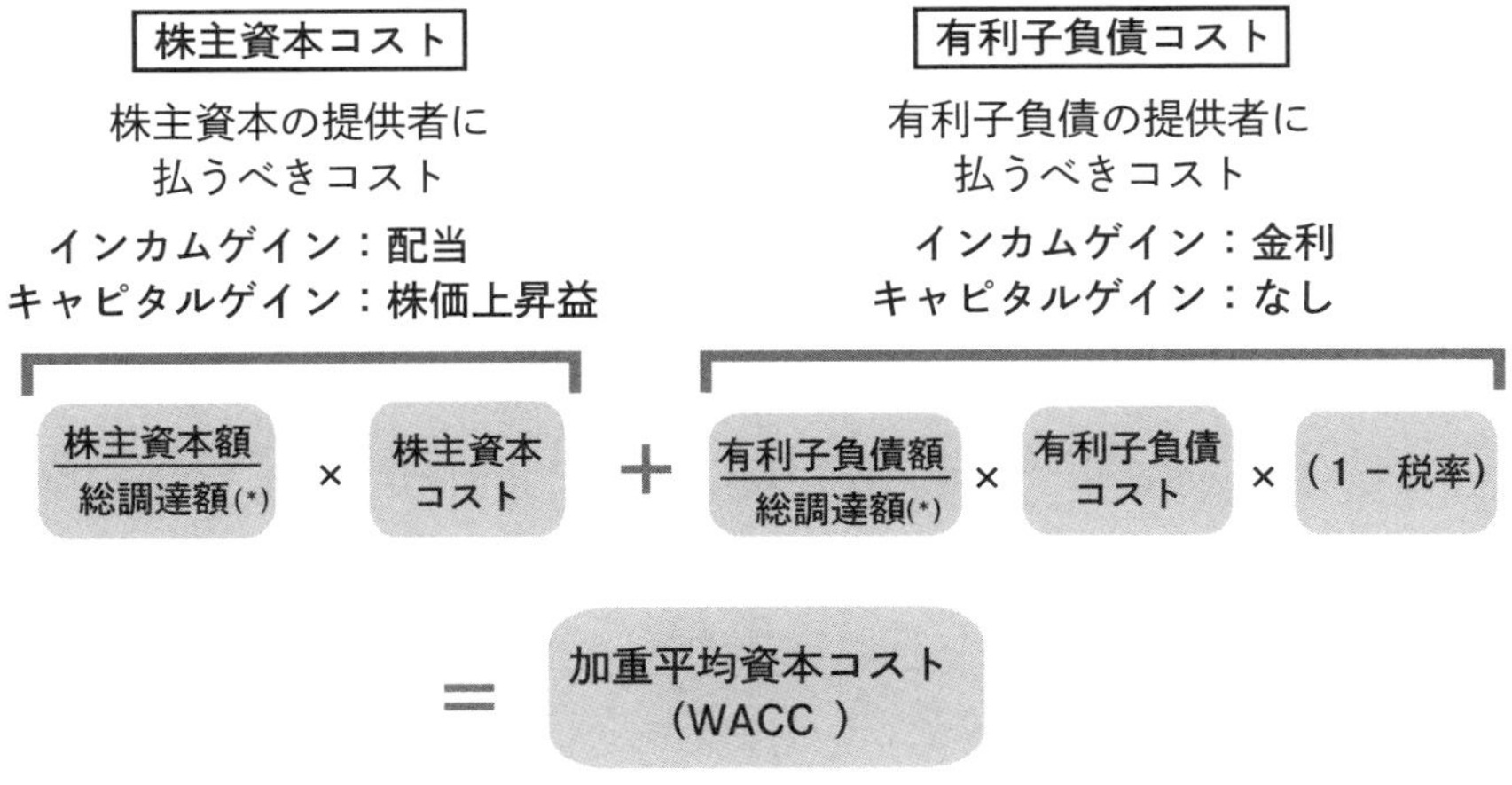

(*)総調達額＝有利子負債額＋株主資本額（時価）

という過去の実払額です。一方、資本コストというのはそうではありません。これは投資家にとっての将来の予測であり、機会費用なのです。要は、投資家にいくら払えば他への投資をあきらめてウチの会社に投資してくれるか、という意味を持ちます。企業としては、**これだけは将来実現するからウチに投資してくれ、と約束したハードルレート**となり、投資家にとっては、**これだけは約束されたから守ってもらうぞ、と期待する（あるいは要求する）最低限の収益率**ということになります。

負債のコストの場合には、投資家はアップサイドのリターンをはじめから捨てているので、実払費用であるところの金利と、機会費用であるところの負債コストは、当初契約で決めた金利水準と、そう大きく変わることは通常はありません。

ただ、本来の負債コストの定義は「もし企業が今負債を借りたら、どれだけの収益率を負債投資家に約束すれば、他の機会をあきらめてウチの会社に貸してくれるのか」という、**将来に向けた機会費用**です。したがって、短期間に信用リスクが激変すれば、過去の実績としての金利水準と、投資家の要求する収益率の水準には違いが生じます。

株主資本コストは推定するしかない

株主資本コストの水準を見極めるのは大変です。そもそも、当初取り決めた契約などはありません。将来の見返りは企業の業況に依存します。また、株式には、**配当というインカムゲインの他に、株価上昇益というキャピタルゲイン**もあります。

皆さんが株をやってみようかな、と思う時を想像してください。配当だけしか見返りがない、とはまず思いませんよね。株価上がるかな、と期待するはずです。つまり、株主資本コストの場合には、将来に向けて株式投資家の期待する収益率は、配当と株価上昇益から成り、しかもそれは将来の業況によって変わる、ということになります。

こうした不確かなコストをどうやって捉えればいいのでしょう。様々なアプローチが試みられていますが、どれも決定的ではありません。しかし、そんな中で悩んでいると先に進まないので、ここではＣＡＰＭという手法をざっくりみてみましょう。

ＣＡＰＭとは、資本資産価格モデル（Capital Asset Pricing Model）の略ですが、ここではそんな小難しいことは置いておきましょう。ここでは「ハイリスクはハイリターン、ローリスクはローリターン」であり、それは**図表27**のように直線的に表される関係である、ということだけわかっていただければ十分です。これを用いて、まずはリスクがない資産と、株式市場全体に投資した場合の資産を考えて、そのリスクとリターンを明らかにします。前者はその国の国債、ということになっています。本当に国債にリスクがないのかという話とは別で、単なるファイナンスを考える上でのお約束です。これを安全資産利子率などと

図表 27　株主資本コストの推定

CAPM（Capital Asset Pricing Model、資本資産価格モデル）

－個別証券の期待収益率＝安全資産利子率＋β×（市場の期待収益率－安全資産利子率）

↓ 個別証券のリスク係数　↓ 株式市場のリスクプレミアム

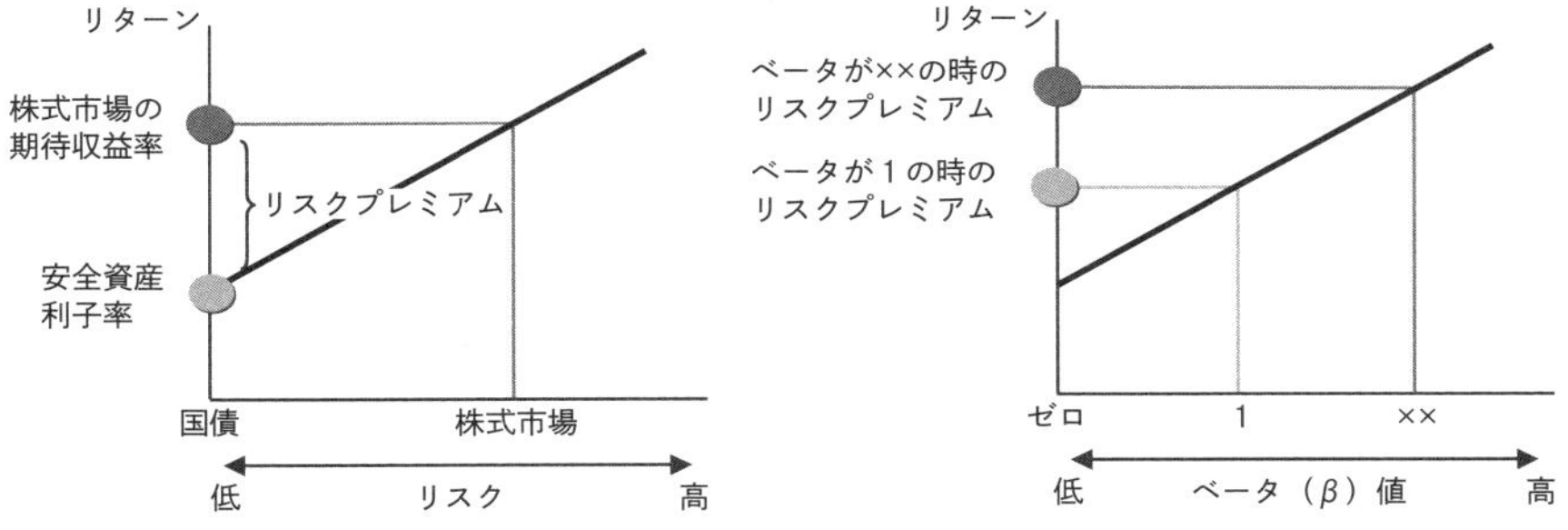

呼びます。これと比べて、株式市場全体、たとえばＴＯＰＩＸに投資したときにはどのくらいリターンが増えるか、というのを見るのが第一段階です。この時の増えた分をリスク・プレミアムといいます。リスクを取ったから見返りが増えたということですね。

次に、株式市場全体のリスク・リターンと、あなたの会社の株式のリスク・リターンを比べます。株式市場全体が1動いたときに、あなたの会社の株価はいくらくらい動くでしょうか。これを表したものをベータ（β）値、といいます。ベータ値は株式市場全体では1になります。もしあなたの会社のベータ値が1・8であれば、株式市場が1しか動かないのに1・8も動く、リスクの高い株だということになりますし、0・5であれば、株式市場が1動いているときにその半分しか動かないリスクの少ない株式だ、ということになります。ベータ値（株式市場全体とあなたの会社の株式の共分散を過去2～5年くらい取って計算します。ただ、計算ができなくても証券会社や金融情報端末が教えてくれますのでご心配なく）がわかれば、それに対応するリターンもわかる、ということになります。これが、あなたの会社の株主資本コストです。

事業部門の資本コストはどう推計するか

うわ、何だかいい加減だな、と思った方、その感覚は正しいです。株主資本コストはあくまでも推定なので、誰も本当に正しいかどうか事前には知らないのです。ただ、推計がないと困ります。したがって、今のところ最も手っ取り早い方法が実務では使われている、ということです。

問題は、これを事業部門に当てはめることです。上場企業ならば資本市場の情報があるので先ほどの手法が使えますが、非上場企業や事業部門にはこれが使えません。上場していないとベータ値が分からないからです。しかしこれでは、事業の価値を把握する時などに問題ともなります。こうした場合には、事業リスクが似ている上場類似企業の資本市場情報をたくさん集めて使います。ただ、類似企業の負債資本構成はそれぞれ異なります。調べたい事業部門の負債資本構成がそれらとまったく同じであればいいのですが、そうとは限りません。

したがって、いちど資本市場情報の中から、純粋に事業リスクだけを表している分を抜き出し、それに改めて調べたい事業部門の負債資本構成を当てはめてみる、ということをします。この時の資本市場の情報は、ベータ値です。ベータ値とは、株式市場が1動いたときの株価の動きをもって、企業のリスクを表すものでしたよね。通常、資本市場情報として提供されるベータ値が表しているのは、事業リスクと財務リスクの合計です（これをレバードベータといいます）。この財務リスク部分をいったん消し去ったベータ値（これをアンレバードベータといいます）を出してから、改めて調べたい事業の負債資本構成にあわせる、という変換の作業が必要になります。**図表28**に表しておきましたが、このあたりは技術的なことなので、今は「上場していない企業や事業でも、その株主資本コストの推計は可能である」ということだけ覚えておいていただければ結構です。レバードベータとアンレバードベータの関係は**図表28**に載せておきましたので、参考にしてください。

本社が期待する最低限の収益率

ただ、引き続きいい加減なことを言うようですが、事業部門に要求するハードルレートは、最終的には本社が決めていただいて構いません。こういうと、事業部門の人たちの怒る顔が目に見えるようですが、**本社機能はグループ内の投資家**です。資本コストを決めるのは投資家ですから、事業のリスクとリターン

図表28　ベータ値の変換

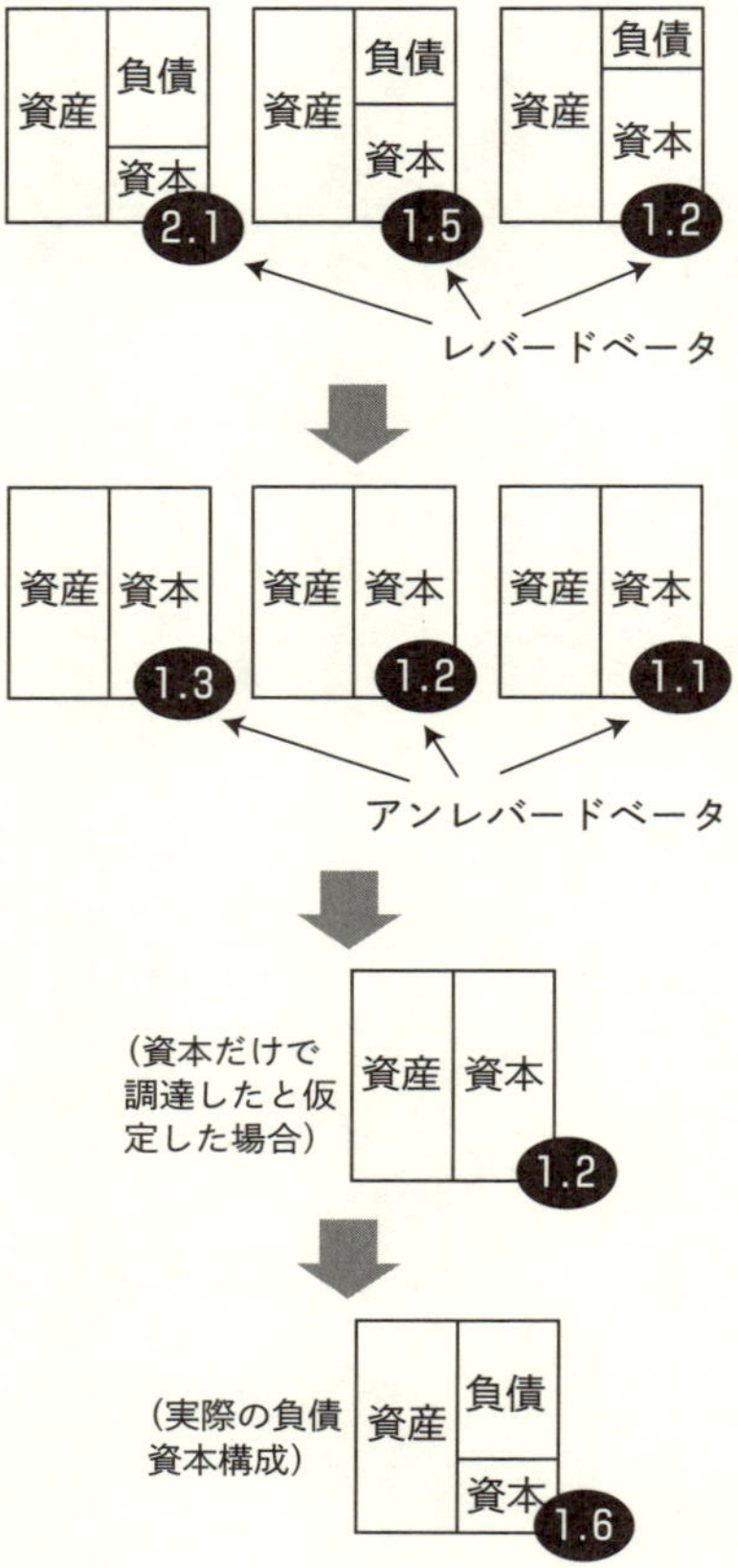

①ベータの収集

同じ事業を営んでいたとしても（事業リスクが同じでも）、負債資本構成が異なれば（財務リスクが異なれば）ベータは異なる（レバードベータ）

②ベータの変換

他社のベンチマークから知りたいのは、事業のリスクがどの程度あるか＝財務リスクを排除した場合のベータがいくつなのか
⇒負債資本構成を全て同じにしてベータを計算し直す（アンレバードベータ）

③ベータの平均

アンレバードベータを平均する。これがこの業界の事業リスクだけを見たときのベータとなる
⇒当該企業／事業についても同じベータが適用できる

④ベータの再変換

当該企業／事業にあわせて、上記で得られた事業リスクだけのベータを、負債資本構成を勘案したベータに再変換する

【レバードベータとアンレバードベータの関係】

$$\beta u_{(\text{アンレバードベータ})} = \frac{\beta L_{(\text{レバードベータ})}}{1+\underbrace{(1-t)}_{\text{税効果}}\times\underbrace{D/(D+E)}_{\text{負債割合}}\div\underbrace{E/(D+E)}_{\text{資本割合}}}$$

例：レバードベータが1.2、税率が40％、負債資本構成は負債30％、資本70％とした場合のアンレバードベータ

$$\beta u=\frac{1.2}{1+(1-0.4)\times 30\%\div 70\%}=\frac{1.2}{1.257}=0.95$$

を秤にかけて、これくらいはなくては困る、そうでなければこの事業には経営資源を配分しない、と言ってもいいわけですね。株式市場全体のリスク・プレミアムでさえ、投資家の見方の違いにより様々な数字が用いられます。ましてや勝手知ったる自社の事業につき期待すべき水準を考えることができないはずはありません。

もちろん、あまりに市場の情報と乖離するようなハードルレートでは誰も納得しないですから、客観的な市場情報をきちんと押さえることは必要ですし、事業部門の肌感覚をきちんと聞くことも大事です。一方、事業部門の感覚に引きずられ過ぎて安易な設定になったり、事業部門と本社でダブルスタンダードになったりしては意味がありません。本社は投資家であり、ハードルレートは投資家の期待する最低限の要求収益率であり、その水準は投資家の選好（意思）によることを忘れないでください。

結局、どれだけ儲かっているのか

資本コストが最低限のハードルレートだとすると、「では、それを上回ってどれほど儲かっているのか」ということを知りたくなりますよね。ここでよく使われるようになっているのが、先ほどちらっと出てきたROIC（Return on Invested Capital：投下資本収益率。ロイックと読みます）という指標です。

ROEというのは既に出てきましたよね。これは株主資本に対して、どのくらい儲けたのかという指標でしたね。株主に還元されるリターンは、損益計算書上は当期純利益の後にしか位置しませんから、ここでの「R」は必ず当期純利益です。株主資本という元手に対して、当期純利益という配分可能な利益がどれほど出たのかということですね。

先ほどの資本コストとの関連で考えれば、株主資本には株主資本コストがかかっています。したがって、ＲＯＥと株主資本コストとを比べてみて、どちらが多いのかを考えると、株主資本を使ってリターンを生み出すことができているのかどうかがわかります。ＲＯＥが10％で、株主資本コストが６％だったら、株主資本という財を６％で仕入れて、それを使って10％のリターンを上げたということですから、４％分儲かっているということになりますね。この「ＲＯＥ－株主資本コスト」を**エクイティ・スプレッド**などと呼びます。

一方、株も資本だけではなく有利子負債も勘案して、投資家が提供した投下資本に対してどのくらいリターンを得たのかを見るのがＲＯＩＣです。投下資本とは「有利子負債（借金）＋株主資本」のことです。この投下資本を使って本業から得た利益はどのくらいなのかということを見たいわけですね。この時のリターンは、投資家に支払うことができる利益としたいので、営業利益から税金を引いたものを使うことが多いです。税金は、国や地方公共団体のふところに入ってしまうので、投資家には支払われ

図表29　ROE・ROIC・ROA

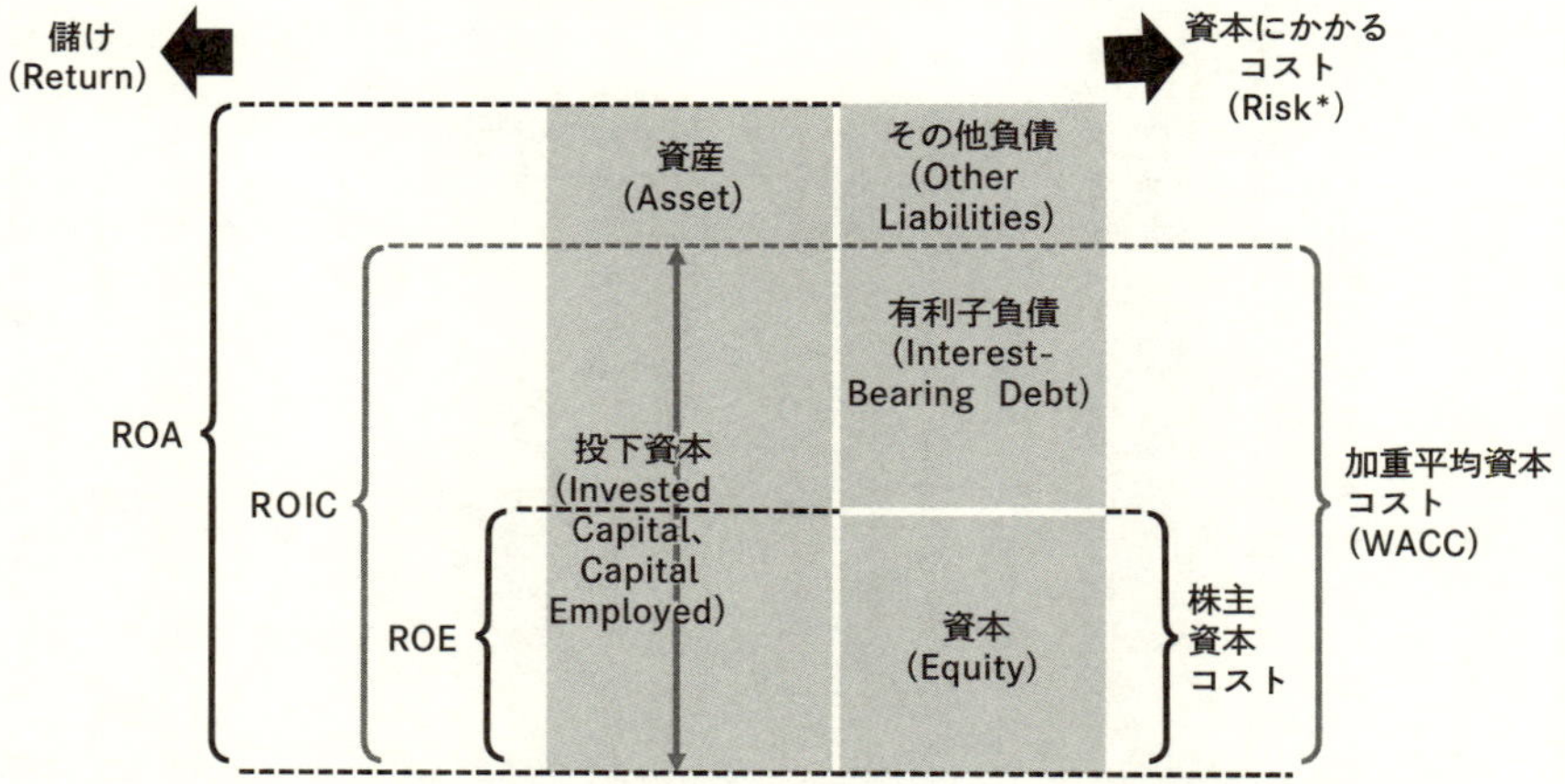

＊　投資家は、その企業の将来に関して見積もるリスクに見合った機会費用を要求するので、資本コストとは、企業のリスクに関する投資家の見積もりを表すものともいえる。

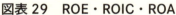

ないからです。これをＮＯＰＡＴ（Net Operating Profit After Tax）、税引後営業利益といいます。

ＲＯＩＣも、資本コストと較べることができます。今度は有利子負債も入っているので、株主資本コストではなく加重平均資本コスト、即ちＷＡＣＣとの比較です。ＲＯＩＣが７％でＷＡＣＣが４％なら３％分儲かっているということですね。これを**ＲＯＩＣ−ＷＡＣＣスプレッド**などといいます。

このＲＯＩＣ−ＷＡＣＣスプレッド、どこかで見たことがありませんか？　そう、企業価値の説明のところで出てきましたね。①から②を引いたもの、と表現していたあれです。ＲＯＩＣ−ＷＡＣＣスプレッドは、簡単にいえばその時点での企業価値の状況を表しているものともいえます。これがプラスであれば企業価値は向上しており、マイナスであれば毀損されているということになります。同じように、先ほどのエクイティ・スプレッドは、株主価値の向上と毀損を指します。これらはいずれも、資本コストを考えた、資本効率に着目した業績指標です。売上や利益といった損益指標ばかりではなく資本効率を考えるべき時代に、注目されることが増えていますし、事業ポートフォリオマネジメントなどでは欠かせない指標です。

なお、もうひとつＲＯＡ（Return on Assets：総資産利益率）という指標があります。これは、総資産全体に対するリターンを見たものです。リターンは当期純利益が使われたり、営業利益が使われたり色々です。ざっくりとバランスシートに対するリターンの割合を見る時に使う指標といえましょう。

2 事業の値段はいくらなのか

事業の値段、などと聞くと、「そんな簡単にウチの事業を売ってたまるか」と思われるかもしれません。その通り。別に売ったり買ったりするために値段を考えているわけではありません。ここでは、「左脳的な企業価値」のことを明らかにしたいのです。上場企業であれば、左脳的な企業価値から理論的な株価を導き出すことができ、それが会社の値段になるわけですね（これが株式市場で実際に付いている値段と同じかどうかはまた別の話です）。事業部門についても、値段を付けるかどうかまでは別として、その事業の価値は押さえておかないと、成功している事業なのかどうかがわかりません。事業の将来予測ができて、負債と資本のコストがわかれば、事業毎の価値は明らかになります。でもどうやって？　それをこれから見ていきましょう。

1 企業価値評価の問題

企業や事業の価値を測るには、一般的に3つのアプローチ（手法）があります。

1　インカム・アプローチ
2　コスト・アプローチ
3　マーケット・アプローチ

本書で主に取り扱うのがインカム・アプローチです。**企業が将来得る何らかのインカム（収入）を基に、企業の価値を考える**方法ですね。キャッシュフローを基に考える手法がよく使われます。将来生み出すキャッシュフローを予測し、それを現在の価値に割り引く手法です。

現在持っている資産を基に企業の価値を測る方法もあります。これがコスト・アプローチです。なぜコストかというと、「今持っている資産を改めて全部今の価格で調達し直したらいくらかかるか」あるいは「今持っている資産を、現在の価格で全部売ったらいくらになるか」ということを考えるからです。バランスシートに載っているすべての資産・負債を再度現在の時価に直して評価し直すので結構大変です。一方、簡単なのはマーケット・アプローチです。非上場企業の株価算定などによく使われますが、同じような事業を行って上場している企業の時価総額の平均を求め、それとそれらの企業が持つ収益や負債の割合を取って、株価を推定したい企業に当てはめる方法です。

いずれの方法も、「これが絶対」というものはありません。したがって、いくつかの方法を試しながら「落ちどころ」を探ることになります（**図表30**）。M＆Aの場合などは、いくつかの方法を試して得た標準値を買い手、売り手双方が有し（当然、それぞれの水準はまったく異なります）、交渉を通じてひとつの値にしていきます。ひとつの方法だけで決め打ちすることはあまりありません。詳細は省きますが、どの方法にもメリット、デメリットがあるからです。それゆえに、様々な方法を使って確からしい水準を導くわけですね。

事業の価値を考える

先ほど申し上げた通り、本社機能において、左脳的な企業価値を重視した経営を行っていきたい場合によく使われるのが、インカム・アプローチです。コスト・アプローチは純粋に資産価額の問題ですし、マーケット・アプローチは市場情報に全面的に依存しますが、インカム・アプローチの場合には、事業の将来予測が必要となることによって、より事業と財務を密接に統合した管理が可能になるからです。前章で行った将来予測とファイナンシャルプロジェクションの策定がここで活きるわけですね。

最もよく使われるのは、**DCF(Discounted Cash Flow)法**です。事業が将来にわたって生み出すキャッシュフローを現在価値に割り引いたものを出すので、キャッシュフローを割り引く=ディスカウントする、よってディスカウ

図表 30　M&A における株価算定の事例

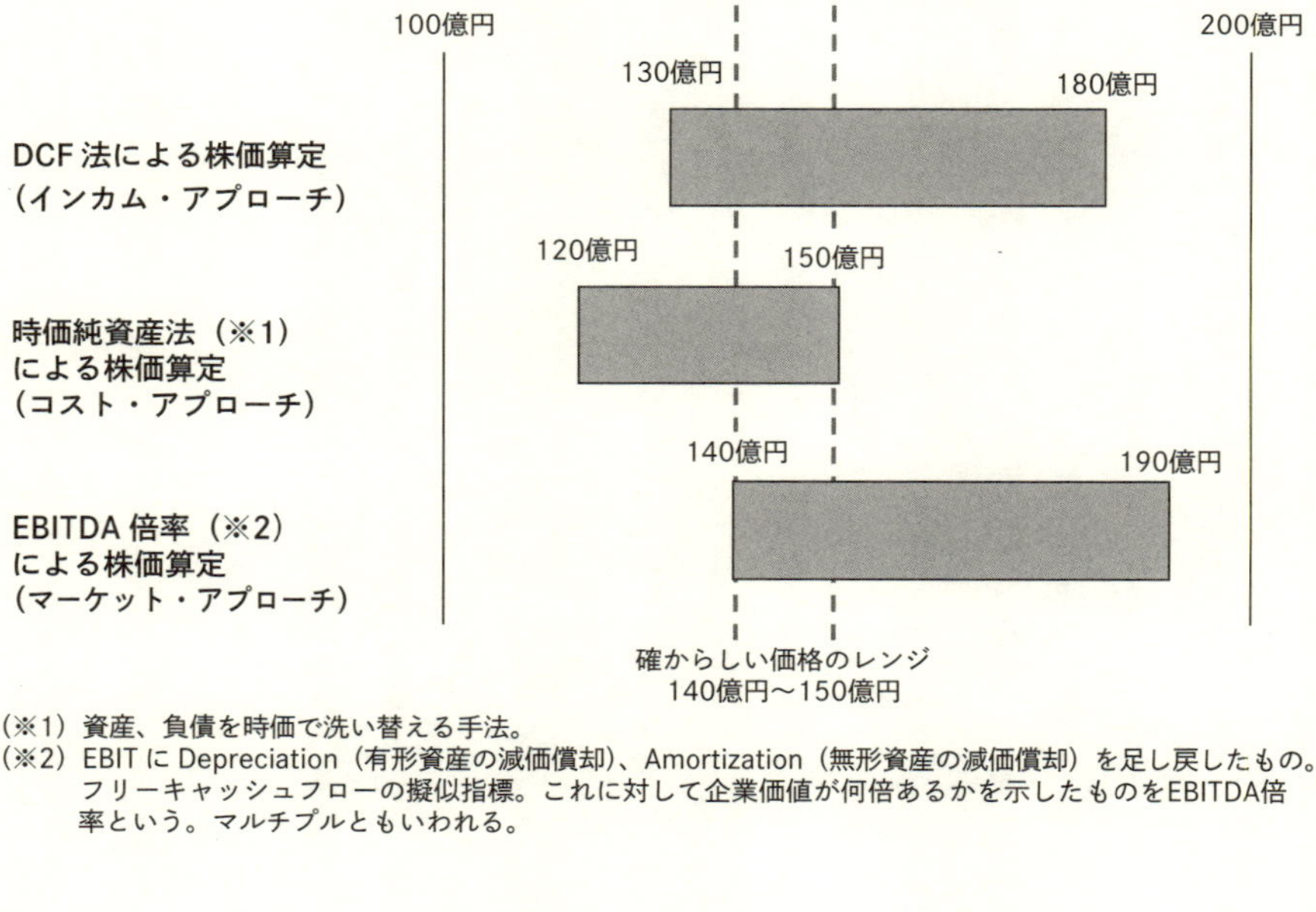

(※1) 資産、負債を時価で洗い替える手法。
(※2) EBIT に Depreciation(有形資産の減価償却)、Amortization(無形資産の減価償却)を足し戻したもの。フリーキャッシュフローの擬似指標。これに対して企業価値が何倍あるかを示したものをEBITDA倍率という。マルチプルともいわれる。

ンテッドキャッシュフロー、ということです。これは、後ほど出てくる企業内部での投資評価にもそのまま使えるので、ちょっと見ておいていただけると役立ちます。とはいっても、あまり深入りすると面倒になるので、ここでは4つの段階に絞ります。

1　中長期的な将来のキャッシュフローを予測する
2　それより先のキャッシュフローはまとめて処理する
3　将来のものなので割り引く
4　不必要なものを引き、必要なものを足して株主の価値を出す

1はすでに見ましたね。将来生み出すキャッシュフローを予測します。この時、基準になるのは「フリーキャッシュフロー」です。簡単にいえば、営業キャッシュフローから投資キャッシュフローを除いたもの、などとよくいわれます（**図表31**）。本当は、投資キャッシュフローといっても現事業維持のために使われるものと、新しい事業への投資などに使われるものがあり、**現事業から得られたキャッシュフローから、現事業維持のために使われるキャッシュフローを差し引いたものがフリーキャッシュフロー**です。もう少し教科書的に言えば、**図表31**の下段の定義のように表されます。ＥＢＩＴとは、Earnings Before Interests and Taxes──すなわち金利支払前税引前事業利益のことです。日本基準でいう営業利益に、支払金利以外に発生する営業外損益を加えた利益額ですね。「やりたいこと」＝事業をやって得た利益の水準を表します。

ここで問題です。なぜ、フリーキャッシュフローなのでしょうか。フリーキャッシュフローにはどういう意味があるのでしょうか。

なぜフリーキャッシュフローを使うのか

　フリーキャッシュフローとは、現事業を行うことで得られる資金の余剰です。こつこつ仕事をしておカネを得られるなんて素晴らしいですね。これこそまさに事業が生んだ「価値」です。ですから、これを価値計算の大元に据えたいわけですね。

　フリーキャッシュフローの使途は3つしかありません。債権者に借金を返済するか、株主に配当や自社株買いの形で還元するか、経営者が未来への投資のために使うか、です。とはいえ、債権者への返済は事前に契約で決めていますので、これは支払わざるを得ません。したがって、**フリーキャッシュフローの現在価値として測って得られた企業価値から契約で決められた有利子負債額を引いたものが株主価値**、という式が成り立つことになります。

　一方、企業の経営者からすれば、それを「株主が自分のものにできる」ままにしておいては

図表 31　フリーキャッシュフロー（FCF）とは何か

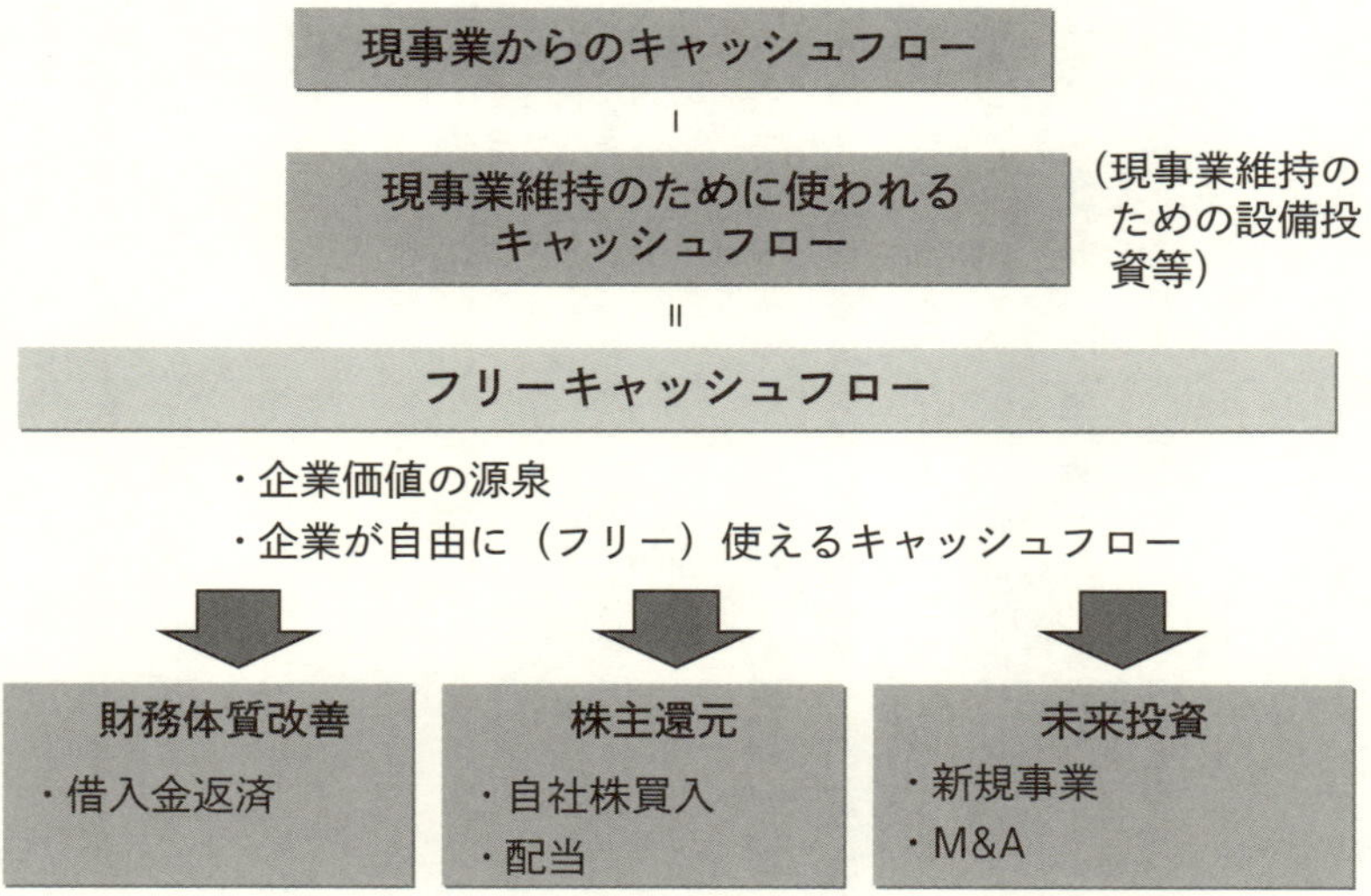

定義：EBIT×（1－税率）＋非現金項目（減価償却費など）－正味運転資金増分－投資額

事業への再投資もできません。したがって、「このような戦略があって十分に見返りがあるからこのおカネを使うのだ」ということを株主に十分に説明し、納得してもらわなければなりません。ここでも戦略策定と情報開示の重要性が際立ちますね。

永遠に続くキャッシュフローをどうするか

フリーキャッシュフローを予測するのは「中長期」、だいたい3～7年くらいです。真ん中をとって5年くらいが多いかもしれません。このくらいの期間であれば、業界動向なども具体的に予測できます。一方、企業は5年で終わるわけではありません。この先もずっと続きます。企業の存在はゴーイング・コンサーン(Going Concern)、すなわち永続的に存在することを前提としています。ちなみに、この〝Concern〟は、〝心配〟〝懸念〟という意味ではありません。ドイツ語の「コンツェルン」にみられるように、会社、あるいは事業の意味です。事業がずっと続いていることを示すのがゴーイング・コンサーンです。以前、「懸念が続いている」と訳した新聞記者がいるという笑い話を聞いたことがありますが、そうではありません。昔、長嶋茂雄氏が「巨人軍は永遠に不滅です」と涙しましたが、企業経営的に見ればこれはゴーイング・コンサーンの原則を確認した、ということになります。

では、永遠に不滅であるとされる企業価値を算出するためには、本当は何年分のフリーキャッシュフローを予測しなければならないのでしょうか。永遠、という言葉をたとえば100年として、100年分のフリーキャッシュフローを予測してそれを割り引いていただいても構いません。さすがにそれくらい経てば現在価値はごく小さくなり、100年目以降はまあ無視してもいいか、という気分にもなれるでしょう。しかし、大抵の人はそこまでヒマではありません。そこで、通常の企業価値計算においては、おおよそ5年程度のフリーキャッシュフローは各年きちんと予測し、それ以降は予測した最終年度の状態が永続すると仮定して数学的に処理します。こうして計算する部分を、**継続価値（Continuing value）**といいます。これが、先ほど見ていただいた4つのプロセスのうちの2つ目です。具体的には**図表32**にあるような数式を用いますが、最終年度の状態が永続する、という原理原則がわかっていれば十分なので、数式が嫌いな方はさらっと読み飛ばしてください。ただし、最終年度の状態をチェックすることだけはお忘れなく。最終年度にたまたま起こった巨額の投資を入れたまま計算してしまうと、未来永劫巨額の投資を行っていくことになってしまいます。継続価値のもととなる予測最終年度のフリーキャッシュフローは、ここから先これくらいなら儲かるだろうという定常飛行の利益水準にあわせておきましょう。また、継続価値があまり大きな割合になるのも考えものです。ここで非常に高い成長率を見込む方がいますが、未来永劫その成長率が続くのかと問われるとちょっと怪しいですよね。ここはなるべく堅めに見積もっておきましょう。一般的に、その事業が属する国の長期的なGDP成長率が上限となります。

なお、事業によって得られるキャッシュフローの現在価値を事業価値、それに将来のキャッシュフローには含まれませんが企業が持っている非事業用などの資産（売ればおカネになりますね）や余剰現金などを加えたものを企業価値と呼びます。

今日の100万円と明日の100万円は異なる

さて、ここまでで企業なり事業なりが生み出すキャッシュフローがすべて出そろいました。これを全部合計して見たのが企業価値、そこから返さなければならない負債を除いた後は全部株主のものだから株主価値です。ただし、実は簡単に合計するわけにはいきません。現在価値に直してから、ということになります。

　現在価値って何でしょう。ここで、金融の鉄則がもうひとつ出てきます。**「今日の100万円と、明日の100万円は違う」**というものです。今日、100万円を持っていて、もし銀行に預ければ利子がつきます。もし1％の利子がつくとしたら、1年たてば1万円増えて101万円になっています。つまり、1年後の100万円と、今日の100万円は別物です。逆に考えれば、1年後の100万円は、現在の価値としては、1％、1年分の利子を割り引いて990、099円になります。数字が出てくると何だか嫌ですね。ここでは、現在のものを将来の価値に直すのであれば、金

図表32　DCF法による株主価値の算定

大別して4つのプロセス
- 一定期間の将来フリーキャッシュフロー（FCF）の予測
- 一定期間以降のフリーキャッシュフローの現在価値（継続価値）の計算
- 割引率の設定（企業や事業の場合はそれに適用される加重平均資本コスト（WACC））
- 株主価値の算定（有利子負債の控除および非事業用資産の時価算定）

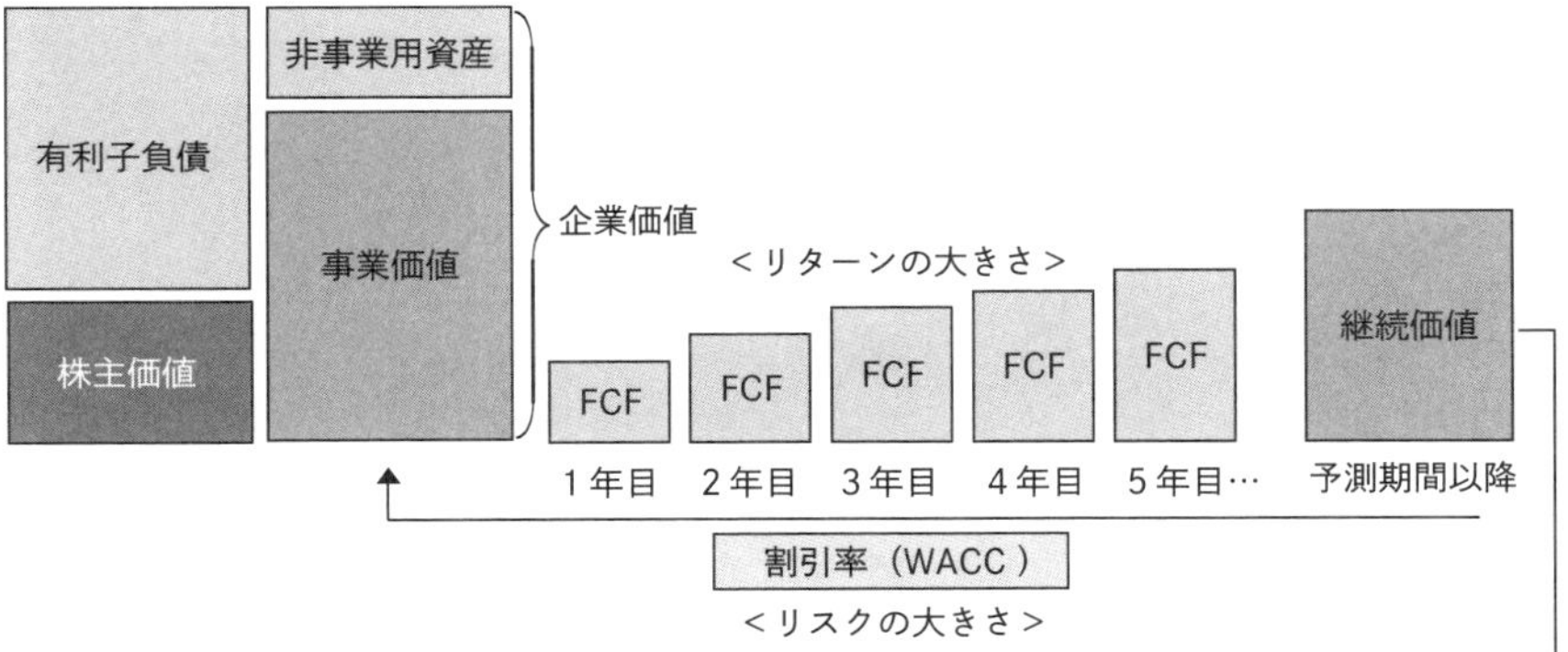

継続価値の計算方法

- 成長率を考えない場合
  - 予測期間最終年度のFCF／割引率
- 成長率を考える場合
  - 予測期間最終年度のFCF×（1＋成長率）／（割引率－成長率）

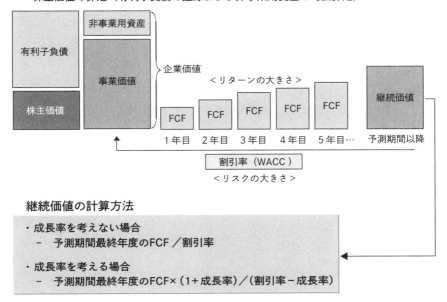

利分だけ増やさなければならず、将来のものを現在の価値に直すのであれば、金利分だけ割り引かなければならない、ということを覚えていただければ十分です。

さて、ここで問題となるのは、「〝金利〟にあたるのは、企業の場合、いったいいくら？」ということです。銀行だから金利という言葉を使いましたが、企業の場合、将来その企業が生み出すキャッシュフローを割り引くには何を使ったらよいのでしょう。

割引率として使われる資本コスト

銀行にとって、金利というのは預金者とお約束した「見返り」です。ウチに預けてくれれば、これだけの見返りを上乗せしてお返ししますよ、ということですね。これと同じものが、企業にもありました。先ほど見た「資本コスト」です。「これだけは投資家にお約束した以上守らなければいけない、見返りの最低水準」でしたね。ハードルレートのことです。ウチに預けてくれれば、これだけの見返りを上乗せしてお返ししますよ、ということです。したがって、これが企業の将来キャッシュフローを割り引く時に使われる割引率になります。企業価値を考えるならWACC、株主価値を考えるなら株主資本コストでした。

この資本コスト、先ほど見たとおり、事業によって水準が異なります。影響を与えているのは事業のリスクでしたね。先ほどの100万円の例にしても、銀行に預金すれば金利は1％ですが、株式投資に回せばより大きな見返り、たとえば7％のリターンが見込めます。しかし、銀行預金が元本確保されているのと異なり、株式投資では元本割れをおこすかもしれません。このリスクを織り込んでリターンの想定も7％と高くなっているのです。リスクが大きければ価値は大きく割り引かれ、少なければそれほど割り引く必要はない、ということです。

2　投資判断基準の問題

もう少しだけ数字が出てくる世界にお付き合いください。会社や事業の値段がどのようにつくのか、を見てきましたが、同じ手法はひとつひとつの事業投資を判断する際にも使われます。なぜ、企業や事業の値段と投資判断が同じ枠組みで語られるのでしょう。答えは簡単です。キャッシュフローを生み出すという視点から見れば同じだからです。ひとつの投資は、現時点で何がしかのキャッシュを投下することによって将来にキャッシュフローを生み出すものです。企業は、この投資が多数集まってできています。いわば、数え切れないくらいの**「キャッシュフローを生み出す投資の束」が企業である**ともいえます。こんな殺伐とした見方は嫌ですが、いまはちょっと我慢してください。「小さな〝やりたいこと〟」と「それに必要な小さな〝先立つもの〟」が無数に集まっているのが企業におけるおカネの流れ、というわけです。

投資判断にも時間的な概念を導入する

企業の中にも、「小さな〝やりたいこと〟」、つまり、ひとつひとつのプロジェクトを吟味する機会があり、それら個別のプロジェクトは将来のキャッシュフローを生み出し、しかも「今日の100万円と明日の100万円は違う」という大前提はいつでもどこでも変わらない、というのであれば、将来生み出すキャッシュフローを予測しそれを割り引いて現在の価値を出す手法は個々のプロジェクトにも用いることができそうです。

実際その通りで、投資判断にもこうした手法が用いられるようになっています。違うのは、**初期投資がマイナスとして置かれるかどうか**、だけです。企業全体を考える場合は、いつどこでその企業に投資をしたのかを逐一明らかにすることは不可能ですから、これから企業が増やしていくキャッシュフローだけを見ますが、投資の場合には、あきらかに最初に支出する金額がわかっているので、これと比べて今後生み出していくキャッシュフローは大きいのか、小さいのか、ということを見ます。初期投資と、将来キャッシュフローの現在価値の総和を比べて前者のほうが大きければ、時間の概念も勘案したおカネの出入りはマイナス、ということです。みすみすおカネを失うようなことは誰もしませんから、こうした投資はやらないでおこう、ということになります。一方、後者のほうが大きければ、初期投資を上回るだけの回収が見込める、ということになります。これはやる価値がありますね。

また、さきほどとちょっと異なる点があります。その投資からの回収が未来永劫続いていく、というのであれば、企業の例で見たのと同じような継続価値の計算を置けばいいのですが、投資の場合、「何年か経ったら、その設備を売却する」といったこともよくあります。こうした場合には、売却予定年度の売却予定額を見積もります。残存価値などといわれます。この残存価値を将来キャッシュフローに加え、年度ごとのキャッシュフローも含めてすべて割り引いて現在価値に直したものを**正味現在価値（Net Present Value：NPV）**といいます（**図表33**）。したがって、こうした手法を**NPV法**などとも呼びます。やっていることは先ほど見た企業価値を算出するためのDCF法とほぼ同じです。ただ、最初の投下資本がマイナスのキャッシュフローで表されるため、その後に出てくるプラスのキャッシュフローと足し引きして純額を出すので「正味」現在価値法と呼ばれます。

時間的な価値を考えた投資判断手法

こうした判断手法は、既に皆さんの企業でもよく使われていると思います。身に覚えのない方、IRR

図表 33　投資判断の実例

事例	初期投資が 250 億円、 1 年目から毎年 60 億円のキャッシュフローが発生する。 7 年経過後の残存価値は 35 億円。なお、割引率を 10％とする。

【金銭の時間的価値を考慮しない判断指標】

■ROI（Return on Investment、投資収益率）

ROI＝投資による利益（平均年間キャッシュインフロー）／投資総額

事例　((60×6＋95)÷7)÷250=26%

■投資回収期間

投資回収期間＝投資総額／年間キャッシュインフロー（一定）

事例　250÷60＝4.167 年

【金銭の時間的価値を考慮した判断指標】

■NPV（Net Present Value、正味現在価値）

初期投資＋将来キャッシュフロー（残存価値を含む）の合計＝NPV

{ NPV＞ 0 の場合　⇒実行
{ NPV＜ 0 の場合　⇒却下

事例

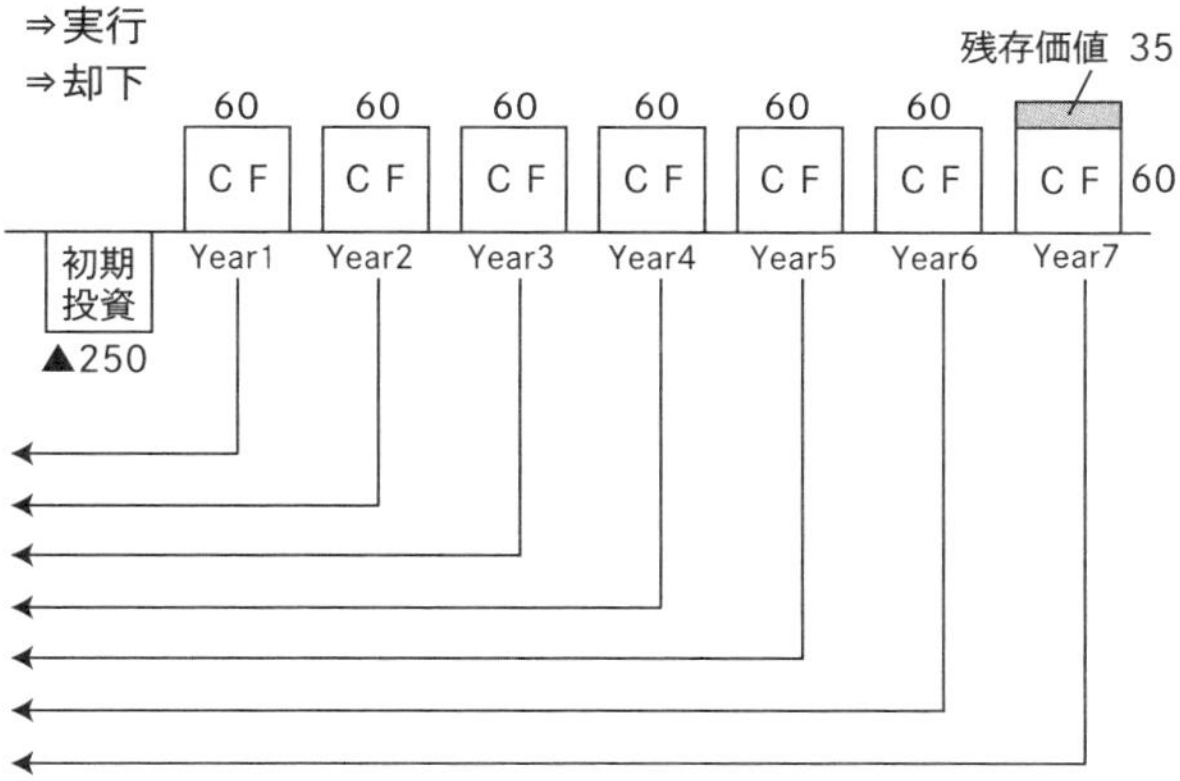

60÷(1+0.1) =54.54
60÷(1+0.1)²=49.58
60÷(1+0.1)³=45.07
60÷(1+0.1)⁴=40.97
60÷(1+0.1)⁵=37.24
60÷(1+0.1)⁶=33.85
{ 60÷(1+0.1)⁷=30.77
{ 35÷(1+0.1)⁷=17.96

現在価値合計	309.98
初期投資額	▲250.00
差分	+59.98　⇒実行

■IRR（Interal Rate of Return、内部収益率）

NPV がゼロになるような割引率

資本コストをKとすると、{ IRR＞ K の場合 ⇒ 実行 / IRR＜ K の場合 ⇒ 却下 }

事例　$-250+60/(1+r)+60(1+r)^2+\cdots\cdots 95/(1+r)^7=0$

$r=16.605\% > 10\%$ ⇒ 実行

■PI（Profitability Index、収益性指標）

PI＝キャッシュインフローの現在価値／キャッシュアウトフローの現在価値

{ PI＞ 1 の場合 ⇒ 実行
{ PI＜ 1 の場合 ⇒ 却下

事例　309.98÷250.00＝1.239⇒実行

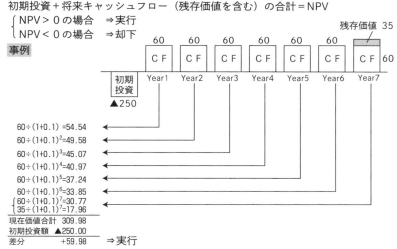

という指標を使っていませんか。**内部投資収益率（Internal Rate of Return：IRR）**の考え方は、ここまで説明したものとまったく一緒です。NPV法は、初期投資と将来キャッシュフローの現在価値の総和がゼロより大きいかどうかで投資可否を判断しましたが、IRRは、初期投資と将来キャッシュフローの現在価値の総和がゼロに等しくなる時の割引率を示します。これが企業全体のハードルレート、即ち資本コストよりも大きければ、これは予想収益率が高いということですから（リスクも高いのですが）ぜひやろう、ということになり、資本コストよりも低ければ、そもそもハードルレートを超えられないのでやめておこう（企業価値を毀損するから）ということになります。先ほどと同じですね。ただ、本書はファイナンスの教科書ではないので詳しくは省きますが、IRRの場合、計算によっては解が出なかったり、2つも出たりすることがあるのでやや厄介です。なお、同様に時間の概念を入れた投資判断指標としては、他に、**収益性指標（Profitability Index：PI）**と呼ばれるものもあります。これは、投資にまつわるキャッシュインフローの現在価値を分子に、キャッシュアウトフローの現在価値を分母に持ってきてその割合を見るというものです。当然ながら、インフローの方が大きい、すなわち1以上になれば投資すべき、1未満であれば止めるべきという判断になります。いろいろな投資判断手法については**図表33**にまとめておきましたので、参考にしてください。

時間的価値を考慮しない投資判断手法

ここから先は、時間的価値を考慮しない投資判断手法をいくつか見ておきましょう。まずは、「回収期間」というものがあります。初期投資を何年で回収できるか、ということですね。「期間」とあるので時間の概念が入っているように見えます。しかし、これは大きな間違いです。回収期間の計算は、単に初期投資を1年分のキャッシュフローで割るだけです。たとえば、250億円投資して、毎期60億円ずつ回収し、最後の年に設備を売却して35億円入ってくるプロジェクトがあるとします。1年間で入ってくるキャッシュフローは60億円ですから、250÷60＝4・167年、になります。簡単ですね。しかし、実際には1年目に回収される60の現在価値と、2年目に回収される60の現在価値は異なります。したがって、回収期間という指標は、ファイナンスの鉄則を無視した概念であることがわかります。簡単便利な指標なので依然としてよく使われていますが、企業に与える本当の影響を見たものではないということにご注意ください。また、キャッシュフローが1年を通じて均等に発生するといった前提があるので、最後の年にキャッシュフローが増えたりすると途端に扱い難くなります。

もうひとつ、これもよく使われる指標に**ROI（Return On Investment：投下資本収益率）**があります。投下した資本を分母に、1年間で得られた収益を分子に、投資の効率性を見るものです。先ほどの例でいえば、（60×6＋（60＋35））÷7＝65万円という年間のキャッシュインフロー平均を分子とし、250億円という投下資本を分母にしてその率を求めます。ここでは26％ですね。これもまた簡単便利。しかし、もうお気づきの通り、時間の概念はやはり入っていません。したがって、ROIを一生懸命計算しても、企業に与えるインパクトはわかりません。

回収期間やROIにはもうひとつ重大な欠点があります。**「何と比べて良いのか悪いのか」**がわからない点です。NPVやIRRは、「その企業が投資家にお約束したハードルレート」を基準にしています。投資案件の内容に応じてさらにリスクを上乗せするべきだと判断されれば、企業全体のハードルレートより個別案件のハードルレートが高くなることはもちろんあり得ますが（たとえば、発展途上国向けの案件ならWACCにいくら上乗せする、など）、いずれにしてもそれを満たすか満たさないか、という判断基準があります。**図表33**にある事例で挙げたのは10%ですね。しかし、回収期間やＲＯＩには、そうした基準がありません。「過去の案件に比べて高そうだ」とか、「私の経験からすると良さそうだ」といったものはあるかもしれませんが、過去の案件と比べてよりリスクが高いからリターンも良く見えるだけかもしれませんし、実は経験したことのない要素を含む投資案件かもしれません。回収期間やＲＯＩだけでは、どの水準だから良い、ということはいえないのです。わかりやすいので補助指標として使いたい、という実務上の要請を否定はしませんが、これだけを使って判断しようとすると、どうしても恣意的な線引きをせざるを得ず、投資判断は主観的なものになってしまいます。ただでさえ、投資の可否は定性的な評価や社内の政治的な要因で決まりがちです。そうしたことを後から吟味するのであればともかく、まずは淡々と「ハードルレートを超えているか」という認識を持つことが重要ではないでしょうか。

3 経営のための基盤を築き直す

さて、ちょっと数字の話が続きましたが、**皆さんの会社ではそもそもこうした数字を見たい時に見ることができるでしょうか。**資本コストどころか、そもそも事業別のバランスシートもないという企業も未だありそうです。事業部門と協議しながら定性的かつ定量的に戦略を練っていくようなプロセスや、事業ごとの「左脳的な企業価値」をモニタリングするのが難しいと嘆く声も聞こえます。

このように、**「経営管理」のインフラに乏しいことは日本企業に共通して見られる弱み**です。投資家をはじめとする利害関係者から企業価値について鋭く問われる時代に、竹槍で戦っているようなものですね。外部に対しては、「企業価値向上を目指す」と言いながら、グループ内の言語は企業価値に共通化されておらず、事業が今どのような状態にあるか分からないといった企業は多そうです。

「コックピット経営（経営者がすべての数字を見渡せる）」や、「見える化」などのキャッチフレーズとともに、経営情報に関する可視化の重要性が取り上げられて久しいのは、こうした状況を何とかしなければならない証左でしょう。これらは新しい事柄ではまったくありません。「管理会計」という誤解され続けてきたジャンルを、本来あるべき内容に設定し直すということです。

1　経営管理の基盤構築

本来あるべき管理会計とは何か

管理会計、というのはもともと、英語ではmanagement accountingとよばれます。**経営を行っていく上で必要な数値情報**ですね。企業価値が今どうなっているか、どうしたら向上させていけるのか、に関する数値情報を経営者に提供するのが管理会計のそもそもの役目といっていいでしょう。しかし、日本では「会計」というと「制度会計（財務会計）」が幅を利かせてきたので、こうした本来のゴールに照準を合わせ、本当に経営者が意思決定のために使えるような管理会計は未だ充実してはいません。皆さんの会社では、次のような情報が活用されていますか？

・事業が将来生み出すキャッシュフローについての予測があるか
・それは、事業ごとにファイナンシャルプロジェクションの形になっているか
・事業が抱えるリスクに応じて、最適と思われる負債と資本の構成になっているか
・事業が必要とする負債と資本は、それぞれどのくらいの資本コストがかかるのか
・事業ごとの現在の値段（＝事業価値）はいくらなのか
・投資の判断は、将来のキャッシュフローを現在価値に直して行われているか
・その投資を行うと、事業の価値はどのくらい上がるのか
・既に行われた投資についてモニタリングが行われているか
・企業価値を向上させると、事業部門の業績評価が上がるようになっているか

・事業部門の業績評価が上がると、事業部門の責任者の評価や報酬が上がるようになっているか
・業績評価と人事評価や報酬の連動は、権限と責任に応じて適切になされているか

何だかたくさんありますね。ただ、よく見るとすでに本書でも見てきたものがほとんどです。左脳的な企業価値を向上させるために、将来予測重視の経営を行い、それに必要な数字情報を的確に得られるようにすることは急務です。

2　企業価値重視経営に不足している要素

ゴールとなる企業価値を軸として経営管理を充実させていくことを、企業価値重視経営といったりします。ただ、日本企業がこれを行う時には注意しなければなりません。往々にして、重要な要素が欠けているからです。

欠けている要素の第一は、**投資家的な視点**です。これについてはさんざん前述しましたので繰り返しません。投資家的な視点が必要といっても、別に「投資会社になれ」とか「投資家は偉いのだ」などと言うつもりは毛頭ありません。頭のさえない投資家など世間に掃いて捨てるほどいます。ただ、一般的に見た時に投資家が行っている投資判断→実行→評価→フィードバックというＰＤＣＡは、本社がグループ内投資家となって経営資源配分を考えていくうえで参考になるということです。この点は後述します。

キャッシュに敏感な中小企業

欠けている要素の第二は、**キャッシュフローという考え方**です。前章でファイナンシャルプロジェクションの作り方などをさんざん見せられて、すでに辟易している方もいらっしゃるでしょう。片仮名が並ぶだけでも嫌なのに、という声が聞こえてきそうです。したがって、ここでは「資金の流れ」ということにしましょうか。おカネの出入りなどといった表現でもいいですね。

資金の流れは、もともと事業を営むうえで最も重要なものです。誰でもご存知の通り、企業が潰れるのは赤字になった時でも、債務超過になった時でもありません。払うべき義務があるのに払うべき資金がなくなった時です。中小企業の社長さんたちは、こんなことは痛いほど身に染みて知っています。したがって、彼ら彼女らは資金の流れには大変な注意を払います。損益計算書や貸借対照表などには関心がなくても、いつどのくらいお金が入ってきて、出ていって、ということについてはとてつもなく敏感です。敏感すぎて、つい節税対策にのめり込んだりもしますが、これも当然のことで、中小企業にとって最も大きな「出ていくおカネ」は税金であることが多いからです。

ちょっと話がそれましたが、事業を行っていくうえで増やすべき利潤というのが結局のところ何なのか、ということは、うるさく言われるまでもなく中小企業であれば実感として「おカネ」であるとわかっているということですね。それを敢えてキャッシュフローなどと横文字を使うまでもありません。

ところが、こうした企業家の生理的感覚は、企業が大きくなるにつれてだんだん失われていきます。大企業になれば、自分の会社の中でどのようにおカネが回っているかなどを実感する機会も減ってきます。営業パーソンは日々の売上ノルマに追われ、資金の出入りなど気にしている暇はありません。多少支出が増えたからといってすぐに潰れるわけでもなし、ましてや自分の給料に跳ね返ってくることもありません。大企業の事業責任者にとって投資にあてる資金は、銀行や株主を駆けずり回って汗水たらして何とか工面するものではなく、稟議書を上げて承認されれば、あたかも天から降ってくるがごとくに自由に使えるものだったりします。事業に失敗すればおカネという資源が枯渇し、資金繰りに追われるなどという実感は持ちようがありません。

事業への生理的感覚を取り戻せ

これではアニマル・スピリットなど期待すべくもありません。自分で餌を取ってこい、といきなり動物園で飼いならされたライオンに命じても無理というもの。企業が立派であればあるほど、大きければ大きいほど、おカネに対する生理的な感覚は鈍っています。まずは**「資金の流れ」の感覚を取り戻しましょう。**

資金の流れは、**図表34**のように描くことができます。この矢印の流れを理解することが次世代に生き延びていくための必須条件です。事業だけを理解していても、財務ばかり強くなってもこの流れを本当に理解することはできません。損益計算書に汲々とするだけでは、資金の流れは円環として完成しません。この流れを我が物としてほしい――企業価値経営やら、キャッシュフローやら、プロジェクションやら、と並べ立てているその裏には、こんな事情があるのです。

「資金の流れ」に関しての意識醸成を図る上で最も基本的かつ即効性のあるのは、これまでの売上や利益の管理に、**売掛債権や棚卸資産（在庫）に関する資金増減の管理を加えること**です。売掛債権、棚卸資産、買掛債務に関する資金の動きはまとめて運転資金といいましたね。これらはいずれも売上や費用として出入りするおカネがタイムラグを生じているに過ぎません。したがって、財務などに縁遠い営業パーソンなどでもわかりやすいものです。売掛債権を早く回収すれば、在庫を少なくすれば資金の流れは潤沢になるのだというところからまず始めていただければと思います。

バランスシートがないと資金の流れはわからない

「資金の流れ」が重要だということは実感されたと思いますが、ここに辿り着くのに、実はもうひとつ技術的に不足している要素があります。バランスシートです。

図表34をご覧になればすぐにおわかりの通り、**バランスシートの情報がなければ、資金の流れは完成しません**。いくら投資したかもわかりませんし、それに対してどのくらい外部から資金を取り入れたのか、それは負債なのか資本なのか、といったことも不明です。資本コストもわかりませんし、企業価値も算定できません。要は、ここまで述べてきた企業価値重視経営のもろもろが成り

図表 34　資金の流れ（キャッシュフローと企業の再投資サイクル）

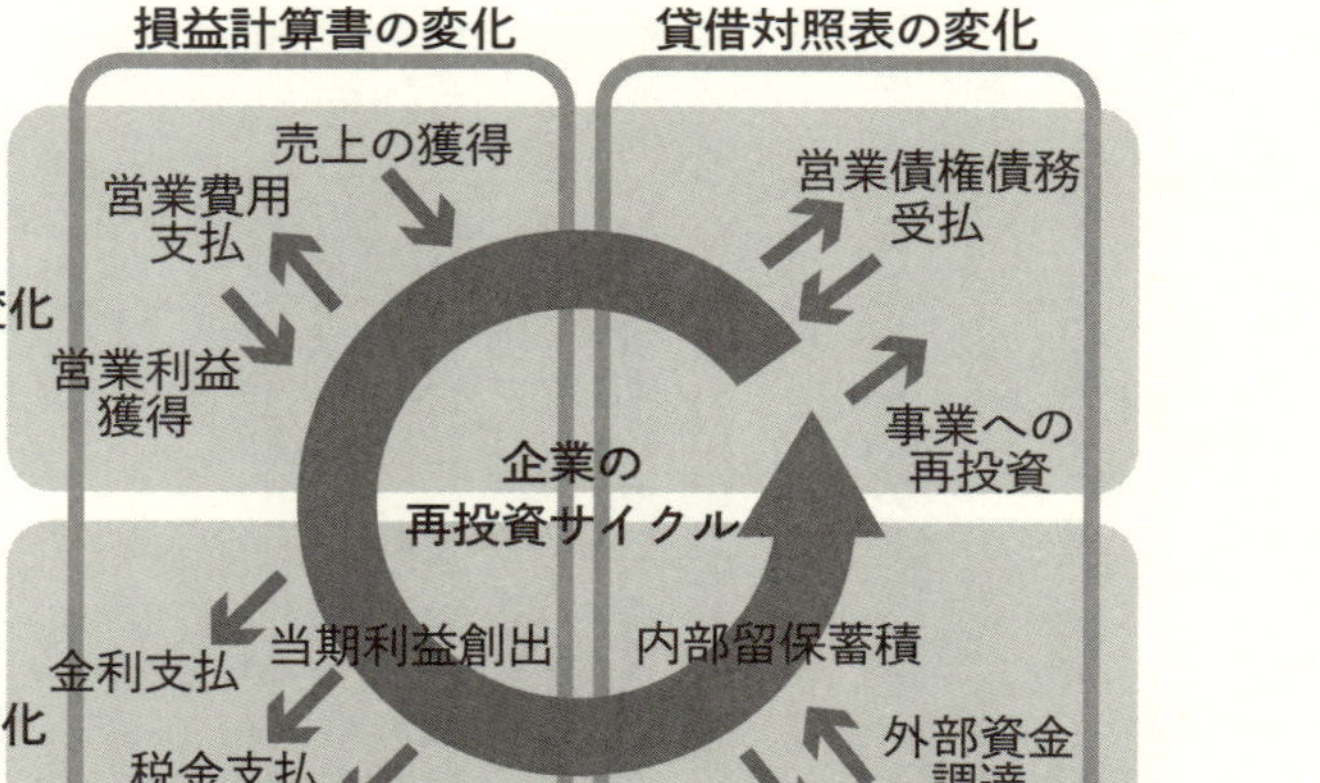

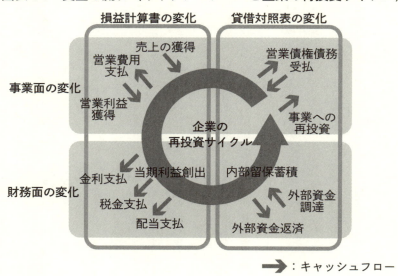

立たないのです。事業別のバランスシートが必要です。作成にあたっては、ひとつだけでは社内の納得感を得ることがしにくいので、**図表35**のように、大抵は複数の方法を試しておおよその水準を出し、そのうえで決定します。あくまでも〝ざっくりで良い〟のです。これらはあくまで管理会計の話であり、制度会計とあわせる必要もありません。大きな資金の流れがわかればそれでよいのです。そうであれば、気合を入れて考えるべきは、先ほど見た5つの要素、すなわち①売上、②費用、③運転資金、④投資、⑤負債と資本、です。この5つに関する情報ができれば十分です。経理部門の方などがバランスシート作成に取り組むと、「制管一致」（制度会計と管理会計をあわせるということです）にこだわったり、詳細な開示項目まで正確に作ろうとしが

図表35　バランスシートの作り方（例）

損益計算書方式

固定費と変動費の割合から事業リスクを算出して資本額を設定

〔メリット〕

損益が直接影響するのでなじみやすい

〔デメリット〕

費用配賦基準の見直しが必要

人件費をどう捉えるかが難しい

ベンチマーク方式

各事業における競合他社のマーケットデータから事業リスクを割り出しそれに応じて資本額を設定

〔メリット〕

業界の状況や市場の見方を採り入れやすい

〔デメリット〕

ベンチマーク対象企業の選定が難しい

資産レバレッジ方式

資産の質（リスク）に応じて掛け目を設け，要求資本額を設定

〔メリット〕

計算が比較的簡単

〔デメリット〕

掛け目の設定をどう考えるかが難しい

実績配賦方式

各事業が過去に蓄積した内部留保から資本額を設定

〔メリット〕

社内の納得感を得やすい

〔デメリット〕

将来的な成長性が乏しい事業に多くの資本があてられやすい

ちですが、無駄なので止めましょう。それよりもまずは拙速を尊び、資金の流れを事業別に見える化することの方がはるかに大事です。バランスシート作りはどんな大企業でも3ヶ月程度で終わらせましょう。それ以上時間をかけると、ついつい枝葉末節に入りこんで出てこられなくなります。

ただ、覚えておいていただきたいのは、これは単なる作業ではないということです。バランスシート作成は、行えば行うほど部門の間の経営資源獲得を巡る政治的な争いとなっていきます。創立以来連綿と続いてきた主力事業は、現状の低い収益性にもかかわらず資本蓄積への貢献は当事業部が最も多いはずと主張するでしょうし、コーポレートファイナンスに詳しいトップを持つ事業部門は、ベータ値の算定が気にくわないなどと言ってくるかもしれません。すべてを受け入れていたらパンクします。そうならないためには、こうしたデータインフラ構築をトップが全面的に支援し、迅速に済ませてしまうことです。ここでは外部のリソースを使うのも有効です。まずは「見える化」を急いでください。

投資家としてのデータインフラを整備する

個々の事業が、損益計算書、貸借対照表、キャッシュフロー計算書およびそれらの将来予測に関するすべてを備えると、ようやく本社は投資家として基本的に必要な情報を持ち得たことになります。外部投資家がみなさんの会社を評価する際と同様の情報を、グループ内投資家である本社部門も持つことができた、ということです。

もちろん、数値情報を備えればそれで終わり、というわけではありません。次に考えなければいけないのは、本社と事業部門との関係です。本社は投資家として、事業部門にどのくらいの資本コストを要求するのか。言い替えれば、その事業に期待する最低限の収益率はどのくらいか、ということを決めなければなりません。また、本来は、負債と資本に分けた場合にそれぞれどうなるのか、ということも設定しておきたいものです。なぜならば、事業責任者に、企業価値を向上させる第三の方法、つまり財務構成を変えることによって企業価値向上につなげる、という選択肢も考えてほしいためです。また、負債と資本はどう違うのか、配当を支払うことと、金利を支払うことがどう違うのか、など、財務の要諦も実体験してほしいということがあります。ここまで考えていただく素地を作れば、一種の**経営者トレーニング**にもなります。

一方、そこまでは事業部門にやらせたくない、という本社もあるかもしれません。したがって、本社と事業部門の関係を考えるうえでは、**責任と権限をどこまでどのように移譲するか**、という要素も重要なものとなります。事業部門に大幅に責任と権限を移譲するのであれば、負債と資本の構成も事業部門に任せ、市場並みの金利水準や配当性向を適用し、その代わり内部留保も認めて、内部留保の中から再投資を行う権限も認める、ということになるでしょう。もし失敗したら当然ながら信賞必罰です。一方、責任も権限も与えず、配当は100％吸収し、投資の決定も行わせないのであれば、負債と資本の構成に責任を負わせるのは難しくなります。**一貫した考えの下に本社と事業部門との関係を構築しないと、必ずどこかで齟齬が生じます**ので留意してください。

また、こうした関係は、事業と事業、事業と機能、といった「本社との間ではない関係」についても考えておくことが必要です。ある事業が他の事業の資源を使ったら対価をどう支払うのか、事業部門がサービス部門を利用したらその値段をどう設定するのか、といったことですね。あまり細かくなりすぎると、管理のための管理になってしまうので、このあたりはうまくバランスを取る必要があります。企業価値に大きく関係するところとそうでないところ、の間でメリハリを働かせましょう。

3　マネジメントサイクルの確立

さて、データインフラというハードが整備できたら、次はソフトの見直しです。すなわち、経営におけるＰＤＣＡ（Plan-Do-Check-Action）サイクルを改めて考えるということになります（**図表36**）。ＰＤＣＡというと何やら日常業務っぽくなりますが、ここで述べるのは**マネジメントサイクル**、すなわち仮説設定―検証―評価―仮説の修正、というプロセスです。先にも述べたように投資家が行っているプロセスでもあり、経営の意思決定とその成果評価がどのようになされているか、ということでもあります。これに沿って、統合された経営管理の姿を考えてみましょう。

まずは「Plan」、計画策定の段階です。ここで何をするのかはすでに見ましたね。重要なのは、全体最適を考える本社部門と各事業部門との間で**双方向の計画策定**を行うこと、その際に将来予測と企業価値の向上を重視し、**定性的な計画内容と定量的な計数策定を統合**することでした。戦略決定がトップダウンだけだと現場感と具体性のないアウトプットになりやすく、ボトムアップだけだと現状の延長線上でしかかな

図表36　経営におけるPDCAサイクル

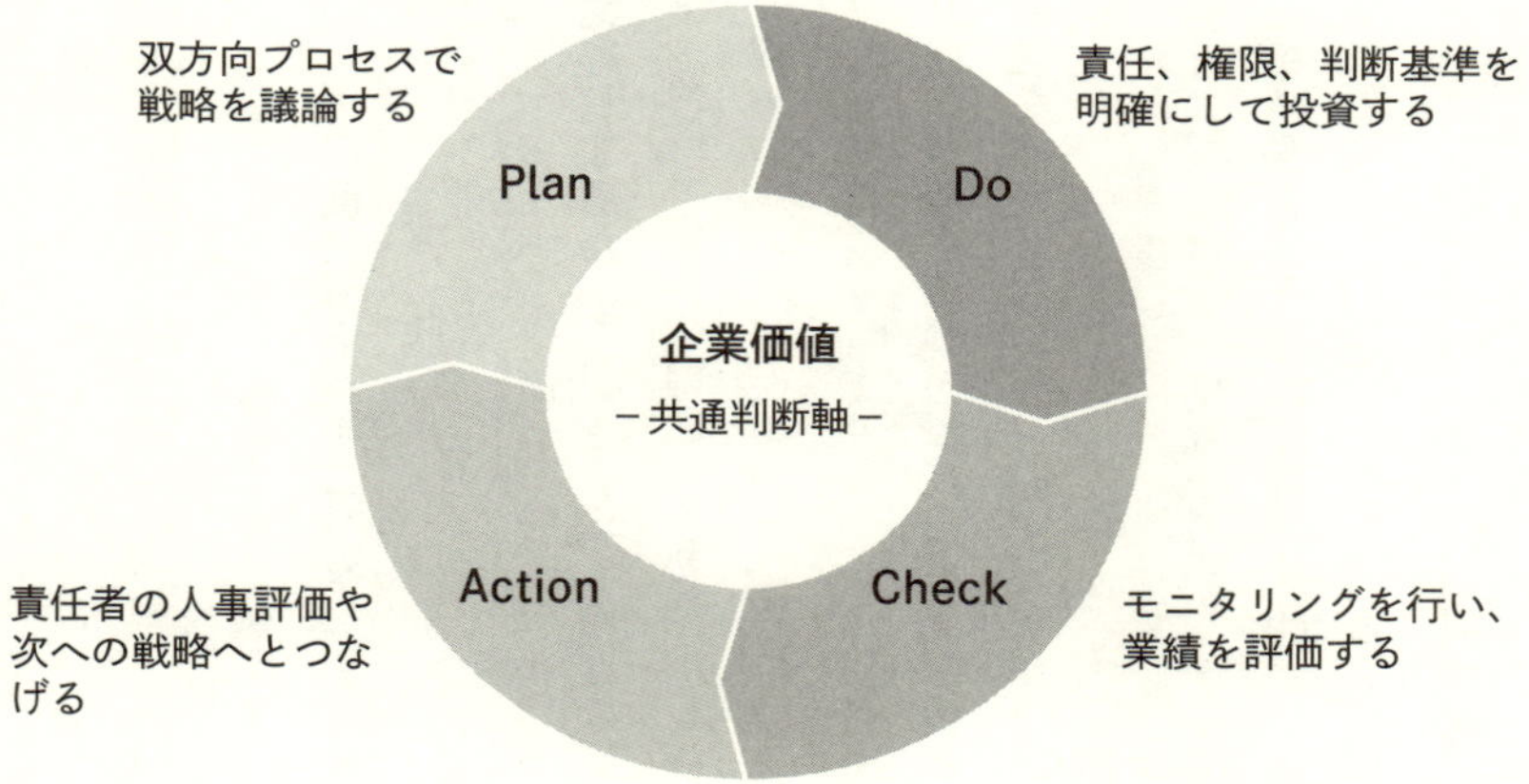
双方向プロセスで
戦略を議論する
責任、権限、判断基準を
明確にして投資する
Plan
Do
企業価値
－共通判断軸－
Action
Check
責任者の人事評価や
次への戦略へとつな
げる
モニタリングを行い、
業績を評価する

い創造性に欠けたアウトプットが出てきます。本社部門側にアナリスト機能がなく、事業部門側にマネジメント的な視野がないとこうなります。放っておくと、いつまでたっても実行されない計画、あるいは実行しても効果のない計画だけが量産されることになります。

双方向のプロセスによるコミットメント

先にも見たとおり、こうした弊害を避けるために**資本市場と企業経営との関係を援用**することができます。投資家が、自らのポートフォリオ戦略に合致した企業の経営戦略を見定めて評価し、投資の是非を検討するように、本社は企業グループとしての明確な将来像を示すとともに、それを実現するために事業部門に対してどのように資源配分を行うかポートフォリオ戦略を構築し、事業部門に対して投資家としての期待値を示す、ということです（**図表37**）。それを受けて事業部門は個別の事業戦略や計数計画を策定し、本社に対して「情報開示」を行う。本社はその内容を評価し、さらにフィードバックを実行する。これらの情報のやり取りでは、定性的な計画内容と定量的な計数計画の双方をそろえて、論理と数

図表37　プランニングにおける双方向プロセスの実現

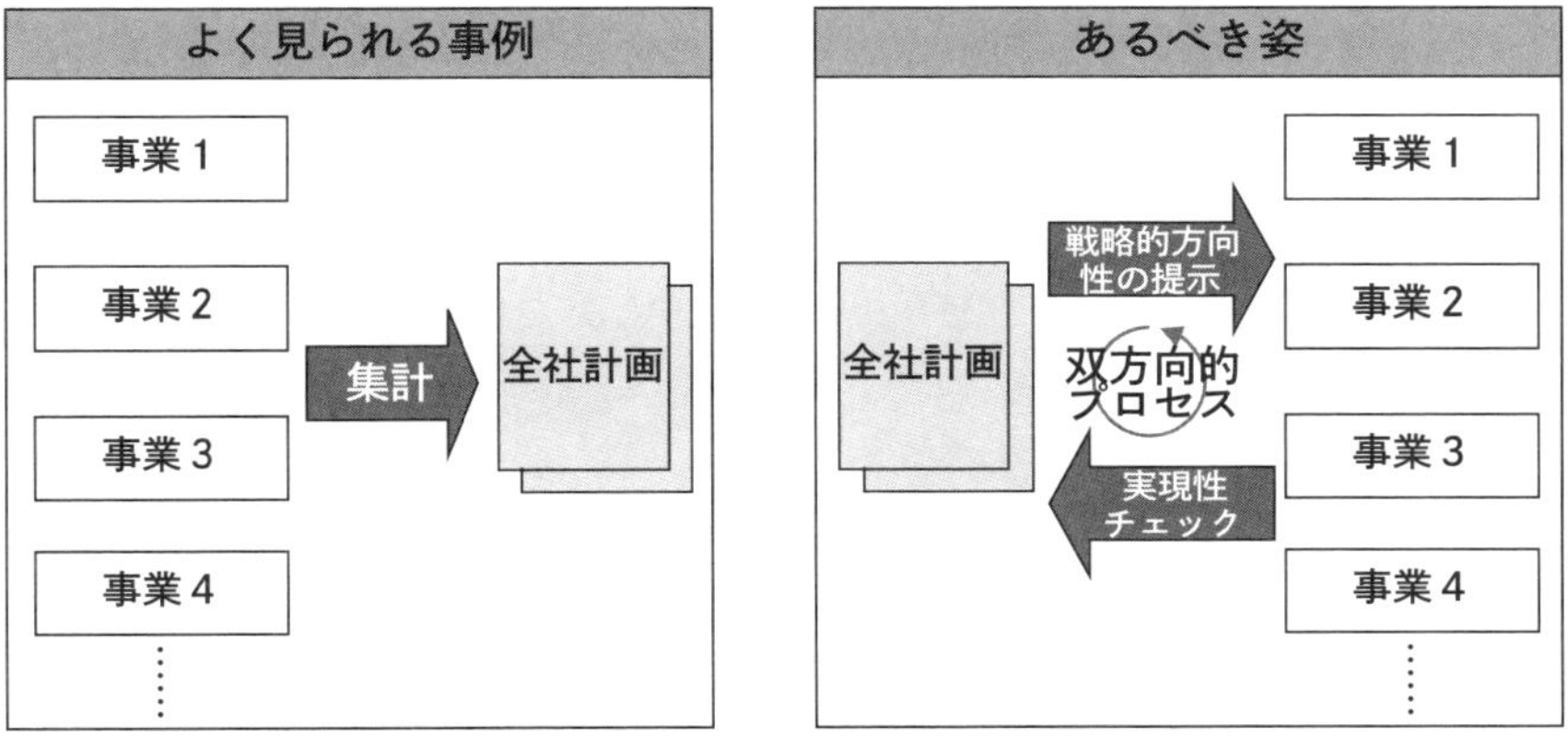

字で議論できるようにする。そして、両者合意した内容について、明確にコミットメントを行う。このプロセスは、お互いの理解を深めるコミュニケーション機会としても大いに機能します。

こうした双方向のプロセスには時間も労力もかかり、負担も大きいように見えるかもしれません。しかし、日本企業が毎年の予算策定にかけている膨大な作業量と時間に比べれば、はるかに効率的かつ有用なのではないでしょうか。本来、**経営計画というのは長期のキャッシュフロー予測**であり、それを1年ごとに分割した**中期のキャッシュフロー予測が予算**です。経営計画が堅固に策定されていれば、よほど重大な変化のない限り、予算の決定にそれほど時間も労力も必要ないはずです。「何か違うこと」をやっているために、軸のぶれたいくつもの数字に振り回され、コミュニケーションの機会も失い、経営計画はいつまでも達成できない、という事態を招きがちなのではないでしょうか。

フォーマットまで具体的に作る

この双方向のプロセスを進めていくにはコツがあります。やり取りを反映する簡潔な**フォーマットを作る**、ということです。ここでのポイントは「簡潔に」というところにあり詳細を極め、遺漏をなくそうとすればするほど、事業の将来に関する「大きな物語」は失われます。これを避けるために、**「大きな物語」しか書けないフォーマット**を先に決めてしまいます。たとえばA4判1枚に、事業部門の目指すべき目標、外部環境と内部資源の認識と将来予測のポイント、現状とのギャップとそれを埋めるためのアクション、程度を事業部門側が記載し、同じ紙に本社側が、事業部門に期待する内容を明記する、といった形でもよいのです。

事業が将来キャッシュフローを生み出すにあたって、大きなポイントとなる要素を抽出して全体の流れが分かれば十分です。経営のサイクルで本社部門と事業部門との間のテーブルに載せたいのは、この手の説明です。事業部門が実際に事業を遂行していくための行動計画は他にいくらあってもかまいませんが、大きな物語を共有し、そこで描かれた姿にコミットするためには、グループ内投資家である本社部門の期待値と、それに対する事業部門の認識があれば事足ります。

これに付け加わるとしたらあと1枚、先に見たファイナンシャルプロジェクションの概要でしょう。これも、放っておくとどんどん経理的に細かくなりがちなので、重要ポイントだけ書き込めるようなフォーマットにしてしまいましょう。

こうしたフォーマットを、不満たらたらながら埋めていくことによって、事業部門の意識もだんだん変わってきます。どうしても1枚しか書けないとなれば、後は内容を削るしかありません。この過程で、小さな物語はそぎ落とされ、大きな物語、すなわち中期的に本当に重要な内容だけが浮かび上がってきます。事業部門側も色々なことに気づきます。自部門がこだわっていた要素は全社的にはそれほど大きな影響がなかった、ということや、あるいは逆に、これだけは本社部門にきちんと理解してもらわなければ存亡にかかわる、など。実は、ちょっと無理そうに見える**フォーマットがもたらす意識変化のプロセス**が大事だったりします。ついでに申し上げると、日本企業の作成するフォーマットは緻密かつ精巧なものが多いのですが、海外展開を行うにはまるで向いていないことがよくあります。以心伝心でわかってしまう日本のご同輩しか念頭に置いていないので、複雑すぎる一方で説明が不親切なのです。フォーマットは思考を規定します。グローバルに企業を動かしたいと思えば、グローバルに使えるフォーマットは重要です。では、どうすればよいのか？　これは簡単です。今より**スペックを3割落としましょう**。恐らく驚くほど効果が上がるはずです。

投資を実行し、成果を評価する

「Do」においては、経営計画の実行に必要な**責任と権限を明確にしておく**こと、投資の実行判断と撤退判断に関して、その**定量的な基準と意思決定のプロセスをきちんと定めておく**ことが重要です。前章で、ちょっとしつこく投資基準を語った理由はここにあります。企業にとって、投資に関する意思決定は何より大事です。事業のプロフェッショナルとして的確に投資判断ができることは企業としての存在意義のひとつであり、その意思決定を的確に行えるようなマネジメントプロセスを持っていることは企業にとって生命線といってもよいでしょう。投資家はそれに期待して企業に資金を預けるのですから。判断基準については先ほど見たとおりですね。加えて、やったらやりっ放しではなく、その結果を**モニタリングする仕組み**をぜひ作ってください。それには先に見たファイナンシャルプロジェクションも役に立ちます。

「Check」の段階においては、責任と権限を委譲し、期待値を与えたその結果が評価されます（**図表38**）。

図表38　資本市場と企業経営からのアナロジー

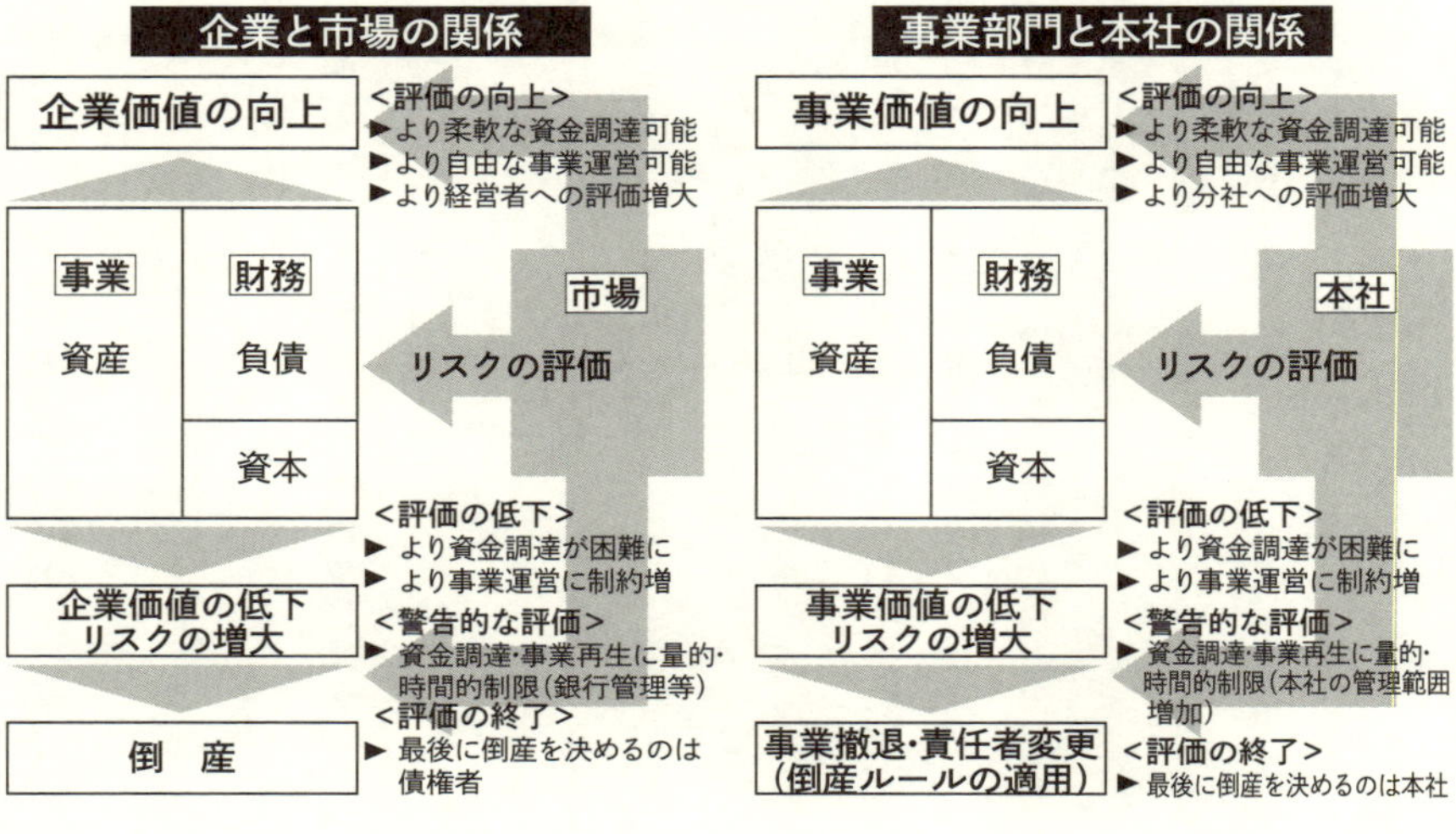

コミットした内容について達成できたかどうか、ということですね。「Action」に至り、その評価は人事報酬などの形でフィードバックされます。特に、事業部門の経営責任者に対する報酬は、企業価値向上努力に対して明確に報いるものになっている必要があります。以前、日本企業で成果主義が失敗したのは、それを責任者にではなく一般社員に適用したからでしょう。責任も権限も与えられないのに給料ばかり減らされては、それはやる気もなくなろうというものです。一方、経営に携わる、あるいは事業に責任を持つトップマネジメントの報酬についてはいつまで経っても闇の奥であっては困ります。コーポレートガバナンスの進化につれて、**経営陣の業績連動報酬**が俎上にのぼることも増えてきました。ブラックボックスの是正も進んできているといえましょう。

経営をシンプルにする

これら一連の流れにおけるモノサシはすべて同一、「左脳的な企業価値」です。そして、マネジメントプロセスをこの共通の尺度で構築することができれば、本社機能が企業価値向上のために事業部門に求めること（事業部門が企業価値向上のために行うべきこと）はシンプルに3つに収斂します。楽でいいですね。先ほど見たとおりです。投下資本のコスト以上の収益を生み出すか、それができない事業から投下資本を引き上げるか、投下資本にかかるコストの引き下げを実現するか、でしたね。逆に、ここまでの道筋がきちんと示されなければ、グループ経営はまず間違いなく失敗します。

こうしたマネジメントプロセスは、資本市場で投資家が自らのポートフォリオの運営方針を定めて、企業の将来像を分析しながら投資したり、あるいは投資を引き上げたりするのと同様の構造を持ちます（**図表38**）。期待通りの企業価値向上が果たされれば、資本市場は企業経営に対してより柔軟な資金調達、具体的には有利な金利水準や大きな調達枠などを認めることもできるでしょう。反対に企業が自らの価値を毀損すれば、市場における資金調達の困難度は増し、投資規模は制約を受けます。最後には投資の撤退、すなわち倒産が待っています。このような構造を企業グループ内で活用するためには、先述した、各事業のリスクに応じた財務構成、具体的には社内借入金・資本金制度や投資撤退基準の設定、そして業績評価や人事報酬との連動が不可欠です。特に持株会社形態においては、こうした構造をきちんと組み立てておくことの重要性は高いといえます。ハコだけ作って失敗する持株会社の多くは、この事実を認識できていなかったといえるでしょう。

4 グローバルに通用する経営管理

「企業価値を軸に」というと、いまさら何を、と思われる方もいらっしゃるかもしれません。あるいは、「経営管理」について、何やら古くさいような感覚を持つ方もいらっしゃるかもしれません。

なぜ、改めて「企業価値重視の経営管理」なのか。それは、一言でいえば「それをしなければ、グローバルに通用しないから」です。世界的に景気が悪化しようが、資本市場の意義が大いに見直されようが、グローバル化とそれによる世界共通のビジネスツール使用は止まることはありません。ビジネス上の共通言語は「英語」であり、会計原則も共通化が進んでいます。ＩＦＲＳがそれほど良い基準だとは思いませんし、会計の世界でもとにかく時価を使えばよいというのは疑問ですが、それにしても、グローバル化の中で統一を探る試みに対して抵抗することはなかなか難しくなっています。そもそも、ＩＦＲＳの本質は、アカウンティングをファイナンスに近づけようということであり、そして、そのファイナンス的な考え方において**企業の成功を測る指標は、全世界的に「企業価値」になっています**。もちろん、過去から指標は様々な変遷を繰り返しており、今後新しい価値観が加わるかもしれません。日本の企業がそれを新たに創造して、全世界を納得させるまで広められるのであればそれはそれで素晴らしいことです。ぜひやっていただきたいと思います。しかし、それとても企業価値という現在の指標への理解なくしては始まりません。グローバルな現状を無視した単なる独りよがりな日本至上主義は何の役にも立ちません。超巨大企業であれ、中小企業であれ、これから先は世界の市場を見据えて経営を行っていく必要があります。海外で買収した企業に対して、自分のグループの経営管理手法を十分に納得させられなかったり、地域ごとに判断基準や評価基準が異なって混乱したり、ということは避けたいですね。**共通の骨組みを早期に作り上げること**が大事です。このあたりは、後ほど「束ねる力」を考えるところでもう少し補足します。

第6章

「連ねる力」を強くする

CHAPTER 06

事業や機能間を刺激する仕組み、新しく事業を生み出していく仕掛け、
これらを考えていくことこそ本社部門の仕事です。

「夜の最も暗い時間を通り抜けるために、
既に朝になっているかのように行動しなさい」

タルムード

1 事業の間を刺激する

前節で、本社部門の「純粋な投資家機能」と「その機能を果たすための基盤整備」について見てきました。ドライに計測したり見極めたりすることはもうおしまいです。ほっと一息ですね。ここからは、グループをまとめる方向の仕事に移ります。これも本社の重要な仕事です。最初は、事業部門を横断したり、事業部門内では考えつかないようなことを行ったりする「連ねる力」についてです。先ほど見た通り、大別して2つありましたね。

③〝戦略的〟投資家としてのシナジー発揮推進機能
④〝戦略的〟投資家としてのインキュベーション機能

1 シナジー発揮の原動力

まずは、シナジー発揮機能からです。

先に見たとおり、個別事業の間をどうにかすることで生まれる価値、を一般的にシナジーと呼びます。

シナジーには大きく分けて2種類あります。ダウンサイドシナジーと、アップサイドシナジーです。前者は、A事業とB事業がそれぞれ別個に単体としてあるよりは、一緒になったほうが費用面の負担が少なくて済むというものです。コストサイドシナジーともいいます。個々の事業がいずれも同じようなことをやっているなら、まとめてコストを省こう、ということです。規模の経済を活用してボリュームディスカウントを実現しようなどということもあります。

一方、後者のアップサイドシナジーは、一緒に何かやったほうが価値が大きくなるということです。A事業が持っている顧客基盤を活用して、B事業の製品を拡販して売上を増やすといったようなことがこちらに入ります。

これらのシナジーを実現する取組みは事業部門だけに任せていては進まないかもしれません。力を添えるのは本社の仕事でしょう。たとえば、普段はあまり顔を合わせない事業部門間のコミュニケーションを促進するために、通常組織とは異なる会議体を組織してその音頭取りをする。A事業の計画を見て、敢えて「これをB事業と一緒にやってみたらどうか」といった、事業部門だけでは出てこない提案をしてみる。要は、事業と事業の間を刺激していく仕組みです。もちろん、事業と機能の間、機能と機能の間、についても同様です。本社というのはグループの上位に君臨して威張っているのではなく、**縁の下の力持ちとして、様々な要素の連携を促していく**のが仕事です。

コングロマリット・プレミアムとディスカウント

本社がシナジー発揮の原動力として具体的な活動をうまく進めていくと、ひとつひとつの事業に単体で投資しているよりも、それらを束ねて運営していくグループの手腕に任せたほうが全体としての価値が高くなります。先ほど見たとおり、これをコングロマリット・プレミアムといいます。

逆もあります。コングロマリット・ディスカウントでしたね。投資家は通常、こちらを気にします。投資家は通常、将来の業種に投資する割合を決めています。たとえば、投資額全体の30%を食品業界へ、40%を医薬業界へ、残りの30%を不動産業界へ、といったように。ところが、ここで食品業界の銘柄として株式に投資した企業が実は多角化を推進しており、事業の3分の1は医薬、残りの3分の1は不動産事業を営んでいたとすると、当初設定した投資配分が狂ってしまいます。ましてや、この食品会社が、専業で医薬や不動産を生業としている企業よりも良い成果を上げられるという保証はありません。むしろ、片手間であることによって成果は見劣りするのが通常です。外部の投資家である彼らよりも、**グループ内部の投資家である本社の方が投資手腕に長けており、確かにより良い成果を実現できる**と確信できなければ、なかなか事業をいくつも持ったグループ企業に投資しようとは思いません。投資家は、分散投資を行うのは彼ら自身でありたいため、企業の側で分散投資を行っている場合、その手腕を疑問視します。

また、実際問題として、事業リスクの異なる事業を多く持っている場合、複数の業界に関するアナリストの知見が必要となってくるので面倒くさいという問題もあります。面倒くさい、とは企業に失礼な言い方ですが、投資家としては、なるべくセクターアナリシスの範疇に収まってくれていたほうがありがたいわけですね。これは、セクターの見直しも行っていない昔ながらの投資家にはよく見られ、投資家側の問題でもあります。企業にとっては困った「偏見」ともいえます。

企業が「偏見」に立ち向かうためにできることは、実はたったの2つしかありません。ひとつは、自分達が「下手な投資家」と呼ばれないために、先に述べた「見極める力」、すなわち**投資家的な機能を外部の投資家以上に発揮すること**、そしてやはり先に述べた経営管理を洗練させていくこと、もうひとつは、個々の事業の力を連ねて1＋1＝3にも4にもするために、**シナジー発揮の機会を根こそぎ捉えていくこと**、要はこの章で扱う「連ねる力」を強化することです。本社が持つこの2つの力こそ、グループ企業をグループたらしめている原動力なのですね。

シナジーを考えるための具体的なステップ

具体的にシナジーを考えるとどのようなものがあるでしょうか。教科書的には、以下の4つのシナジーがあるといわれます。

マネジメント・シナジー：新規事業に対する過去の戦略、業務、管理の経験の統合
投資シナジー：原材料の共同保管、企業間で類似した製品の研究成果の統合
操業シナジー：相手企業と原材料を一括仕入れする、または施設の共通利用など
販売シナジー：流通経路や製品の広告などの販売促進活動の統合

これでも良いのですが、ちょっととっつきにくいかもしれませんね。そういう時にはバリューチェーン分析を使いましょう。個別の事業についてバリューチェーンを明らかにしたうえで、そのひとつずつについて、「他と一緒にやることでより大きな企業価値を生み出せるものはないか」ということを見ていきます（**図表39**）。面倒なようでも、これが一番早かったりします。たとえば調達。同じような材料を個々の事業で別個に仕入れているならば、共同で調達できないかどうか検討します。もし可能ならば、規模が大きくなるぶん割引額も増える、仕入れ相手に対する交渉力も強くなる、といった力が働き、コストダウンにつながる可能性があります。次に開発。似たような研究開発をしていたりするなら統合できないかどう

か考えましょう。ひとつの研究により多く資源投下することができ、より大きな効果が見込めるかもしれません。あるいは、A事業で考えていた成果とB事業で考えていた成果を結びつけた研究成果と、B事業で考えていた成果を結びつけたら、より新しい視点から新規の開発が生まれたりすることもあります。さらには、研究開発拠点といった物理的なインフラも、散在しているよりは一緒になった方が効率的かつ効果的という場合もあります。マーケティングにしても、目指すターゲットが同じなら共同して行うことにより、より大きな効果が得られたりコストが削減できたりします。販売先に対して規模のメリットを取っていくのも調達と同様に可能ですね。

また、バリューチェーンを形作る個々の要素を見るのと同時に、バリューチェーンそのものの欠落を補ったり、川上と川下をくっつけたりすることもシナジーを生む源泉となることがあります。どちらかというとM＆Aなどが必要となってくる話ですが、たとえば、販売だけやっている事業が

図表39　シナジーの源泉を探る

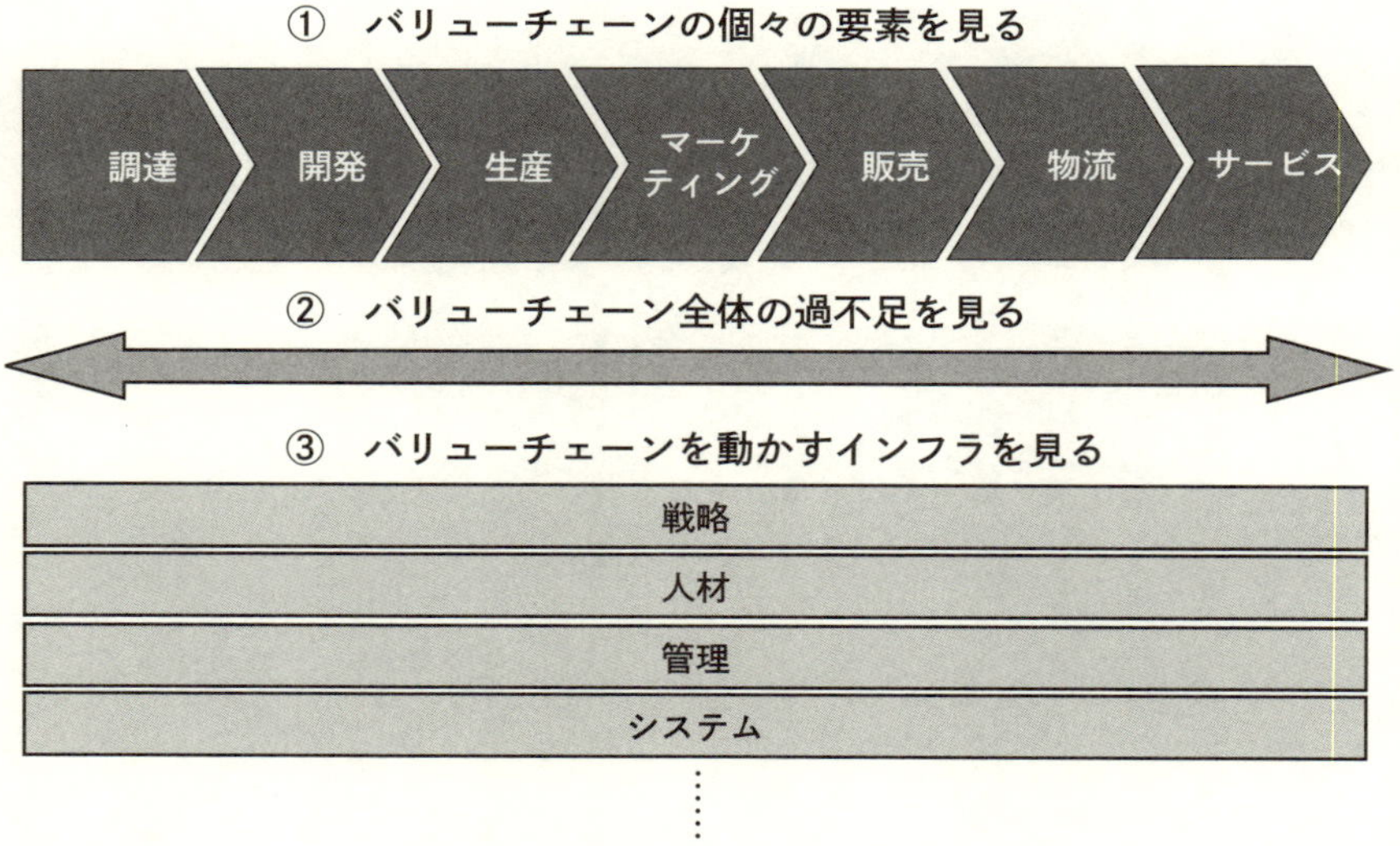

外部委託をしている生産の部分を、外部委託先を取り込むことでより効率化できないか、といったことです。アパレルで有名になった製造小売（speciality store retailer of private label apparel：ＳＰＡ）業態は、生産だけやっていたメーカーが、これまで百貨店などに依存していた川下の小売部分まで取り込むことで効率化を果たし、大きな成果を得た例です。

インフラの共通化

さて、バリューチェーンそのものをひとつずつ見て、バリューチェーン全体の過不足も見たらこれで終わりか、というと、そうではありません。まだあります。**バリューチェーン全体を動かすインフラとなる部分**はどうでしょう。戦略に始まって、財務や経理、人事、情報、システムなどといった分野ですね。グループ企業であれば、基本的にはこうした分野は本社が取り扱っているはずですが、改めて見てみると、複数の事業間で共有できるインフラ、というのは結構あります。アパレルの例が出てきたので続ければ、店舗派遣人員の管理などは、同じような形態の店舗で販売を行っているブランド間であれば共通化できるかもしれません。これは、前述の「事業を支援する機能」、グループ内サービス機能として位置づけられることになります。

インフラの共通化で忘れてはならないのは、知識やスキル、ノウハウの共有化です。顧客情報や競合情報、営業手法や業務効率化などに関する成功体験を交換しあったり、逆に失敗事例を披露しあったりすることで、グループとしての組織知レベルが上がります。これによって、大きなコスト削減の機会がもたらされたり、あるいはクロスセリングが可能になるなどアップサイドシナジーが得られたりします。

組織的な仕掛けをするのが本社の仕事

ところで、本社がいそいそとシナジーの検討を行うと、これで「連ねる力」を発揮したことになるのでしょうか。残念ながら違います。「連ねる力」の発揮にあたって必要なのは、連携を強めることですから、そのための仕掛けが必要になります。つまり、シナジー検討にあたっては、シナジーを生み出す要素の検討とともに、それを「どのような組織的な仕掛けをもって行うか」ということが大変重要になります。本社からいきなり「ここことあそこにシナジーがあるはずだからいついつまでに実現するように」と一方的に言われても、誰もやる気にはなりませんよね。

「連ねる力」の発揮においては、本社はあくまで縁の下の力持ちとなって、該当する事業間の対話を促進するのが役目です。「見極める力」で設定された本社と事業間の対話がＩＲミーティングだとすれば、「連ねる力」で設定される本社と、複数事業（あるいは機能）間の対話は、Ｍ＆Ａアドバイザリーミーティングのようなものかもしれません。お見合い仲介といってもいいですね。重要なのは、必ず事業部門の責任者が主体的に検討に参加するようにすること。また、そのための機会（物理的な場所）を設けること。委員会でも何でも結構です。たとえば、バリューチェーンごとに分科会を開いてそれぞれの分野のシナジー発揮可能性を検討しあったりすると、他への対抗意識からか、ディスカッションが大いに盛り上がったりします。合宿などを行っている企業も結構あります。そして、その際に本社は**優秀なファシリテーターを務める**こと。ファシリテーションに自信がなければ、ここは外部の専門家を雇ってもいいかもしれません。本社は前にしゃしゃり出ず、事業部門の活発な議論に任せるのがベストです。シナジーの芽は業務の細部に宿ります。具体的な業務の現場の話にならなければ意味がありませんし、本社がそれら細部をいちいち押さえているわけがありません。知っている人に任せておくのが一番であり、その「知っている人」をやる気にさせるのが本社の仕事です。

逆に、やってはいけないのは「主体的に」の名のもとに、シナジー発揮を事業部門に丸投げすること。事業部門の仕事は、その事業単体の価値を上げていくことにまず割かれるので、他との協力はどうしても劣後します。加えて、事業部門が何とか頑張ろうとしても、シナジーの実現にはその他様々な部門の協力を取りつけなければなりません。買収したX社とのシナジー最大化にA事業部門が取り組もうと思っても、生産部門は「X社を買収するなんて反対だったんだ」などといって非協力的な態度に出るかもしれません。当のX社自体も被買収時のわだかまりが残っていて、トップから明確なメッセージがないことにいらだっているかもしれません。こんな難しい状況の調整をすべてA事業部門に任せるのは無理です。こうした困難な利害調整のために働いてこその本社機能です。

本社の仕事は他にもあります。**目的と意味を常に明確にしておく**こと。**シナジー効果を必ず定量化すること**。そして、**定量化したものをきちんとモニタリングする**こと。

目的と意味を明確にしておくとは、シナジーがどこでどのように出て、それはなぜ出すことができて、最終的にどのような影響を与えるのかをきちんと押さえておくことです。シナジーとして挙げられた要素が、ダウンサイドシナジーであるのか、アップサイドシナジーであるのか、をまず識別しましょう。それから、どうしてそれが可能になるのか、という道筋を押さえましょう。**ほとんどのシナジーは、「規模の経済性」、若しくは「範囲の経済性」を実現することによって生まれます**。規模の経済性とは、文字通り、大きくなればメリットがあるということですね。製品を多く生産すれば、固定費が下がったり、原材料の値引き交渉で優位に立ててコストが下がったりします。これによる効果が規模の経済性です。範囲の経済性とはちょっとわかりにくいですが、共通の要素から異なるものをいかに多く作り出すかによってメリットを得る、ということです。たとえば、生産設備を持っている時に、その生産設備をA事業では60%稼働させてA製品を作っており、40%は休んでいる。この40%を使ってB事業がB製品を作ることができれば、生産設備はフル稼働となり、設備を共有することによるコスト低減や、新製品による売上拡大が期待できます。規模の経済性は主として、先に見た「規模型」の事業において多く発生し、範囲の経済性は「分散型」の事業にとってより重要なものになります。シナジーが発生する経路をしっかり押さえておくことが重要です。

また、〝経済性〟ついでに見ておくと、**「密度の経済性」**や**「ネットワーク経済性」**という言葉もあります。密度の経済性とは、あるエリアで集中して事業を行うことでコストが下がったりすることを指します。たとえば、同じチェーン店がひとつの幹線道路のロードサイドに集中して出店することにより、広い地域に分散するよりも配送の時間とコストを下げることができるといった効果がこれにあたります。一店舗あたりの物流コストを共有化することで引き下げているのですね。

「ネットワーク経済性」とは、実は規模の経済性の一種です。多くの人が使えば使うほど利便性が高まり、コストが下げられたりすることを指します。ネットのビジネスなどではよく用いられる言葉ですね。

これらの〝経済性〟はいずれも「コストを何かしらの形で共有して下げる」ということを目論んでいます。それにより、ダウンサイドシナジーや、さらにはアップサイドシナジーが期待できる可能性があります。

曖昧な連携では意味がない

次に、これらのシナジーを定量化しましょう。また定量化か、などと嘆かないでください。今や以心伝心では伝わらない時代ですし、数字になっていなければ曖昧に終わってしまうのが世の常です。アップサイドシナジーは数字に落としにくいですが、それでも簡単でよいですから作っておきましょう。定量化しなければ、単なる夢物語で終わってしまうからです。ただし、アップサイドシナジーは一般的に過大に見積もられがちです。この点だけ注意してください。

定量化というと、数字が合っているかどうかを気にする人が多いですが、重要なのは、定量化に至る前提条件です。つまり、シナジーが実現するにあたっての仮説です。これがしっかりしていれば定量化は難しくないですし、思うような効果が得られなかった際にも何が悪かったのか即座に振り返って修正を加えることができます。逆に、あまりに細かい定量化は、仮説や前提を見えなくさせますから不要です。このあたりも、事業の将来予測を作る際と同様です。また、定量化する時に忘れないでいただきたいのは、シナジー発揮にもコストがかかるという点です。たとえば、A部門とB部門の物流を共同で行えば、物流コストが20%削減できるとしましょう。しかし、それを実現するためには、実は前もって梱包資材を共通にしなければならず、その費用を見積もっていなかった、などということは起こりがちです。お忘れなく。

定量化されれば、モニタリングするのも容易です。シナジーを散々論議したのに、その後は知らん顔、というのでは困ります。世の中で「シナジー効果が出ない」と言われている大きな要因は、実は**事後のモニタリングをきちんと行っておらず、いつのまにかうやむやになってしまう**ところにありがちです。仮説が間違っていたら直して再び取り組めばよいだけのことです。曖昧なままに終わらせるのは最も弊害が大きい対応方法です。それを防ぐためには、定量化した数字に対するコミットメントはきちんと行うこと。本社の側も、事業部門の側も、です。

定量化を行ってきちんとモニタリングする、というのが「先立つもの」という財務的な視点からのシナジーへの取組みだとすれば、シナジー発揮にあたっては「取り組む人」という人的な視点からの取組みもまた必要です。先ほどの組織的な仕掛けの必要性にも関係しますが、誰しも強制されてやるのは嫌なものです。事業部門の人々が、当事者意識を持って取り組めるようにする必要があります。そのためにどういう動機付けが必要なのか、モチベーションアップのために何ができるのか、については十分考える必要があります。また、それと同時にシナジー発揮に関する責任と権限も明確にしておく必要があります。

加えて、次のことを忘れないようにしてください。ひとつは、**利益相反がボトルネックになりがち**であるということ。ある事業にとって素晴らしいシナジー発揮の機会となり得る要素が別の事業に属する人材にとっては職を失うかもしれない危険性を持つとき、その人材はシナジー発揮に抵抗します。こうしたボトルネックになる要素を押さえておく必要があります。また、これは意外に見落とされがちなことですが、シナジー発揮を可能にするような**然るべき人材をきちんと充てる**こと。必要なスキル、ノウハウ等が欠如したままシナジーの検討や実現を急いでも無理です。とりあえず頭数をそろえておけば何とかなるだろう、といった「竹槍政策」はやめましょう。人的資源を正しく配分しなければ思った効果は得られません。特に、シナジー実現の場合には、その人材が十分な〝ソフトスキル〟を持っているかどうかはかなり重要です。グループ内での人的ネットワークやコミュニケーション能力、誰を動かすと話が進むかを理解している調整能力、といったようなものですね。ここまで考えないと、思うようなシナジー実現はできません。縁の下の力持ちとして、本社が手配すべきことは多いですね。再度、まとめておきましょう。以下の通りです。

1　シナジー実現の可能性を吟味する

（ア）　バリューチェーンを形作る要素を見る

（イ）バリューチェーン全体を見る
（ウ）バリューチェーンを支えるインフラを見る

2　組織的な仕掛けをする
（ア）事業部門が主体的に動けるようにする
（イ）物理的な場・機会を作る
（ウ）本社スタッフはファシリテーターに徹する

3　シナジーを明確にする
（ア）どのように実現されるのか（アップサイドシナジーかダウンサイドシナジーか）
（イ）何がシナジーの根拠なのか明らかにする
（ウ）シナジー実現の前提条件、仮説を明示する

4　財務的に正しく扱う
（ア）定量化する（前提条件、仮説を反映させる。コストも含めて考える）
（イ）モニタリングを行い、必要に応じて軌道修正する
（ウ）コミットメントをきちんと取る

5　人事的に正しく扱う
（ア）モチベーションに留意し、責任と権限を明確にする
（イ）利益相反を察知し、ボトルネックを排除する
（ウ）必要なスキルやノウハウを持った人材を配置する（特にソフトスキル）

2　事業再生支援部隊としての働き

シナジーを追求していくのが異なる事業や機能間を結び合わせるお見合い、仲介の機能だとすれば、時には自ら汗水流して動くことも必要です。その代表的なものが、事業再生支援といった働きです。現実の世界でも、投資ファンドが単に出資をするだけではなく、経営陣の一角に加わって一緒に経営を再建する、といった事例が多くありますよね。あれと一緒です。

本社機能においては、先に見たように、投資の実行・撤退判断を行っていくことが求められます。企業価値を毀損し続けている事業については、まずは**イエローカード、そしていよいよダメならレッドカード**を出して、グループの事業から外す決断もしなければなりません。

この場合、イエローカードを出したらそれっきり、ということもあり得なくはないのですが、やはりもう少し温かい支援が必要ですね。本社機能の側も人を出すなり知恵を出すなりして、その事業への関与度を強める、ということをしなければなりません。

これは、単に温かい支援というだけではありません。きちんと状況を理解できていないと、レッドカードを出すときの見極めや、出した後の処理などがわからなくなります。したがって、そうしたリスクマネジメントの意味でも、事業再生支援部隊としての機能は必要です。

本社における事業再生支援の留意点

事業再生についての留意点をまとめているとそれだけで本が1冊できてしまうので、ここでは特に気をつけるべきポイントだけいくつか挙げておきましょう。まず、「イエローカード」は自動的に出るようにしておきます。何か定量的な指標に引っかかったら、妥協の余地なくフラグが立つようにしておかないと、恣意的な判断が必ず入り込み、事態は紛糾します。「このくらいの数字だったらいいじゃないか」「たまたま基準に抵触しただけで一時的なものだ」などと、情状酌量の余地を求める動きは必ず現れます。これに対していちいち「検討します」といって個別対応を考えていては、体がいくつあっても足りません。すぐに「不公平だ」という怨嗟の声が上がって本社の力が低下します。実際に情状酌量してしまったり、「暫く任せて見てみよう」などとして討議の場に出さなかったりすれば、梃入れのタイミングを失ってしまったり、いつのまにか状況を隠す癖がついてしまって隠蔽体質になってしまったりします。無駄な労力や時間を使うことを避け、**正しい時機に的確な判断を公正に行うために、イエローカードを上げる基準を機械的に行使することは重要**です。

だからといって、上げた後の処理が機械的でよいかというと、もちろんそうではありません。労力や時間はイエローカードを上げた後の具体的な対応に使いましょう。ここは十分に兵力を投入すべきところです。考えることの内容と順番は次の通りです。まずは財務。大抵の場合は、資金繰りに窮したり債務超過だったり、何かしら出血をしています。血を垂れ流したままにはしておけませんから、とにかく血を止めます。この場合、赤字を黒字に転換させるのは血を止める中には入りません。損益計算書上で赤字なのか黒字なのか、というのはこの際問題ではありません。まずは、**キャッシュフロー**です。事業再生の場合は資金繰り、といったほうが現実的ですね。通常の企業の場合、ここを最初に押さえないと倒産します。

企業内の事業部門の場合には、本社が支えている限り倒産することはないですが、独立している企業と同様の目線で、どこがマズイか早急に調べ上げましょう。大抵の場合、無駄な在庫やルーズな投資など、あれこれ改善すべき部分が見つかります。また、そうした改善点も見つからないのに資金繰りが苦しくなっている場合には、根本的に事業の継続に問題があるか、経営の責任を負っている責任者の手腕に問題があるか、ということになります。

前者に関しては、事業の状況を、事業部門と一緒にじっくり見直すということになるでしょう。ここから先は、「事業を見極める力」で見た、事業分析の内容とやることは同じです。基本的に、通常の企業の将来予測であろうが、事業再生モードに入った企業の再生計画であろうが、見るべき点は同じです。ただ、異なるのは財務状況が急を要していることもあり、**時間的な切迫感が全く異なる**ことが挙げられます。早く**小さな成功を実現しないと回復不可能になりかねません。**また、進むにしろ退くにしろ、**大胆かつ非連続な変化が必要となる**場合が多いです。これまでの延長線上でしか事業を考えることができない人材は不要です。したがって、責任者は、実力本位で選びましょう。ここで変な形式論を振りかざしているヒマはありません。社内にいなければ社外から招きましょう。終身雇用も終わろうとしている時代に、有能な人材を社内外問わず求めるのはむしろ当然です。こうした「事業再生」にエース投入を惜しむ風潮も未だありますが、実は**事業再生の経験は、経営者としてのトレーニングにまたとない機会**でもあります。

また、通常の事業部門において「事業を見極める」場合には、双方向型の計画策定プロセスを踏むことが大事だと申し上げましたが、事業再生の場合には、本社と事業会社が一緒になって、早期に見直しを図り、ともに実行することが大事です。火事になっているような状況下で、「指図する人、実行する人」などと分かれていては全く時間が足りません。特に、本社から送り込まれる人材は、ともすれば本社の顔色ばかりうかがって、机上の空論を振り回しがちです。対象となる部門や会社に骨を埋めるつもりで、現場の人々とタッグを組み、総力を挙げてやりましょう。そのための人的資源を正しく投下することも必要ですし、時間を節約するために、意思決定プロセスを短くしておくことも忘れてはいけません。また、どうしても**自社の手では再生が難しいということであれば、早いうちに別の「より良い」オーナーを探すことも必要**です。多くの場合は、八方手を尽くして駄目だったと確信してから漸く売却相手を探したりし始めますが、その時には既に人心も離れて再起不能になっていたりします。実際に売却するかどうかは別として、早いうちからそのシミュレーションを行っておくことは不可欠です。企業は「生もの」でもあります。時間の経過とともに問題は大きくなっていくばかりですので、早いうちに難しい決断をすることも必要です。こうしたことはいずれも、本社が真剣に関与しないとうまくいきません。

2 新しい芽を育て続ける

次に、本社機能という観点では取り上げられることの少ない〝戦略的〟投資家としてのインキュベーション機能、についてです。実社会では、何かしらヘンなことを考える人が次から次に現れて、そのうち世界を変えていったりしますが、企業内部では、**黙っていてはなかなか新しい試みというのは生まれません**。それは当たり前で、既存の組織は既存の事業を営々と続けるために最適化されているからですね。既存の事業を改善する、とか、新たに何かを付け加える、といった対応はできますが、既存の事業を日々回している立場からすると、全く新しいものを生み出すというのは至難の業です。

1 本社におけるインキュベーション機能

新規に収益源を確立していこう、といった際に取り得る手段は、①**自前で作る**、②**買ってくる**、のどちらかです。この2つは、**常に比較検討されなければなりません**。最近では、業務提携などのいわゆるアライアンス、あるいはオープンイノベーションなど「一緒にやる」という形態も盛んですが、その場合でも結局のところは、ある事業に進出しようと考えた際に、それを内部の資源を使ってイチから立ち上げるのか、それともすでにその経営資源を持っているほかの会社に依拠して始めるのか、という2つのどちらかを取ることになります。

この時に考えるべきは、それをやるだけの資源が内部にあるのか、ということです。人材や資金といった資源はもちろんですが、新規事業、といった時に切っても切り離せないものは、その「タネ」があるのかどうか、つまり技術など新規事業の核となる要素がすでにあるのかどうか、ということです。これは、企業の研究開発（R&D）などともと直結します。

どちらにしても新しいことを始めるわけなので、本節ではこれらの要素を、**新規事業創造機能**として扱います。まずは、自前の経営資源で、新規事業を考えることについてみていきましょう。

次に、M&Aなど外から経営資源を取ってきて新しい展開を考えること、をみていきます。M&Aといった手段が特殊なマネーゲームであった頃は、そうした比較はほとんどなされなかったでしょうが、いまやM&Aは経営を行っていくうえで普通に考えるべき手段のひとつになっています。実際にやるかどうかは別として、新しいことを始めるうえでは、必ず検討すべき選択肢でしょう。

2　新規事業開発への取組み

新規事業を自前で行う際に考えるべきことは星の数ほどあります。ここでは、本社の仕事につながりそうな点に絞って、ひっかかりそうな問題を中心に3つの要素に大別して見てみましょう。

①　新規事業のアイデア出しの問題

② 具体的な進め方の段階
③ 新規事業を育てる組織の問題

まず、「何をやるか」というアイデア出しの問題です。そもそも「何をやるか」よくわからない、まだ決まっていない、という状態自体がマズイですね。企業はそもそも「やりたいこと」があって起業する存在ですから、「やりたいこと」がないのであれば止めればいいのです。しかし、そうはいかないのが既存企業のつらいところ。もう出来上がってしまった巨大組織を存続させるためには、どこかに成長の種がないとまずい、ということになります。「これをやりたい！」という有望な提案が事業部門から続々と出てくるのであればまだしも、何だか冴えない話ばっかり、たまに出てきても著しくおカネがかかる割には儲からなさそう、などということが続きます。本社としては、既存事業の寿命がそう長くないと見ているからこそ、その枠組みを超えるような「タネ」を期待しているわけですが、なかなか出てこないとやはりあせります。新規事業探索チーム、などというものを立ち上げて遊軍的に事にあたらせたりもします。ここで陥る第一の問題は、すぐに**「何か新しいこと」「何か大きいこと」をやりたがる**、ということです。

青い鳥を探しに行かない

人間心理としては非常にわかりやすいですね。新規事業なのだから、何かあっとヒトを驚かせるような新しいものでなくてはならない、これまでに自社になかったようなものでなければならない、などと考えるのも無理はありません。かくて、新規事業探索チームは、書を捨てて町に出て、新しいものを探して足を棒にして帰ってきたりします。また、新規収益源の確立が重要課題であるような場合というのは、裏を返せば、これまでドル箱だった事業の収益性低下が顕著になってきて、早くその事業の収益を補完、あるいは代替できるような新しい収益機会を見つけ出さなければならない、といった状況であることがほとんどです。ところが、こうしたドル箱事業は、当然ながら規模も大きいです。そうなってくると、人々の期待はおのずから「それだけの規模に見合うような収益をいずれ上げてくれるような（相応の規模の）ものの」がないか、といったあたりになってきます。たとえ、「最初のうちは小さくてもいいから」などと言っていても、着手する段階で大きく広がるような見込みがないと、「何だかつまらないなあ」とか、「あまり拡張しないんじゃないか」などと言いはじめるのが関の山です。こうした「何か新しいもの」「何か大きなもの」を探し続けるのは、まさに青い鳥を追い求めるのと同じです。これはまず成功しません。寓話の結末通りです。

ドル箱事業の代替を探さない

この傾向は特に大企業で顕著であるように見えます。多くの大企業は、当然ながら多種多様な事業を抱えています。その中で経営資源を最も多く使い、最も発言力が強いのは、たいていの場合、自社の出自となる事業です。もともとはその事業を始めたことから企業の歴史が始まった、最も古い事業、といってもいいですね。愛着を持つ人も多く、様々なしがらみも多くあります。そして、こうした事業は多くの場合、「かつて」ドル箱だった事業、なのです。つまり、今ではあまり振るわないということですね。戦後まもなく勃興した事業も、今はとうに還暦を過ぎています。そろそろお疲れの時期ですね。事業のライフサイクルとしては、すでに衰退期に入った事業です。様々なリストラや再編を経て、次の事業へとバトンタッチしていくことが必要です。

ところが、多くの場合、このバトンタッチはうまくいきません。全社的なポートフォリオを考えた場合には、そこから経営資源を引き揚げて、これから伸びていく事業に投資していくのが鉄則です。これこそ本社のやるべきことです。しかし、これをやると、場合によってはOB・OG（OGは古い事業の場合にはまず居ませんが）も含めた、「愛着を持つ関係者」からの反対の大合唱にあいます。事業の責任者というのは、その事業をいかに伸ばしていくか、が自らの使命と心得ていますので、自分が預かった事業から経営資源を引き抜くことにやすやすと同意するはずはありません。したがって、本社が行う新規事業探索には、内心賛成していなかったりもします。で、こう主張します。「もし、本当に我々の事業規模を代替できるような新規事業があってそれが成長していくのなら、もちろん協力は惜しまない」……。

自社の強みを考え直す

かくて、新規事業探索の責任者は、保守本流の事業を丸ごと代替できるような、有望で、規模も大きく、全く新しい成長が約束された分野はないだろうか、と日々悩むことになるわけです。でも、ちょっと考えればすぐにわかることですが、そんな分野は「あるはずはない」のです。この成熟した市場において、そんな手付かずのニューフロンティアがあったら、とっくの昔に誰かが手がけています。これまで長い年月をかけて育ってきた事業規模に匹敵するような事業のタネが、そこらにごろごろ転がっているはずもありません。しかし、「青い鳥がいるはずだ」との社内の声は、なかなかこの努力をあきらめさせてはくれません。

では、どうすればいいのでしょう。答えは簡単です。**青い鳥はいない、ということをしっかり認識する**ことです。それでは新規収益源の確立ができないではないか、とお嘆きのあなた、悩むことはありません。寓話の結末をもう一度思い出してください。青い鳥が最後にいたのはどこだったでしょうか。そうです、自分の家ですね。新規事業探索もこれと同じです。本当は、**自社が強みとするところ**を改めてじっくりと考え直し、本質的な強みから生まれる小さな事業のタネを大事に育てていくことにしか解はありません。自社が強くもないばかりか、やったことも見たこともないことに手を出して失敗した例は枚挙に暇がありません。果敢に挑戦するのは悪いことではないですが、単に、そこに強みがなければ失敗するだけのことです。

どのように進めるか

アイデア出しの問題に続いて起こるのは、進め方の問題と、組織の問題です。これらは2つともかなり絡まりあっていますが、まず、本社部門として「進め方」を考える際に守るべき要件をいくつか挙げましょう。ひとつには、先ほども出たとおり、**「自前」と「買収」の比較検討を必ず行う**こと。それに加えて、「買収以外のアライアンス」などという形もありましたね。資本を持つまでに至らなくても、業務提携をすると大きな効果が見込めるとか、ライセンスインすることが非常に重要だとか、あるいはキーパーソンだけを引っ張ってこられれば大成功だとか、色々あります。これらも含めて、どのように進めれば当初の目的を達成できるか、十分検討しましょう。検討にあたっては、次のことが要求されます。

しっかりと将来予測を作ること。これはM&Aでもアライアンスでも同様ですが、特に新規事業を自前で行う際には気をつけていただきたい点です。全く新しい世界に出るのだから、細かい事業計画など作っても仕方がない、という声をよく聞きます。しかし、これは先述したように、一寸先は闇なのだから将来を考えても仕方がない、というのと全く同じです。未知の海原に出るからこそ、航海予定や海図は不可欠です。本書の将来予測に関する章をお読みいただき、ぜひ新規事業にもあてはめてください。数字まで落とすことも必要です。マイルストーンを作ることも必要です。もちろん、既存事業に比べて、当初の予測と実際に走り始めた後の実績の乖離は、新規事業では大きくなりがちです。

したがって、新規事業に対して、既存事業でやっているような細かいレベルの予実管理はほぼ無意味ですが、それは予測しなくていいということとは全く別の話です。予実管理に血道をあげるよりも、大局的な視点から乖離分析を行い、新規事業担当チームと密にコミュニケーションをとることが、本社部門の役割です。新規事業担当チームは、得てして熱くなりがちです。とても良いことなのですが、その分、計数的なことには手が回らなくなったりします。しっかりと、メトロノームを打つ役割を演じてあげましょう。また、必ず出てくる反対者とどう接するかを考える、という役割も重要です。単にやっかみやひねくれで反対しているなら、どう抑えるかを考えることになりますが、**反対者の中には意外に、その新規事業を大きく伸ばすようなきっかけとなる意見を持っている人たちもいます。**こういう人たちとは健全な議論を戦わせたいですね。

事業と検討していくうえでの課題などもオープンにし、あえて反対意見を募ることで、市場に出てしまってからでは遅かった様々な失敗をくいとめることもできます。**新規事業の成功のために、反対者にどう接するかという難しい役割は、ぜひ本社が買って出てほしい**ものです。

組織内での位置づけ

このためには、最後のポイントである「組織における新規事業の置き方」という点が大事になってきます。これは、新規事業の重要度や、既存事業とのリンクの程度によっても変わってきますが、大事なのは、独り立ちできるようになるまでは、本社部門がきちんとバックアップできるような組織体制にしておく、ということです。既存事業の傘下のそのまた傘下あたりにぶら下げておくと、経営資源配分に関する意思決定権限を持つのが既存事業の責任者（もしくはその下）になってしまいます。既存事業に大いにプラスになるような新規事業ならそれでも良いでしょうが、既存事業部門側が「継子いじめ」をすることもあります。大きな責任を負っている割には、あまり資金は回してもらえない。ひどい場合には、「新規事業開発も大事だけど、今この事業部門は忙しいのだから、ちょっと既存事業のほうにも力を回してほしい」などと言われて、担当者が兼任になってしまったりします。これは苦しいですね。しかも、こうした事情が本社部門まで届かなかったりすると、新規事業担当チームは孤立します。

トップの庇護が必要

一方、本社直属のチームにすればよいかというと、それも必ずしもうまくいくとは限りません。事業部門の賛同を得られず、「組み合わせたい技術や事業」の提供をやんわり断られてしまったり、そうした情報が入ってこなかったり。本社側だけでは情報に限りがありますから、これまた担当チームは孤立します。グループ経営者の新規事業にかける意気込みはひしひしと毎日伝わってくる一方で、足元で兵糧攻めにあっているようなものですからこれもまた非常につらい。こうした、「新規事業担当チームの悲劇」は多くの場合、その仕事がトップの実体ある庇護を得ていない、と社内が認識することから始まります。庇護するふりだけしているトップはよくいます。「今後の我が社を担う試みだ」とかナントカ。しかし、それに経営資源配分がしっかりとついていなければ、たちまち見すかされてしまいます。どのように経営資源配分をきちんと行うか、は本社の仕事です。このさじ加減によって、新規事業のタネは生きたり、死んだりします。

基本的にはゴーサインを

新規事業の進め方や組織について見てきましたが、実は、こうした問題に直面「できた」新規事業はまだ幸せかもしれません。多くの新規事業の「タネ」は、この段階までも到達できずに消えてしまいます。**最初の「タネ銭」を張ってもらうことができない**からです。

企業における投資には、陥りやすい罠があります。97ページで紹介した、事業のライフサイクル仮説を思い出してください。事業が軌道に乗り、成長期を経て今や成熟の段階に至ったようなときには、投資の効果は著しく減少します。市場自体はもう成長しないので、投資をしたとしてもそこから回収できるキャッシュフローには限界があるのですね。ところが、こうした事業に対して、企業は投資をしてしまいがちです。それも巨額の投資を平気で許してしまいます。なぜでしょう。その事業が成長期にあった時に、投資をすれば事業が伸び、伸びれば儲かり、また投資ができるという好循環を経験してしまったことが組織知として蓄積されているからです。そうした成功体験を皆が知っているので、少々成長が鈍化したことには目をつぶり、乾坤一擲、ここは頑張って資金を投下しよう、などという意思決定は簡単に通ります。しかし、これは企業の寿命を縮めます。その企業において主力の事業で乾坤一擲の投資などしたら、その金額は莫大です。失敗したら企業の寿命を左右しかねません。そして、成熟期にある以上は（衰退期に向かう以上は）、その投資の成果は昔のようにはもたらされないのです。こうして、多くの企業が傾き始めた事業に過大投資をして失敗し、屋台骨を揺るがせます。

ここで言いたいのは、そんな投資は止めて、**新規事業にもっとゴーサインを出せ**ということです。ところが、これは簡単ではありません。誰もその事業が伸びるのかどうか、確たることは知りません。将来大きく伸びるような事業は、最初はだいたい「ヘン」ですから、守旧派の集中砲火にあったりします。組織の論理は守旧派に都合のよいように作られていますから、新しいことにチャレンジする人々にとっては大変不利です。「君、そんなこともわからないで会社のカネを使おうとしているのかね」なんて言われたらへこみますよね。

かくして、「我が社の主力事業だがなかなか成長は見込めない既存事業」にいとも簡単に何千億円の投資がなされ、「右も左もわからないけれども、成長の種になるかもしれない新規事業」には、何百万円の投資でも認められないということが起こってしまいます。しかし、前者が失敗すれば企業は存続の危機に直面しますが、新規事業への「タネ銭」など、いくら投資したって、そう大きくは影響を与えません。むしろ、ベンチャー育成と考えれば、千の機会に投資をして、3つ花開けば大成功、といったレベルでしょう。1,000のプロジェクトに100万円ずつ投資したって、せいぜい10億円にしかなりません。超大企業であれば、それで会社がつぶれたりはしないでしょう（企業規模の異なる場合には、単位を変えて考えてください）。要は、**既存事業への過大投資は会社をつぶすがよく行われがち、新規事業への投資は将来を開くかもしれないが過度に節制しがち**、なのです。本社はこうしたバイアスにも気を遣う必要があります。もしかしたら将来に花開くかもしれない新規事業の芽を、既存事業に凝り固まった視点でつぶさないようにしましょう。そういう意味では、あまり新規事業に対してノーばかり突きつけていても、将来の発展はありません。特に、その新規事業に熱意を持っており、ボールを持って走る当事者となる覚悟がある人がいるなら、まずはやらせてみることです。

3　研究開発機能をどうするか

新規事業開発を考えていく際に、最も重要な機能のひとつは、**研究開発機能**です。どこの企業にも何かしらの「タネ」を生み出す機能があり、それは「××研究所」であったり、「××開発部」であったりします。新規事業のタネの宝庫ですね。

しかし、宝の持ち腐れになっている場合も多くあります。ひとつには、先に見たように組織の中での置き方に問題がある場合。本社部門と事業部門のどちらに研究開発部門を置くかというのは、先にも見た通りよくある課題です。連続的な変化のもと、事業が順調に成長している時は、スピードや物理的な距離を考えて、成長していて経営資源を多く持っている事業部門の傘下につけておいたほうが手っ取り早い、ということもあるでしょう。今の時代は、どちらかといえば本社部門の下につけて、どこかの事業部門の占有になることを避け、次世代の成長に資するような経営資源配分を行いやすいようにしておくことのほうが優先順位は高いかもしれません。そのほうが、様々な事業部門が柔軟に活用しやすいです。

ニーズとすり合わせられる体制

大きな問題になるのは、帰属が明確ではなく指揮命令系統が乱れていたり、研究開発部門が梁山泊化してしまって、誰の言うことも聞かない閉鎖体系を形作ったりしてしまっている場合です。研究のための研究を行うようになってきたら、企業の研究所としては、やはり改革を考えなければなりません。企業における新しい事業は、**企業側が持つ宝であるところの事業のタネ、即ちシーズと、顧客が持つ事業のタネ、即ちニーズとがうまくすり合ったところにチャンスが生じます。**顧客のニーズを伝えても届かないような、あるいはシーズが外に出てこないような研究開発部門になっていないかどうか、改めて見直してみましょう。ただし、ニーズをあまりに聞きすぎても困ります。本来なら事業部門レベルで改良すれば済むような軽微な変更が研究開発部門に丸投げされ、担当者の時間と労力を無駄に使っているかもしれない点にも注意が必要です。

見直しは、研究開発プロセスの進め方にも及ぶべきです。というのは、研究開発部門の側は、自分たちがせっかく行った研究開発が経営トップや必要な部門にきちんと伝わっていない、という思いを抱きがちだからです。多くの場合、研究開発の報告がごく限られた機会にしかできない、とか、ごく限られた人員にしか行われないといった、機会の少なさが問題として挙げられます。研究開発部門と、事業部門との交流や、経営トップとの意見交換などを頻繁に行わせるような仕掛けが必要です。こうした「業際を刺激する仕組み」を作るのは、本社の仕事でしたね。

研究開発ポートフォリオマネジメント

この仕組みを動かしていくうえで、ひとつやっておきたいことがあります。研究開発部門側の、研究開発ポートフォリオのマネジメントです。なぜかというと、研究開発部門と事業部門との交流を増やしても、研究開発部門が一体何をやっているのか、それがどう使えるのか、などがきちんと伝わらないことが多いからです。伝わらない原因は色々ありますが、最もよくあるのは、「言語が通じない」ということです。研究者は、自分の行っている研究に関して熱弁をふるうかもしれませんが、それが事業側でどう活用できて、どういったニーズにマッチするのか、には全く無頓着である場合が少なくありません。また、自分の研究が、全社的にどういう位置づけがなされるものであるのかを把握していないことも多くあります。こうした中で熱弁をふるわれても、一体何を言っているのだ、ということになります。

意外にスムーズに進む研究開発のマネジメント

幸いなことに研究開発ポートフォリオマネジメントは、企業全体の事業ポートフォリオマネジメントとやることがほとんど同じです。自社の研究分野を取り巻く大きな環境変化を把握し、その中で自社が強みとする要素は何か特定し、そこへの経営資源配分を決め、具体的な研究開発計画を策定させてそれを実行する。実行の結果は評価して、フィードバックにつなげる。こうした一連のマネジメント・プロセスを、研究開発部門にも取り入れましょう。意外なほど同じなので、あまり大きな苦労なくできるはずです。**研究開発部門の人たちは、最初は抵抗しますが、やってみると意外にすんなりなじんでしまうことが多い**です。事業の将来予測など先に紹介した一連の作業は、テンプレート化することも容易です。定量予測に落としたりプロジェクションを作ったりするのは、理系の方にはお手のものです。また、扱っている分野が研究開発なので、事業よりも雑音が入らないクリアなポートフォリオマネジメントが可能でもあります。ここが整理されてくると、研究開発部門以外の人たちにとっても、自社の「タネ」の何が使えるか、に関して、飛躍的に理解度が向上するようになりますので、ぜひ試してみていただければと思います。

また、「タネ」となる研究開発の内容、たとえば新しい技術などは、それを使った製品やサービスとは分けて管理しましょう。そうしないと、製品が技術以外の別の理由で終売となったりした時に、せっかくの「タネ」も一緒に「お蔵入り」になってしまいます。何ともったいない。自社のお宝は大切にしましょう。

4　オープンイノベーションとアライアンス

自前だけでは限界がある

最近ではこうした自前での新規事業開発や研究開発には限界があるとして、「オープンイノベーション」なるものもよく言われるようになりました。自前ですべてを行うことを「クローズドイノベーション」というのに対して、自社以外の技術などを駆使して、他社と協力して行う開発のことをよく「オープンイノベーション」と呼びます。もともとは、ヘンリー・チェスブロウという経営学者が、その著書の中でオープンイノベーションを取り上げ、こうした動きが盛んになりました。自前でじっくり作り込むことを許されるほど、時間も求められるレベルも甘くはなくなってきているので、ソトに補完できるアイデアや技術を求めよう、ということです。ここでいう「ソト」は、同じ企業同士ということもあり得ますし、大学や研究機関、自社とは全くプロフィールの違うスタートアップベンチャーなど色々です。また、以前は「イノベーション」というと「技術革新」と訳されていましたが、もちろん技術だけに限られるものではありません。様々な成長のためにアイデアや知見、そういったものを自力だけではなく、他力も借りて花開かせようということです。

こうした新たなネットワークの構築についても、本社はぜひ縁の下の力持ちとして頑張っていただきたいと思います。ただ、よく見られる〝悩ましい事態〟というのもありますのでご注意を。最大の問題は、**「オープンイノベーション」という言葉が素敵過ぎるので、皆さんがやりたくなってしまった結果、目的と手段が逆転してしまいがち**なことです。〝次世代へのタネをしっかり仕込んで成長すること〟が目標であり、その手段として〝他力を借りてもよし〟であったところが、〝とにかくオープンイノベーションな

果が上がってこその取組みかと思います。

し、相手の持つタネと如何に組み合わせて美味しいタネにするか、という努力ができ、きちんと儲かる成

るものをやること〟が必達目標になっていたりする事例も多くあります。自分が持つタネをきちんと提供

大企業とスタートアップベンチャーとの思惑違い

成熟した大企業と、成長真っただ中、あるいはまだこれから成長を成し遂げたいというスタートアップベンチャーとのコラボレーションもよくみられます。最近は「協働」などという言葉もよく聞きますね。老舗でブランドやネットワークの力などを含む経営資源を手厚く保有している大企業と、そうしたものは何も持たないながらアイデアにあふれるスタートアップベンチャーの組み合わせは、前者が後者に経営資源を提供し、後者が前者にアイデアを提供することでうまく回っていきそうな感じもします。それで成功を収めている企業もあるでしょう。一方、実は失敗例も死屍累々だったりします。多くの場合は、**時間軸の違い**がこの「結婚」を妨げます。スタートアップベンチャーは、「明日にでも」と言ったら、本当に明日何か動くことを考えます。経営資源も限られていますし、悠長にしている時間はありません。一方、大企業はその速さについていけません。「決裁を取るのに1ヶ月以上かかる」ということになります。これではものごとは進みませんね。

逆もあります。大企業であればブランドもあり社会的な責任も問われることも多く、なかなか滅多なことはできません。その代わり、いったん公式に決めたことであれば粛々と動きます。一方、スタートアップベンチャーは失うものは無いので、結構危ない橋を渡っていたりします。法的な規制すれすれのところで動いているから儲けられるのだといったことが、協働を始めてみてようやくわかったりもします。こう

なってくると、コラボレーションもなかなかうまくいきませんね。

アライアンスとは何か

こうしたコラボレーションは、アライアンスという形を取って行われることもあります。なにやら片仮名が多くて嫌ですね。要は「連携」「提携」のことです。複数の企業が、お互いの利益のために何らかの協力関係を築くことをこう呼びます。オープンイノベーションも、実際に動き出せば多くはこういった形を取ることになります（もちろん、後に見るM＆Aといった形も多用されます）。自前では持っていない経営資源を他社が持っていた場合、その他社と組むことでその経営資源を活用できることになり、企業間のシナジーを働かせることができます。

アライアンスには、大別して2種類あります。ひとつは**業務提携**。特に株式保有などにはこだわらず、一緒にやろうという業務領域や分担などを取り決めて連携することです。一方、その連携をより強固なものにするため、お互いに株式を持ち合ったり、一方が他方の株式を保有したりすることもあります。これを**資本提携**と言います。コーポレートガバナンスが厳しくなってきた時代には、安易な持ち合い株式などには批判が多いところですが、株式を保有することで、株主の持つ権利を活用して相手の状況をよりよく理解することもできますし、ある程度意思決定に影響を及ぼすこともできます。もっとも、資本提携という場合には、多数の株式を持つことはまずありません。3分の1以上持てば拒否権を発動できてしまいますし、過半数を持てば大多数の議決を左右できてしまいます。多くの資本提携の場合には、そこまでを望んでいるわけではないので、少数株主としてとどまることが多いようです。また、一方がたとえば研究開発のための資金を必要としている時に、株式調達に応じるという形で資本提携を行うこともあります。この場合には、明確にアイデアという経営資源と、おカネという経営資源を交換しているような形になりますね。これがもっと進んだのが、実際に企業の売買をしてしまうM&Aということになります。

アライアンスのメリット・デメリット

こうした提携のメリットは、何といっても手軽にできるということです。最近は、もっと手軽な「この企画、一緒にやろうよ」的な動きも企業間で増えてきており、こうしたものをコラボレーションといい、もう少ししっかりと提携分野などを吟味して契約を取り交わし、企業として連携を行うことをアライアンスということも多いですが、いずれにしても法律でこうだと定められているわけではありません。その分、手っ取り早くやりやすいのですね。また、提携しようというくらいですから、既に「出せるもの」は両社とも持っています。これから作るわけではないので話も早いです。スピーディーに、自分に無いモノを補って成果を出せる可能性があるのは良いですね。

一方、良いことには必ずウラがあります。提携で揉めがちなのは、成功した場合の利益配分ですが、これはどこでも一緒ですね。提携を開始した時にしっかり契約で決めておけばよいことです。

より大きな問題はリスクマネジメントです。自社内ではしっかりとリスクマネジメントを行ったつもりでいても、提携している企業がとんでもないことをしでかしたがために自社も多大な損害を被った、という例は多くあります。これも契約でその際の処理を決めておけばある程度のカバーはできますが、一度被った損害はなかなか元には戻りません。それがブランドの失墜だったりしたらなおのことです。

また、情報漏洩やノウハウ流出、セキュリティなどのリスクもあります。相手が意図的であるかそうでないかはともかく、自社内であれば万全の管理ができていたのに、相手側に管理を委ねることによって、その管理水準のコントロールが難しくなり、絶対に出してほしくない技術情報が外部に流れたり、或いは連携企業がハッカーの侵入を受けた場合に自社も被害にあってしまうなどということも起こり得ます。

さらに、提携がうまくいかなくなって解消する時には、誰がどこまでの成果を得るのかなどについて泥沼の戦いが待っていることもあります。いずれにしても、提携時の契約をとことん考え抜くことがまず大事ですが、契約によって金額的な損失はカバーできたとしても、それ以外の様々なマイナスは取り戻すことが難しかったりもします。アライアンスは、自前と買収との間を埋める良い方策でもあり、今の時代に求められている解決策でもありますが、これとてもバラ色ばかりではないことは記憶に留めておいてください。

3

そのM&Aは本当に必要か

さて、さきほど「自前」か「買収」か（もしくはアライアンスの諸形態か）といった検討はぜひ行ってほしい、と申し上げました。自前についてはは散々見ましたので、では次に、「買収」等の話です。最近はM＆Aも経営における当たり前の選択肢となってきて、事例にも不自由しなくなりましたが、では成功しているかというとなかなか難しい面もあるようです。特に、国境をまたいだM＆Aなどは非常に盛んですが、買った後に苦労している日本企業も多いのではないでしょうか。以前、グローバルなM＆Aを成功させているとみられる企業（海外企業およびいくつかの日本企業）にインタビューを行ったことがありますが（ご関心がある向きは、拙著「成功するグローバルM＆A」（2010年、中央経済社）をご覧ください）、事例によって様々な成功体験、あるいは失敗を避けるコツ、などが語られる中で、次の6つだけは、ほぼ共通して強調されていた成功への鍵でした。皆さんの会社では、これらは意識されているでしょうか。

1　M&Aの成功に向けた6つの鍵

1　すべては戦略に始まる
2　スピードは日頃の準備から
3　支払いすぎない
4　シナジーを必ず実現する
5　経営管理で妥協しない
6　信頼を築く

M&Aはひとつの「手段」に過ぎませんが、その手段を取ることによって、他の手段とは比べ物にならないほど、企業グループに大きな影響を与えます。よく、M&Aが総合芸術だといわれるのは、会社の値段はいくらか、といった財務的な話から、事業の将来予測、全社戦略と事業ポートフォリオ、はたまた経営管理や企業統治、さらには企業理念に至るまで、あらゆる経営の側面に影響を及ぼすからです。「自前」で新規事業を育てても自社の企業理念は揺るぎませんが、企業買収をすればそこから考え直さなければいけなくなることもあるかもしれません。

したがって、その検討にあたっては、極めて慎重であるべきです。**図表40**にまとめたようなこれらのすべての要素について、確実に解を出せるようでなくてはなりません。一方で、M&Aの難しさは、これらすべての要素を**「ほぼ同時に」動かして成功させなければならない**ところにあります。スピードが非常に重要です。経営のすべての側面における抜本的な見直しを、非常に限られた時間で同時並行的に進め、成功裡に企業価値を上げられるのか？　Ｍ＆Ａが突きつけている課題はこれです。こう考えると、課題が多くても当たり前、という気がしませんか。

2　手段ではなく目的化する

最初のカギは、「すべては戦略に始まる」です。先ほどの成功のカギを逆に考えると、日本企業が陥りがちな罠になります。最もよくありがちなのは、「戦略なきＭ＆Ａ」ですね。Ｍ＆Ａというのは、戦略目標を実現するための手段のひとつでしかないはずなのですが、いつのまにかＭ＆Ａをやること自体が目的化してしまって、いったい何のためにそれをやるのか、がおろそかになってしまっている事例が多いように思います。

Ｍ＆Ａ案件は、色々なところから日常的に持ち込まれるようになってきています。そうすると、やるかやらないか、というのは、単に候補リストから採り上げるかどうかという選択になりかねません。投資銀行が持ってくる様々な案件はどれも魅力的に見えます。彼らもせっせ

図表 40　M&A がもたらす影響

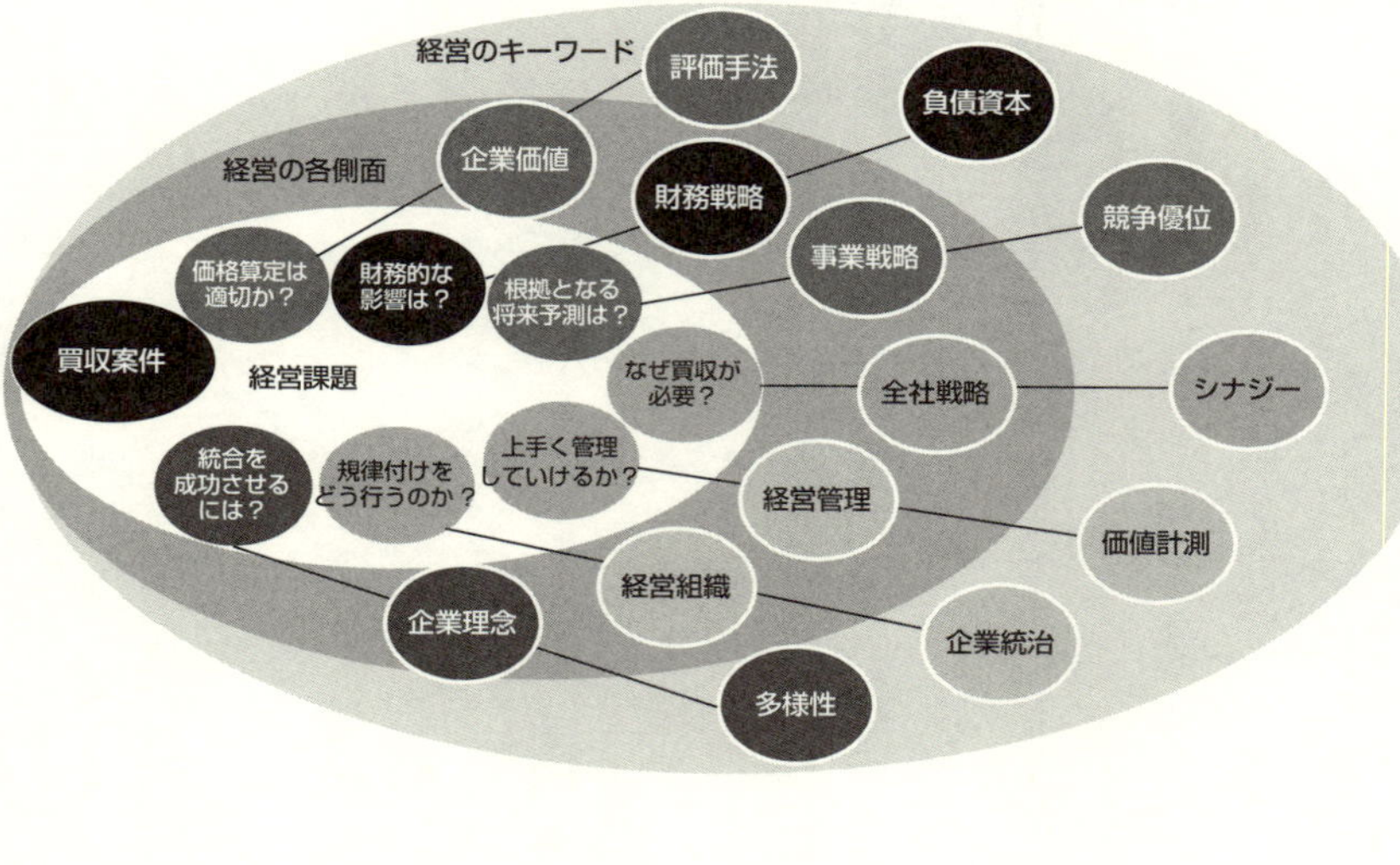

とディールの実施を勧めてくるでしょう。彼らにとって、M&Aディールを仕上げることは「目的」ですから当然です。

でも、事業会社の皆さんにとってはそうではありません。事業において目指すところを実現するための、単なる手段にしかすぎません。したがって、**M&Aを検討するにあたってまず考えるべき第一の質問は、「その目的は何か?」**です。事業の成長のため、といいながら、投資家への言い訳や金融プレイヤーの言いなりになっていないか、十分考える必要があるでしょう。あまりやったことがない事業会社ほど、M&Aをやるとなった場合にはディールの成功のみに眼がいってしまいがちです。また、成長戦略を求める投資家の圧力に何とか応えようと、中期経営計画の発表において、「今後はM&A戦略をとります。資金は××千億円を用意しています。どこの分野で何をするかはこれから検討します」などといった発表をする企業も後を絶ちません。

しかし、これほど投資家を馬鹿にした説明もありません。投資家は、そもそも「自分では事業がよくわからないから、それをよくわかっていて事業の将来像をきちんと提示してくれる代理人に資金を委ねる」存在です。代理人がとりあえず資金を積み上げておくことしかできず、そのうち投資しますとしか言えないようであれば、委ねた資金を返せ、というのが投資家の言い分です。未熟な投資家が多いと、こうした失礼な計画発表があっても株価が上がったりするので困ったことですが。ただ、見ているヒトはきちんと見ていますので、こうした恥ずかしい経営計画は一刻も早く取り下げましょう。M&Aはあくまで何かを追求するための「手段」です。何を追求しているのか、最初に自問してしすぎることはありません。

なぜM&Aでなくてはならないのか

目的が十分な根拠を持つ場合、次の質問は**「その目的は、本当にM&Aをやらなければ達成できないのか？」**です。M&Aは、企業価値の具現化であり、「外科手術」であるといえます。先ほど見た影響の大きさの通り、当然、痛みも後遺症も伴います。こうした荒療治をやることが本当にベストかどうかは意外に省みられません。M&Aではよく「時間を買う」といわれます。しかし、無事に統合されて期待する成果を上げるまでの時間を考えれば、自社で新規に事業を立ち上げるのと比べて、本当に「早い」のかどうかはよく考えたほうがよいかもしれません。要らぬ統合負担を負ったがゆえにかえって回り道になることもあるからです。また、「資産を買う」ともいわれますが、本当にほしいものが買えるのか、ということも考えなければなりません。海外の話ですが、ある名門広告会社が、大手の新興広告会社に買収された時には、その傘下にいることを嫌って有力クリエイティブ・ディレクターが皆辞めてしまいました。最も重要な資産（この場合は人材）に抜けられてしまえば、目的が達成できる望みはほとんどありません。

こうしたことを十分に考えて、なおかつ自社にない経営資源を外部から採り入れなくてはならず、そうでなくては当該事業の戦略は実現しない、ということに確信を得たなら、そこで初めてM&Aという「手段」をまともに考えてみてもよいかもしれません。

3　なぜスタートダッシュができるのか

自社の戦略目標の実現手段としてM&Aしかない、となれば、では実地に移すために**「何を、いつ、どのような価格で買えばよいのか」**という検討に移ります。この検討段階での意思決定が、多くの日本企業では実にあいまいです。「いつかはあそこと一緒になりたいなあ」だけでは物事は進みません。お目当ての企業がいまどういう状況なのか、買収に応じるような可能性はあるのか、あるとすればその企業の誰を攻めればよいのか、いくらだったら買えるのか、いくらだったらやめたほうがよいのか、どのように買収を行って、どのように統合計画を進めていけば当初の目的を達することができるのか、すべて考えておく必要があります。そんなにたくさん考えられない、という方々は、M&Aに安易に手を出すことは思いとどまったほうがよいかもしれません。買ってしまってから「どうしよう」と思い悩んで失敗する企業の方がはるかに多いのですから。

事前のシミュレーションは可能な限りすべて行っておきましょう。これらを行うと、実際にM&Aを実行した時に、条件がどのように変化したら撤退すべきなのかといった撤退基準も明確に示すことができます。また、いざお目当ての企業が売りに出た時に、瞬時に反応することもできます。気がついてみたらお目当ての企業は他社に取られてしまい、業界地図が塗り替わっていた、などということのないようにしたいものです。「スピードは日頃の準備から」というのは、こういうことを指しているのですね。

なお、本節ではM&Aについて主に買収の場合を取り扱っていますが、売却の場合にも「スピード」と「日頃の準備」は大切です。何年もかけて漸く売却の意思決定をして、そこからおもむろに価格算定をし、終わった頃にはすっかり売り時を逃していた、という事例は結構多そうです。

4 やたらと支払いすぎる

支払いすぎて失敗する、という事例は、こと日本に限った話ではありません。世界中に存在するM&A

の失敗例の主要な原因は**「支払いすぎ」**です。どんなに良い企業を買収しようと、その企業が将来に生み出すキャッシュフローよりもはるかに高い金額を支払っていれば、企業価値は永遠に買収時価格を上回ることはありません。かくして減損という事態に陥ります。当たり前の結末ですね。ですから、これを避けるために、M&Aの際に必ず行われるのは、**徹底的な将来事業予測の検証（将来生み出せるキャッシュフローと、生み出す理由の把握）や、それを基にした撤退基準の設定、さらには買収後のモニタリング指標の設定**です。

すでに見た通り、このあたりは日本企業の苦手なところ。負担感が大きいところです。何となく、高度に専門的、技術的なことのような気がして、投資銀行などに任せようとしたりもします。

しかし、ディールが大きければ大きいほど手数料が多く入るのであれば、投資銀行は金額を吊り上げることに躊躇しませんし、そもそも事業の背景などについてはあまり関心がありませんから、プロジェクションの背後にある事業の将来像やそのリスク要因が克明に分析された結果が出てくることを期待するのは無理です。事業の将来を的確に反映していない「事業予測」に基づき、しばしば楽観的な将来像が組み立てられ、それによって買収対象企業の価格は吊り上げられます。吊り上げられた分は「プレミアム」と呼ばれ、「買収にはつきものです」ということで納得させられたりします。プレミアムは確かにつきものですが、あまりに高いプレミアムは別についてくる必要はありません。

要は、**自社がおカネを払って得るものにどういう価値があるのかくらいは自分で算定すべき**、ということです。M&Aに慣れた企業では、専門チームを設けて事にあたらせているくらいです。「チームを組める人材などいない」のであれば、M&Aはあきらめるか、本当に良いプロフェッショナルを見つけるか、専門人材のキャリア採用を行うか、という対策が必要です。昨今は最後の選択肢も多く採られるようになっています。また、日頃から「見極める力」の水準を上げるような取組みをしているかどうかも大きく影響してきます。

しっかりと事業予測を行うことと並んで重要なのが、**切った張ったのディールになる前に、「この金額ではペイしないからやめよう」といった撤退基準を持っておくこと**です。しかし、痛い目にあわないとなかなか設定できないものでもあります。事実、設定されていないケースは相当多く、結果的にディールの最中に「熱くなって」、止める者もいないままに高い金額を支払ってしまうことになります。競争相手でもいればなおのことですね。これも、通常から投資実行や撤退基準をきちんと持っているかどうかが影響します。

ちなみに、M&Aを連続的に成功させている企業は、この基準を駆使するのが非常に上手です。特に、事業売却の判断を行う際に、基準の充実ぶりは威力を発揮します。こうした企業では多く、成長の果実を十分に味わい、成熟期から衰退期に入る前に惜しげもなく当該事業を売却します。将来予測や企業価値評価を日常的にきちんとやっている企業からしてみれば、「先は見えた」状態になってくるからですね。

まだ暫くキャッシュフローは出てきますし、市場での評価も高いので相当な値がつきます。ベストタイミングで成熟事業を高い値で売り、次の事業の成長の種に資金を回すことが可能になるのです。一方で、戦略と準備と基準に乏しい企業から見れば、そうやって出てきた売り物は、ぴかぴかのブランドと磐石な市場地位を謳歌しているように見えるかもしれません。つい高値でも飛びつく、ということになりがちであり、このことも「やたらと支払いすぎる」理由なのでしょう。

5　シナジーを必ず実現する

シナジーに関しては、先に述べた通り「定量化」と「本社の関与」が不可欠です。シナジーを生み出すといえば聞こえはいいですが、そのためには労力も必要ですし、時間もコストもかかります。M&Aを行えば自動的に実現されるというものではありません。一方、シナジーという言葉自体は、皆さんいずれも耳にタコができるほど聞かされ続けています。改めて俎上に載せるのも嫌、だから「実現したこと」にしておこう――こんな取扱いも目につきます。

すでに述べた「定量化」や「本社の関与」などについては187ページ以降を見ていただくとして、ここでは少し違った観点から、シナジーの実現に不可欠な点を付け加えておきます。

それは、**「M&Aのディールまでをやる人」と「M&Aが終わった後の統合をやる人」を分けない**ということです。要は、**「言いだしっぺは最後まで責任を持ちなさい」**ということですね。これは結構重要です。なぜならば、売上目標が実現できないから無理なM&Aを仕立てて、ディールが終わったらさっさとどこかに移っていくような事業責任者が結構いるからです。それも多くは経営陣の一角を占める人々だったりします。当初華々しく打ち上げたシナジー効果は、よく見てみたら張子の虎だということも少なくありません。そんな絵姿だけ残されても、実際に統合作業に携わる人々は困ります。こんな事態を避けるために、M&Aでは必ず「戦略を作る人」＝「ディールをやる人」＝「統合作業に関わる人」を一致させましょう。少なくとも責任者のレベルにおいて、これは必須です。そうでなければ、当初に思い描いたシナジーを必死になって実現させることも、そのシナジーを見込んで適正な価格を交渉することもできないでしょう。

6　プロフェッショナルに使われない

ここで、プロフェッショナルをうまく使うべし、ということにも触れておきましょう。M&Aには投資銀行をはじめ、弁護士や会計士、コンサルティング会社など様々な専門家が登場してきます。これらに対して莫大な費用を払っているにもかかわらず、うまく使うことができていない場合も多いです。各々の専門家についての理解がないままに全体のまとめ役を投資銀行に丸投げしてしまっていたりします。

投資銀行はディールを完了するためには必要ですが、終わったらいなくなってしまいます。本当にそのM&Aが企業にとって良いのかどうか、といった戦略的フィットの検討や、統合計画の策定にはふさわしくありません（彼らは、ディールが成立しなければ仕事にならないので、M&Aは止めたほうがいいですよ、とは口が裂けても言いませんよね）。もし、こうしたことをプロフェッショナルに相談したいなら、戦略コンサルタントに相談すべきです。逆に、彼らをディールの時に使っても大した成果は通常上がりません。彼らは金融の世界の人間ではないからです。

また、コンサルにも色々あります。中には、売上を増やしたりコストを下げたりする手伝いは得意ですがバランスシートについてはからっきし駄目、というタイプも散見されます。会計に特化していたり、オペレーションのお手伝い（アウトソーシングなど）を得意としていたりするコンサルもいます。こうした中には、戦略については実は苦手という場合も多いので、何が得意なコンサルなのかをきちんと見抜くことも必要です。いずれにせよ、こうした専門家は、**「使う」のであって、「使われる」「お任せする」ではいけません。専門家が何を専門としているのか、何が得意で何が苦手なのか、ということを知悉し、それらをコントロールしてM&Aという総合芸術を仕上げていくのは、ほかならぬ自社であるの**だ、ということを肝に銘じましょう。

ただ、だからと言って自前で全てを行うべし、というのではありません。M&Aなどはやはり経験がものを言う分野です。場数をこなしている有能なプロフェッショナルの存在は重要です。加えて、プロジェクトのリーダーやメンバーがM&Aの知見や経験を多く持っているかどうかも問われます。素人だけが集まって何とかなる、という世界ではありません。同様のことは、最近よく見られるコーポレート・ベンチャー・キャピタル（CVC）などの取組みにも言えるかと思います。

7 イベント化させない

企業が苦しむことが多いのは、ディールが終わった後のプロセスです。いったんM&Aが始まると、企業の関心はほとんどディールの完了に向けた財務的なプロセスに集中してしまいます。やるべきことが満載で、刻一刻と変わる状況に機敏に対処していかなければ間に合いません。一方、統合計画のほうは、まだ先方の事情がよくわからない、といったこともあって後回しにされがちです。

しかし、ディールに携わる投資銀行などの関係者にとっては、M&Aはディールが完了すれば文字通り終了ですが、企業にとってはディールの完了は「これからスタート」の合図です。**前者にとってはM&Aはイベントに過ぎませんが、後者にとってはこれから長く続くプロセス**だということですね。当初定めた目標も、思い描いた将来予測も、発揮しなければならないシナジーも、実現するかどうかはすべてこの統合後の計画にかかっているのです。第1日目から、統合の成功に向かって力強く踏み出したい……のに、第1日目に何をやるか決まっていない、のでは、先が思いやられます。M&Aにおいては、何をおいても統合計画を先に決めなければなりません。相手先企業のことでわからないことは調査したうえで推定するなり、仮説を置いておくなりすればいいのです。シナジーについてはもちろんのこと、統合後の事業戦略および統合そのものの計画は、必ず相手にアプローチを始める前の事業戦略フェイズでいったん作っておいてください。ここで仮説ができていないと、その後は進んでいくディールに忙殺されて考える暇はなかなかありません。また、ここで仮説があれば、その後の交渉やデューディリジェンスなどで新たな情報を得て修正していけばよいわけですが、何もなければ得た情報を生かすこともできません。確かに、作らなければならない統合後計画は膨大です。しかし、全く予測不可能なことに対処するわけではなく、考えてみれば必ず起こることばかりです。ぜひ早目のご準備を。

8　経営管理で妥協しない

経営管理の重要性については、本書でも繰り返し述べていますが、この充実度が問われるのがまさにM&Aの統合フェイズにおいてです。異なる管理体系を持った異なる企業を、自らのグループ内に取り込んで管理しようというのですから、**自社の管理体系をいかに迅速に被買収企業に〝インストール〟し、しっかりと理解して活用してもらうか**は死活問題です。

ところが、日本の企業は意外にこの点に関して注力しません。理由は3つほどあります。ひとつは、そもそもインストールすべき経営管理のプラットフォームを持っていない、もしくは十分ではない、ということ。本書で見てきた「左脳的な企業価値」を向上させるための様々なプラットフォームが充実していないがために、被買収会社との間で適切なマネジメントサイクルを回せないとか、被買収会社からの情報の吸い上げや情報交換がうまく行えない、といったことが起こります。これは、被買収会社側から見ても実は困ります。このグループに入ったからには企業価値向上に貢献しようと決めたのに、本社の側は、事業計画について突っ込んでくるでもなく、成果指標を示してくるわけでもない。目標について、またそこに至るマイルストーンの見方について、本社の態度があやふやであればあるほど、被買収会社のモチベーションは下がります。したがって、実際にはM＆Aをやる前に、まず自社の経営管理基盤がしっかりしているかという点を見直す必要があります。また、なかには「買ってみたら被買収会社のほうがはるかに進んだ経営管理を行っていた」などという場合が、特に欧米企業の買収においては起こります。そちらを使ったほうがどう見ても良いのであれば、ぜひ使ってください。変なプライドは無用です。その代わり、ぜひやっていただきたいのは、経営管理のプラットフォームを全グループに広げていくためのプロジェクトチームに被買収会社のメンバーも入れること、そしてそのプロジェクトチームには必ず3ヶ月程度の期限を切って成果を出させること、です。期限や成果などについてのプレッシャーがないと、こうしたチームはモラルハザードに陥りがちです。場合によっては、経営管理基盤を被買収会社に人質にとられてしまいかねません。この点において変な温情は要りません。経営管理で妥協しない、という中にはこうした意味も含まれています。

9　自立分権と放任は異なる

次によくある理由が、「対等の精神で統合するのだから押し付けは良くない」という考え方です。自社のやり方を「インストール」するなんてとんでもない、我々は相手のやり方を尊重して自立自走を目指したい、地域特性や事業特性も異なるし、それこそが連邦的な企業グループのあり方として適切ではないのか——お気持ちはよくわかりますし、もちろんそうするほうが適切な場合もあるでしょう。問題は、自立分権を謳いながら、実は単なる放任になってしまっている場合です。各社のやりたいようにやらせる、自主性を重んじるというと聞こえはいいですが、だからといって本社が仕事を放棄してよいはずはありません。自由には責任が伴います。このことを忘れがちな本社や事業部門が多いように思います。グループ全体として左脳的な企業価値を向上させ、右脳的な企業価値を追求していく責任をステークホルダーに対して負っているのですから、そのために事業部門が何をすべきか、本社はそれをどう束ねるべきか、はしっかり考えなければなりません。

これは、本社が事業部門をマイクロコントロールすべき、という話ではありません。もちろん、そういう強い中央集権型の組織を作っている企業もありますので、それはそれで構いません。一方で、自立分権型の組織を目指すのであれば、通常のプロセスは事業部門に委任し、多くの権限を委譲して自由にやらせればよいでしょう。ただし、権限や自由を手にするからには、「これだけは守ってもらうよ」という責任や義務についても、同じだけ考えてもらわなければなりません。**結果責任はきちんと取る**ということですね。また、**その結果責任についてはきちんと見ることのできる経営管理の仕組みはやはり必要**です。地域特性や事業特性によって異なる部分は、どうぞ当該事業部門にお任せください。でも、様々な事業がどのように企業価値を向上させているのかがわからない本社では、仕事をしていることにはなりません。

10　対等の精神は本当に有効か

また、これは国内企業どうしの合併・統合に多いパターンですが、対等の精神を尊重するあまり、お互いのやり方に全く関与することなく、場合によっては両社の上に新たに統合のためだけの持株会社まで設けて会社を分けておくことがあります。統合に伴う様々な外科手術をせずに何とか穏便に済ませたい気持ちはよくわかりますが、**統合によるシナジーは著しく出にくくなります。**もし、両社が同じ領域で同じ事業を営んでいるのであれば、通常は**水平統合による規模の経済を享受したいはずなので、その効果が本当にその分断された組織体制で得られるのか**については首をかしげざるを得ません。そうした事情からか、過去に持株会社を作って傘下に既存企業をぶら下げる形で統合した企業が、時間が経ってから改めて合併する例なども見られます。

対等の精神を強調するあまり、PMIの際に腰が引け過ぎて買収した企業に対して何も手を入れることができず、結局望んだシナジーを実現できていない企業も結構あります。シナジーを実現できていないだけならまだよいのですが、こうした**PMIの失敗は、グループガバナンスの困難や戦略実行の遅れ、場合によっては不祥事の温床にさえなります。**買収した側が手を入れないのをいいことに、買収された側は何か独立国家のような意識をもってしまい、リスクマネジメントや内部統制の眼が行き届きにくくなるからです。大企業における不祥事の結構な割合が子会社や関連会社発で起こっていますが、その中にはもともと買収によって傘下入りしたけれどもそのグループの企業理念や経営手法を受け付けず、対等で迎えられたという自我だけが肥大して無法地帯のようになってしまっていた企業も結構混じっています。そうなってしまった側にはあまり悪気はないので余計厄介だったりします。M&Aの当初を穏便に済ませようとするあまり、その後何十年も苦労する、という事態は避けたいですよね。しっかり踏み込んで新しい体制を作りましょう。

11 「信頼を築く」ことの重要性

経営管理が「左脳的な企業価値」の向上に効くとすれば、「右脳的な企業価値」を追求するために重要なのは、信頼を築くことです。何を突然、と言わないでください。M&Aの最も難しいところのひとつは、**論理の世界から感情の世界への切り替え**です。事業戦略を考えるフェイズ、財務面でのディールを考えるフェイズにおいては、論理と数字を駆使した、それこそ左脳的な頭脳をフルに用いることが求められますが、買収後の統合、PMIフェイズにおいては、それだけではなく人の感情へのマネジメントが最も重要です。何といっても必要なのは、第1日目に、新しい経営陣が従業員へ積極的な明るいメッセージを送ることです。必ず最初の日に、直接、全員に対して行うこと。**社内回覧やメールで済ませるのはやめましょう**。綺麗ごとの並んだ表面的なメールを読んで心浮き立つ社員などいません。実際に顔が見られて、合併であれば両社の首脳が仲よく並んで明るく談笑していることがわかるといいですね。できれば直接顔を合わせるのがベストですが、きちんとその絵柄が伝わるのならビデオレターなどでも構いません。必ず当日に従業員の元に届くようにします。海外であれ、支社であれ、同様です。

逆に、情報不足は従業員の士気を著しく下げます。ただでさえ、従業員は不安定な心理状況におかれます（**図表41**）。経営陣がどう行動し、どんなメッセージを従業員に送ってくるかは徹底的に観察され、従業員の次の行動を規定します。

また、リストラを行うような場合にはその対象者に向けたコミュニケーションプランは前もって決めておき、いつ、どこで、誰が、どのように、何を言うかすべて入念に練習しておくことが必要です。そして、それを早く行うこと。長引けば長引くほど、自分が対象なのではないかと不安に駆られる従業員の士気は下がります。企業は生モノなので放置はやめましょう。逆に、絶対に残ってもらいたいキーパーソンについても同様です。具体的に期待している役割まで含めて、新会社における将来のポジションを明確に把握してもらえるようにしておくこと。人材の問題は、不足はあってもやりすぎということは決してありません。このように、常に従業員のモチベーションを上げることを経営陣が意識して行わないと、士気は下がるばかりになってしまいます。

もうひとつだけ人材に関して付け加えておくと、海外でも事業を展開している大企業は、海外「現地従業員」と括られる人々への情報伝達が著しく悪くなりがち、という点に注意を払うべきです。詳しく

図表41　M&Aが起こった場合の従業員の心理の変化

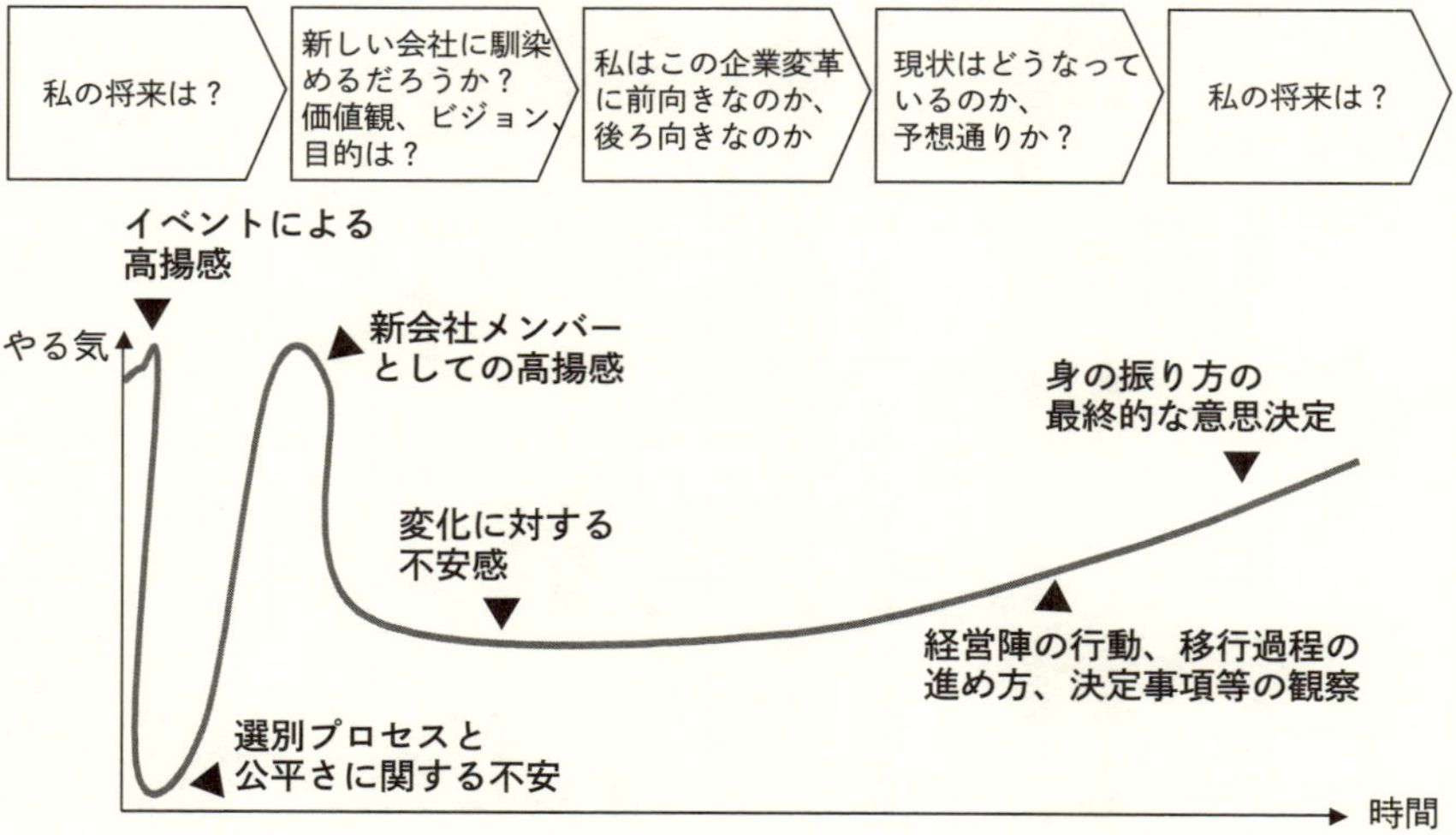

は最終章で述べますが、多様な人材に対するきめ細かな対応がどこまでできるか、が試されるのがＭ＆Ａといってもよいでしょう。これは、自社の海外人材に対しても、買収先の人材に対しても同様です。

12　そのマネジメントを信頼できるか

従業員に対する積極的なコミュニケーションと並んで重要なのが、買収した企業のマネジメントを誰に任せるか、です。それは今やっている人にそのままお任せ？　もちろん、その方との信頼関係が強く、目標もきっちり共有化できており、問題が起こった時の対応や責任関係も明確である、というのであれば何もいうことはありません。しかし、なかにはそれほどの信頼関係がトップどうしで結ばれているわけでもなく、それを補完するような詳細な契約が詰められているわけでもなく、責任や権限はあいまいで、単に「今やっている人を変えると色々と面倒だから」という何だかしようもない事情でマネジメントを任せていたりします。そして、こういう場合はだいたい揉めます。

ちょっと考えてみればすぐわかることです。あなたは、自分の財産を信頼できない人に預けますか？　預けるときに問題があったらどうするかなど、きちんと決めておかなければという気にならないでしょうか？　そういうことは面倒くさいから放っておきますか？

企業経営者が資本市場からコーポレートガバナンスという規律付けを受けているのと同じく、グループ傘下の各社は、親会社という名のグループ本社から、**子会社ガバナンスといった形での規律付けを受けています**。日々の経営管理ももちろんですが、それは子会社という法人の動きを制するものです。子会社という法人を動かす役目を負った子会社の経営陣をどのように規律付けるのかという点については、コーポレートガバナンスの考え方が有効です。何といっても、グループ本社は子会社の株主なのですから。このあたりを次章で見ていきましょう。

第7章 「束ねる力」を強くする

CHAPTER 07

グループとして外部に発信し、外部からの規律付けを受けること、
個の違いを尊重し、オープンに発信できる機会を大事にすること。
これらの重要性はますます高まってきています。

「優れた人間とは、自分自身に多くを課す者のことである」
オルテガ

1 外部に向けて発信する

ここまで、本社機能のうち「見極める力」や「連ねる力」について見てきました。その中には、純粋に投資家として、投資先の事業の将来を見極め、その企業価値を評価する、という仕事もあれば、より戦略的な役割として、シナジーの発揮を支援し、新しい芽を生み出す、という仕事もありましたね。

ここから先は、「束ねる力」、すなわちグループの代表としての役割について見ていきます。本社は、外に向けてはグループを代表して経営資源の調達を行い、それとともにグループの方向性などを発信して説明責任を果たし、利害関係者との関係を維持、向上させていく役割を負っています。一方、内部に対しては、「なぜグループとしてひとつでいることが良いのか」を発信し、グループの結束力を高めるということも必要です。このあたりは、「右脳的な企業価値」にも関係してくるところです。

⑤ 外部に向けてグループを代表し経営資源を獲得する機能
⑥ 内部に向けてグループをひとつにしていく統括機能

まずは前者から見ていきましょう。

1　企業を取り巻く関係者たち

企業を取り巻く関係者達には、どのような人たちがいるのでしょうか？　まずは、「やりたいこと」の先に**「お客様」**がいますね。法人であろうと、個人であろうと、この「お客様」が企業の作ったモノや提供するサービスを認めておカネを払ってくれないことには始まりません。企業の「売上」を決める存在です。また、モノやサービスを企業が作り出すにあたって、その原材料などを提供してくれる「取引先」という人たちも必要です。これは企業の側が「原価」なり「販売管理費」などの形で費用を支払う人たちですが、金払いがあまりに悪かったり、あまり感心できない業務ばかり押しつけられたりすれば、付き合いを嫌がるようになるかもしれません。

この「やりたいこと」のために、「先立つもの」を手当てしてくれる人たちもいます。おカネを借りれば**「債権者」**という人たちとのお付き合いが始まります。銀行や、あるいは社債市場の投資家といった人たちですね。「営業外損益」として金利を支払ったり、バランスシート上の有利子負債の大きさを気にしなくてはなりません。いつかはおカネを返さなくてはいけないので、その時にキャッシュフローが安定的に生み出せているかも大事です。

返さなくてよいおカネを都合してこようとすれば、それを用立ててくれるのは「株主」という人たちです。「税引後当期純利益」から配当という形でリターンを得たり、株価の上昇自体で儲けたりします。通常は議決権があるのでモノも申します。株式会社、という形態であるからには、株を持っている株主というのは結構重要な存在なので、これは追って詳しく見てみましょう。

さらに「取り組む人」たち、すなわち**「従業員」**も忘れてはいけません。「取引先」同様、企業の側が

「原価」なり「販売管理費」などの形で費用を支払います。金払いが悪かったり、あまり感心できない業務ばかりやらせていたりすると、最近は他に移ってしまうことも多くなってきました。大量生産・大量消費が主だった時代には管理しやすい均質な「労働力」が重宝されましたが、現在はそうではありません。最近は、多様な情報の質やアイデアの豊富さが企業の成功を決める時代です。同じような頭で考えるより、色々違った頭で考えるほうがこうした時代には向いています。ひとりひとりの多様な「個性」や「才能」がより重要になってきているといえるでしょう。

こうした企業を取り巻く人たちの中には、**「国や地域社会」**といった存在もあります。昔は単に税金を取るだけ、規制を守らせるだけ、の〝お上〟と対峙していればそれでよかったかもしれません。しかし、最近ではそうではありません。このあたりも多様化してきました。工場をひとつ作るのでも、その地域の人たちと十分に話し合い、環境の問題などを乗り越えていくことが必要です。NGOやNPOなどといった団体が、企業が社会において無責任なことをしていないか監視したり、社会に対して素晴らしい貢献をした企業を表彰したり、といったことを行うようにもなってきました。

利害関係者に対する説明責任

これら、企業活動に何かしら関係してくる人たちをまとめて**「利害関係者（Stakeholder）」**といいます。何かしら利害があるので、企業としてもかなり気になりますし、結構たくさんいて大変です。しかも、企業の「やりたいこと」が当初からわかっていて、手放しで応援してくれる人たちばかりでは必ずしもありません。中には、「とにかく環境に悪いことは絶対反対」「そもそもオタクの会社知らないけど」といった人たちだって多く混じっているわけです。でも、こうした人たちなどは蹴散らしてとにかく「やりたいこと」をやればいいかというと、それはちょっとあまりにも我儘ですよね。「関係者には支払うもの支払っていればそれでいいだろう、何か文句あるか」という態度では、立派な大人にはふさわしくありません。

2　企業の社会的責任

人間がひとりでは生きていけないように、企業もひとりだけで儲けようとばかりしていることはできません。社会的な存在ですから、それに見合った責任を持って、大人の行動をしてほしいわけです。これを、**「企業の社会的責任（CSR：Corporate Social Responsibility）」**と呼んだりします。「ただ儲けて払うものだけ払う」ということを「経済的責任」だとしたら、それだけではないだろう、色々な関係者と社会的にもつながっておりそのうえでの責任があるだろう、ということです。これは今や「あって当たり前」の話ですね。経済的責任ばかりを追求した結果、公害を起こしたり大事故を起こしたり、といった過去の例から、人間も少しは賢くなっているのかもしれません。しかし、だからといって企業がみな社会的責任を全うしているかといったら、残念ながらそうではない企業もまだまだあるのが実情です。

利害関係者たちの側も、昔と異なり今でははっきりと物を言うようになってきています。したがって、この人たちとの関係をきちんと考えておくことはより重要となっています。ある関係者との関係が悪くなれば、瞬く間に他の関係にも影響が生じます。コストばかり重視して、お客様に品質の劣る商品を売ってしまったら事故になって不買運動が起き、売上に甚大な影響が出てしまった。このニュースに反応して株価はストップ安。対応に必要な資金を工面するために銀行に駆け込んだが、不良品を出すとはどうしたことかと厳しく問い詰められた。工場近くの住民からは管理はどうなっているのかと詰問されるし、会社の評判はがた落ちで辞める従業員も出始めている——などという悪夢のような連鎖は、決して絵空事ではありません。こんなことになれば、企業が目指した「右脳的な価値」の実現も、「左脳的な価値」の向上もむなしくなってしまいます。あるいは、企業の行動のせいで将来の地球環境や地域社会が甚大な影響を被ってしまうかもしれません。大変ですね。

株主もそうした重大さに気づいたのか、**ESG（Environment, Social, Governance：環境・社会・ガバナンス）投資**といった見方も注目されて久しくなってきています。また、国や地域社会といった利害関係者の連携機関である国連からも**SDGs（Sustainable Development Goals：持続可能な開発目標）**といった枠組みが示されました。アルファベット3文字略称満載ですが、このあたりについては、後ほどまた見ることにしましょう。

経営者は「規律付け」られている

利害関係者ときちんとした関係を作っておくことは、まずもって経営陣の仕事です。関係者たちは、経営陣が率いる企業が、どのようにきちんとした関係を作り、保ち、伸ばそうとしているか、を常に見ています。経営陣の努力がプラスに働けば、お客様は企業が作るものを大いに信頼して、長年のファンになってくれるかもしれません。従業員はやりがいを感じて生き生きと働き、活力があり生産性の高い企業が実現するかもしれません。取引先は目一杯の協力を惜しまず、債権者は喜んでおカネを貸してくれ、事業にいそしむことで株主にも十分な見返りを渡すことができ、彼らの満足度も高まります。

逆に、経営陣が関係者たちとの関係に心を砕かないとどうなるでしょう。お客様は不満を感じて「もう買わない」と言うかもしれません。取引先は「付き合うのを止めた」、従業員は「もう辞める」、債権者は「おカネを貸すのはやめておこう」、株主は「株を売ってしまおう」あるいは「株主総会に行って経営者に文句を言おう」といった行動に出ます。しっぺ返し、というと言葉は悪いかもしれませんが、経営陣のプラスの行動にはプラスが、マイナスの行動にはマイナスが返ってきます。正直言って、あまり悪いことはできません。つまり、**経営陣はこうした関係者からのフィードバックにより「規律」付けられている**のですね。

3　企業統治と情報開示

この、経営者と関係者たちの間に働く「規律付け」の関係を、小難しくいうと「企業統治」ということになります。〝統治〟というのは何だか支配、被支配を想起させるようであまり良い言葉ではありません。もともと、**「コーポレート・ガバナンス（Corporate Governance）」**という英語を訳したものですが、Governanceという言葉が持つ意味は本当はかなり異なります。ただ、もうこの訳語で定着してし

図表42　コーポレート・ガバナンスの関係者達

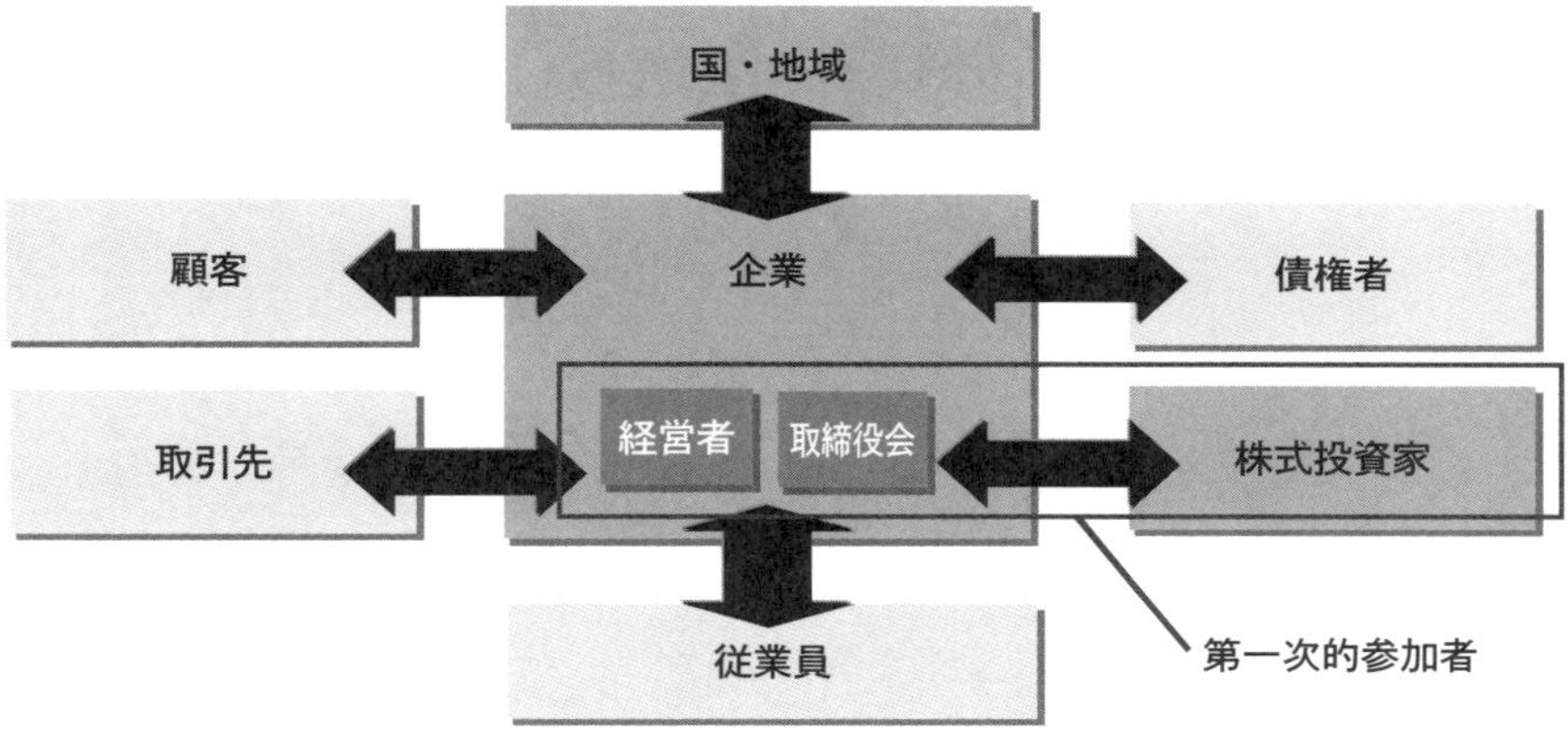

まったので、このまま使いましょう。詳しく知りたい方は、拙著「これならわかるコーポレートガバナンスの教科書」(日経BP社、2015年)、および続編の「ESG経営を強くするコーポレートガバナンスの実践」(日経BP社、2018年)、「サステナブル経営とコーポレートガバナンスの進化」(日経BP社、2021年)をお読みください。また、2015年に制定され、2018年と2021年に改訂されたコーポレートガバナンス・コードに関する説明も、こちらの本に譲ります。

経営者というのは企業の中では大きな権力を持っています。それを使って企業が良くなるために粉骨砕身すれば、素晴らしい名経営者とたたえられるかもしれません。一方で、人間というのは弱いものですから、放っておくと単に威張るだけで仕事をしなくなったり、好き勝手に暴走したり、といった経営者も出てきます。そういうことにならないよう、「経営者という〝猫〟の首に鈴をつける」というのが企業統治の役割です。

権力は腐敗する

「猫の首に鈴をつける」などというと、「そんなに経営者が信じられないのか」「米国型はすぐ性悪説に走ってけしからん」という方々が必ず出てきます。しかし、「悪いやつで信じられないから規則でがんじがらめにしておく」ということと、「規律付ける」ことは同じ意味ではありません。経営者だろうが関係者だろうが、人間がやっている以上そこに間違いは必ず起こり得ます。19世紀の英国の歴史家アクトンは「絶対的な権力は絶対的に腐敗する」といいました。そうした〝絶対的〟な状況に陥らないために、**相対的な眼**でちょっと見てみましょう、ということです。

それに、「性善説にのっとった日本の古き良き経営」(そういったものがあるとして)では、経営者はみな神様のようなヒトだったのでしょうか？　むしろ、そういう人が希少であったからこそ、幾人かが名経営者として後世に名を残しているようにも思えます。昔は、成長という錦の御旗のもとに、顧客や取引先は規模が大きくなればそれで満足し、従業員は日本型経営システムに支えられ、債権者や株主はメインバンクシステムに守られていたゆえに、あまり問題が表面に出てこなかっただけで、成長が止まってくると様々な〝企業の悪事〟が表に出てきました。古くはロッキード事件やリクルート事件、あるいは深刻な公害を引き起こした数々の問題が、高度成長が終わって以降続出したのは偶然ではありません。その後も、今に至るまで企業不祥事は尽きません。これらを見ていると、やはり**〝絶対的〟になってはいけない**ということをひしひし感じます。そもそも、名経営者であるとか、名将であるとかいわれる人たちは、自分の周囲に耳の痛いことを言ってくれる厳しい助言者を置くことをとても大事にしていますよね。

利害関係者はみな神様か

当然ながら、こうした助言者の側もひとかどの人物でなければいけません。先ほどの企業統治に戻っていえば、企業を取り巻く関係者たちが経営者を「規律付ける」役目を負っているからといって、むやみにそれを濫用したり、お話にもならないような無茶なことを強要したりすることも、もちろん望ましくない、ということです。企業が、お客様の言うことであればすべて聞かなければいけないか、というとそれは違います。法律違反になるような要求を平気でしてくる顧客、企業が大切にしている理念を踏みにじるような顧客に対して「神様だから何でもご対応させていただく」というのは、それによって従業員の士気をくじいたり、企業を潰す原因となったりすることで、他の関係者たちの利害を著しく損ないます。同じ理由で、短期的な利益のみを要求してくる株主の言うことだけを聞く必要もありません。その株主の言っていることが明らかに理不尽であると思ったら、他の株主もいる株主総会の場で堂々とそれを訴えればいいことです。

こうしたときに、普段経営者が関係者の人たちとどのような関係を作る努力をしてきたか、が問われます。良好な関係を築いているたくさんの顧客がいれば、一部の悪質な顧客に対して毅然とノーを言っても大きな問題にはなりません。たちの悪いハゲタカファンドが株主総会に乗り込んできたからといって、他の株主が経営者の考えや会社の方向性をよく理解して支持してくれれば、いいなりになる必要はないですよね。

「やりたいこと」をきちんと伝える

では、関係者たちと良好な関係を築くにはどうしたらいいでしょうか？　一番大事なのは、何を「やりたい」のかきちんとわかってもらうことです。これは個人でも同じことですね。あなたが今何かどうしても「やりたいこと」があり、親兄弟から援助を受けたいとか、友達に仕事を手伝ってほしいとか思ったら、それについて言葉を尽くして説明するに違いありません。まあ、身内であれば最後は泣き落としという手もありますが、そうではない他の人たちにはきちんと納得いくような形で話をすることが必要です。

「やりたいこと」というのは確かに面白そうだし、言っていることは理に適っている。将来像もしっかりしているし、きちんと計画もできている、当の本人も真面目に働きそうだ――ということであれば、その「やりたいこと」に対して何らかの関係を持つのも悪くはないですよね。単純に儲かるかもしれないし、やりがいを感じられるかもしれないし、夢を見させてくれるかもしれない。こう思ってくれればしめたものです。ただ、そのためには、〝あなたが話したいこと〟を話してはいけません。説明すべきは、〝相手が聞きたいこと〟です。もちろん、嘘はいけません。虚偽申告は、その場しのぎはできてもいつかバレます。デメリットや起こるかもしれない悪い出来事を隠して、良い所ばかりアピールする誇大宣伝もいただけません。過剰な期待を抱けば、それが実現しなかった時の怒りや不満は何十倍にもなって返ってきます。また、ある人たちには白といい、別の人たちには赤というようなことがあっても信用されませんし、もう終わったような出来事をタイミング悪く話しても意味がありません。

「やりたいこと」について、分け隔てなく公平に、虚偽や誇張を交えずに、関係者たちが興味を持つポイントについてタイミングよくしっかりと語る、これが大事です。すなわち、**「情報開示（Information Disclosure）」**が必要なわけですね。日本では、「説明責任」を果たす、といった言い回しもよく用いられます。アカウンタビリティという英語の訳とされていますが、本当はちょっと意味がずれています。まあ、ここではそれは良しとしましょう。また、関係性という点に着目して、関係者への情報開示、**利害関係者へのリレーションズ（SR：Stakeholder Relations）**などと呼ばれることもあります。このうち、投資家に向けたものが**インベスターリレーションズ（IR：Investor Relations）**です。「投資家向け広報」という誤解を生む日本語訳もあまり使われなくなり、本来目指すべき活動が盛んになってきたのは良い傾向ですね。また、最近では、既に株を保有している株主を中心としたコミュニケーションを考えるということで、**株主向けリレーションズ（SR：Shareholder Relations）**も注目されています。もともとは、アクティビスト対策として、既存の株主を味方につける活動といった意味合いで用いられていましたが、最近ではより広く、**既存の株主への情報提供強化や建設的な対話の促進**、さらには企業にとって望ましい株主構成を考えて潜在株主の発掘に努めるといった活動まで含めてこう呼ばれることがあります。

ＰＲ（一般向け広報：Public Relations）という言葉もありますが、これはどちらかというと、企業が伝えたいことをアピールする宣伝の意味合いで用いられます。投資家向けの情報開示やIRといった場合には、関係者が知りたい情報を、正確に、適時に伝えることに重きが置かれます。特に、公表前の内部情報を一部の投資家にのみ伝えたりするとインサイダー取引規制に抵触してしまいます。公表前の内部情報を上場会社が第三者に提供する場合には、当該情報が他の投資家にも等しく提供されることを確保しなければならないことが定められています。これをフェア・ディスクロージャー・ルールと言います。

情報開示をしないとどうなるか

みなさんの「やりたいこと」を公明正大に発信することによって、利害関係者と呼ばれる人たちとの良い関係を築いていこうとしているわけですから、情報開示をしなければ、あるいは誤った情報開示を行うならば、この関係は当然ながら逆回転し始めます。地域社会の方々に環境への影響に関する情報を正しく伝えることなく工場などの建設を行ったり、偽装と知りながらそれを言わずに顧客にモノやサービスを買わせていたり、といったことが今どきどのような反応で迎えられるかはみなさんもご想像の通りです。学生や求職者に業務の実態を知らせずに職に就かせれば、ブラック企業呼ばわりされても文句は言えません。投資家に対して企業実績の虚偽報告（要は粉飾決算ですね）などしようものなら会社がつぶれる事態になりかねません。将来予測を知らせなければ、企業の将来に投資をする関係者たちはみな不安になります。株を売ってしまおうという人たちもいれば、株主総会で意見をしようという人たちもいるでしょう。情報開示に積極的ではない経営者はけしからん、クビにしてしまえ、などという人たちも出てくるかもしれません。そんなことはないだろうって？　いえ、世の中には敵対的買収などといったことも起こり得ます。今や事業会社間でも普通に行われるようになってきました。

こうした買収が成立するのはどのような場合でしょうか。ハイエナファンドが来ただけでは敵対的買収は成立しません。買収が成立するのは、「買うと言っている人が、今後企業価値を上げていくことが確かにできると、株主が納得した場合」ということになります。したがって、買うと言っている側は、これからどうやってその企業を経営し、企業価値を向上させていくかということを、広く株主に説明しないといけないわけですね。「何だこいつ、全くわかっていないじゃないか」と思われれば、株主は納得しません。したがって、そうした話をたとえば株主総会で主張してもらって、判断するといったことになります（**図表43**）。

情報開示は買収防衛の特効薬

逆に、買収が通ってしまうようなケースでは、「既存の経営者はそれまで株主を満足させていたのか？」ということが問われます。日夜企業価値向上に努力し、そのための道筋を株主に示し、理解を得ているような経営者は、買収者がきたとしてもそう慌てることはありません。そもそも、そうした企業を「さらに良くする提案」というのは、外部からはなかなか行い難いものです。**精一杯粉骨砕身している経営者が、株主の了解も得て良かれと思ってやっている経営戦略以上のものを、情報もほとんどないような外部の人間が、簡単に出せるはずはありません。**買収の可否を判断する株主総会というのは、冷静に考えれ

図表43　経営者と買収者の将来シナリオ

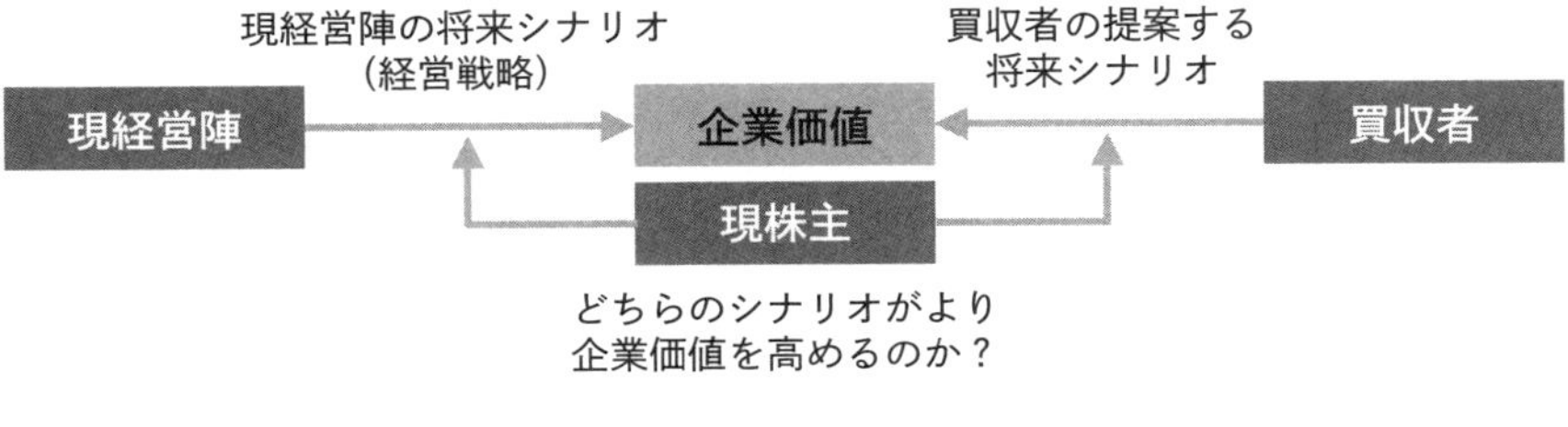

ばどちらの味方でもなく、「企業の価値をより向上させてくれる可能性が高いほうの味方」です。したがって、経営者と買収者の双方が、企業の価値を向上させる今後の方策について、いかにきちんと考えて株主を説得させられるか、その勝負が行われる場合になるわけですね。

言い換えれば、**経営計画をきちんと立て、情報開示を的確に行うことで、既存株主の日頃の納得感、満足感を高めておくことが、買収防衛の特効薬になる**ということです。将来、自分のおカネをどのように使ってリターンを上げ、自分に還元してくれるのだろうか、この問いにきちんと応えてくれる経営者は、株主にとっても嬉しい存在です。これは、短期的な見方におもねるということではありません。中期、あるいは長期で取組みが必要ならば、そしてその道筋に自信があるならば、その必要性、合理性をしっかり説明し、フィードバックを受ければよいのです。株主と対話しながら企業価値向上を図るということですね。日々企業価値向上に努力し、それを実現しているような会社は人気が出ますから、出来高も厚くなり、一部の投機家が変な動きをしても、全体として中庸な株主の見方がなされるようになります。こうしたまっとうな見方をする株主に対してきちんと応える、これが一番重要なことです。

一方、さきほど見たように、こうした企業価値向上努力を怠っているような会社にはまともな投資家がそもそも寄りつかなくなります。そうすると、一部の「投機家」が入ってきたときに、その意向がクローズアップされがちです。

何か事が起こってから慌てて事後対応をしようとしても、それは何かしら企業価値に対してダメージを与えるものになりやすいといえます。敵対的買収者を避ける際に行われる手段の究極のひとつである「焦土作戦」（敵対的買収者に魅力がなくなるように、企業の価値を生み出している資産を売却するなどしてはずしてしまう）などというのはその最たるものでしょう。

2 株式会社について考える

ここまで見てきた関係者たちとの「関係」の中でも、ちょっと特別なのが、「株主」と「経営者」の関係です。なぜでしょう？　皆さんの企業が「株式会社」だからです。会社は誰のものか、という深遠な議論はここではおいておきましょう。

お客様が満足し、取引先と良好な関係を保ち、従業員がやりがいを感じ、社会のためになっているような企業であれば、これら利害関係者の最後で分け前を得る「株主」もまた、十分な見返りにあずかれます。逆にいえば、こうした利害関係者を犠牲にして繁栄を謳歌する株主、というのは長続きしません。「株主のもの」「利害関係者のもの」という議論の立て方自体、あまり生産的ではないようにも思います。本節では、こうした観点から株主と経営者との関係に焦点を当てます。

1　株式会社は怪しい存在

「株式会社」とは、その名の通り、投資家が資金を出して細分化された持分を買うことで資金を企業に提供し、その持分の範囲で有限の責任を負うものです。株主は、通常、事業の運営を経営者に委ね、経営者は事業を行って利益を上げ、それを株主に還元します。日本では、規模が極端に小さくても株式会社形態を取ることが多いですが、一般的には、持分が自由に譲渡でき、株主は事業の運営を経営に委ねること（経営と執行の分離）がなされているような比較的規模の大きな企業を想定します。この形態は、もともと大航海時代のヨーロッパにおいて発達したものです。航海したくても金はなし。こうした冒険者達は、航海によって得られる莫大な富を配分することを見返りに、資金を出してくれる人を募りました。初期は、航海に出る際に出資を募り、その航海が終わるごとに配当を行い、清算、終了する形を取っていました。

しかし、何度も航海に出る冒険者にその都度資金を渡し、また受け取り、というようなことをやっていては面倒くさくてかないません。いざという時には返してもらうとしても、普段はまとめて預かっていてくれた方が楽。こうして、「まとめて預かっておく」形態、即ち株式会社ができたわけです。最初の株式会社は、そう、有名なオランダ東インド会社ですね。１６０２年に設立されました。

この「株式会社」形態、使ってみると便利です。ただでさえ航海前や後は忙しいのに、資金が集まるのかいちいち心配したり、受け渡しだけで忙殺されたりしては大変です。こうした面倒を取り除いたため、急速に普及し、貿易や植民地経営、はたまた国内事業に至るまで、「株式会社」が使われるようになりました。しかし、今でこそ一流大企業の証のように見えるこの「株式会社」ですが、当時は「怪しい存在」でした。投資家から資金を募っておきながら、航海にも行かずに夜逃げしてしまったり、大言壮語して出発したのに見るも無惨な姿になって返ってきてとてつもない損失を背負わせたり。

最も有名なものに、「南海泡沫会社」があります。これは、１７１１年に南米大陸との貿易の独占権を与えられて設立された英国の株式会社です。この独占権の見返りとして英国債の引受を行うことが議会で承認されたことなどを機に株価が急騰しましたが、その後、同社は全く利益を上げ得ないことが判明。株価は暴落し、設立者は大陸へ逃亡しました。「泡沫」、そうですね、バブルの語源ともいわれる事件です。こんな会社に資金を提供した投資家はもちろん大損です。とんでもないやつらだ、こんな怪しいやつらを野放しにしているのはまかりならん、と投資家はもちろん怒り心頭です。でも、怒っていてもおカネは返ってこないので、学習します。「今度はまともな経営者かどうかじっくり見定めてやる」「あれこれうまいことを言っているが、本当に良い事業なのか調べてやる」「怪しい経営者だったらとっちめてやる」——あまり穏やかではありませんが、とにかく「怪しい存在」である株式会社、そしてその経営者は、投資家の「じっくり見定めてやる」眼に常に晒されることになりました。これが今に至るまで連綿と続いている、投資家と企業経営者との関係です。

痛い目に遭わされてきた投資家

「いくら何でもこの現代にそんな怪しい株式会社はいないだろう」と思うあなた、それは大間違いです。ちょっとニュースをひもといただけでも、「××株式会社、不適切事案」、「△△株式会社、偽装工作」、「詐欺未遂、役員逮捕」などなど……。事業経営をお任せしたはずなのに一体何をやっているんでしょう、目を離す隙もありません。本書を読まれている経営陣の方々は皆さん清廉潔白に事業にいそしまれていることと思いますが、世の中にはこうした輩も多いのです。はるか400年も昔から、そんな人達に営々と苦い目に遭わされてきた投資家達が、資金を提供する以上は「しっかり見極めよう」、こう思うのも無理はありません。見極めるためにはまず情報をしっかり押さえないと。それゆえに、経営者には情報開示が求められるわけですね。その内容によって、投資家は経営者を規律付けます。また、現代には資本市場というものがありますから、こうした市場の仕組みとして「しっかり見極める」ための様々な仕掛けが導入されています。他の様々な利害関係者ももちろん、経営者に対する規律付けを行いますが、その仕組が最もシステマチックに整えられているのは、公開された株式会社における株主と経営者との関係です。

これは、あくまで**「経営者」に向けられた規律付け**であって、会社全体や従業員に対して向けられたものではありません。日本では、カイシャは皆一心同体、といった意識が強いので、外資系のファンドなどが敵対的買収をかけると、まるで自分のカイシャが滅亡するかのように騒ぎますが、本来は、「会社の価値を上げるはずの経営者が、どうもそれに邁進していないようだから、もっと良い経営者を入れて良い会社にしていこうではないか」ということなのですね。

いかに経営者を規律付けられるか

そうなってくると問題は、いかに信頼できる経営者を選ぶか、という話になってきます。逆に、経営者が信頼できなければ、「ちょっと他の人に替わっていただきたい」と声を出せる方がよさそうです。米国においてはこれが比較的容易です。企業の外部に非常に大きな経営者の人材プールがあるからです。これが悪く働くこともちろんあります。しかし、外部人材についてはどのような人材であるのか、株主もしっかり見極めることができます。一方、日本の経営者はほとんどが内部昇格です。単に出世の階段を1段ずつ登っていくと、有能と目された人材にはもう1、2段余計に用意されているということですね。内部昇格した人材が「本当に」有能なのかどうかは、株主からはあまりよく見えません。もしかしたら単にごますりがうまかっただけかもしれません。

この問題をすぐに解決するのは困難です。経営者人材が育つには時間がかかるからです。日本においても外部経営者人材プールはそのうち育ってくるでしょう。そうした人々が企業の中枢を担う日も来るかもしれません。一方、企業における内部人材プールからの経営陣昇格がそう簡単になくなるとも思えません。したがって問題は、この内部人材が本当に**「経営陣としての」教育を受けてきたのか、多くの人々の命運を握る「経営」という運転席に座って即戦力となり得るのか、**という点です。これまで長らく事業に携わり隆々とした業績を誇っているから大丈夫、なのでしょうか？　財務や経理などの専門分野一筋何十年、その分野のことなら何でも知っていればＯＫ、なのでしょうか？　残念ながらそうではありません。これらはすべて、「オペレーション」の世界だからです。新卒からこのかた、昇進ピラミッドを順調に上って役員となった方々の中には、従業員契約は解除して新たに契約を結び直しはするものの、経営に加わったという意味を真剣に考えたことがないような人も交じっているかもしれません。よくいわれる役員報酬の問題にしても、もし本当に役員であることの意味を理解し、やるべきことをやっているなら、部長から何割か増した程度の給料で役員などやっていられないような気もします。経営はそういうものではありません。先述の通り、ピラミッドをせっせと登ることに汲々とするのではなく、逆に頂上に立ってピラミッドの全貌を見渡し、何が必要なのか、何が不要なのか、常にリスクを取りながらあちら立てればこちら立たず、の難しい意思決定をしなければならないのが「マネジメント」です。そうした手腕は、専門分野を極めるのとは別の次元にあります。**マネージメントトレーニングの必要性**に昨今注目が集まっているのは、こうした理由があります。

プロフェッショナルを目指せ

かつての日本企業においては、出世のゴールは「重役」になることでした。重役という言葉も死語になりつつありますが、昔で言えば、「取締役」になることだったのでしょうね。しかし、この言葉の定義は大きく変わりつつあります。誰もが目指す出世のゴールから、経営の執行を監督する立場へと急速に舵は切り替わっており、その主役は独立社外取締役となっています。すなわち、「取締役」という職制は社内の人間が目指すべきゴールではなくなってきました。

では、経営を担う立場の人々は何と呼ばれるのでしょうか。実は法律的にはあまり整理されておらず問題なのですが、多くの企業では「CxO」や「執行役員」という呼称を用いています。コーポレートガバナンスの機関設計によっては「執行役」ということもあります。いずれも、**「執行」を司るマネジメントのプロフェッショナル**ですね。

執行を司る方々を内部から得ようとすれば、内部におけるマネジメントトレーニングの充実は絶対的に必要です。経営戦略や財務、人材やリーダーシップ、コミュニケーションなどについての座学から、利害相反を伴う難しい意思決定に直面し、判断する修羅場体験まで、これまでの階層的な人事研修とは全く異なり、経営のプロフェッショナルを選抜して育成することは急務です。ただ、気をつけなくてはいけないのは、これが新たなエリートコース、あるいは出世街道のように思われてしまうことです。**マネジメントというのはひとつの機能に過ぎません。**確かに特殊な機能であり難しい役割ですが、権力をふるえるエライ地位ということではないのです。

こうしたマネジメント機能に興味がない人もいます。「マネジメント・プロフェッショナルトレーニング」の機会を充実させるのと同時に、**経営以外の各種分野における「プロフェッショナルトレーニング」の機会も同時に設けましょう。**こう申し上げると、「いや、ウチにも複線型人事制度があるから」と仰る方がいますが、これまでの複線型人事制度は本当の意味でプロフェッショナルを目指せるものになっていたでしょうか。たとえば、研究開発のプロフェッショナルコースであれば、ノーベル賞を目指すレベルを設定できていたでしょうか。ちょっと怪しいような気もします。ジェネラリストを尊重して育成する時代はすでに終わり、マネジメントという機能だけではなく、その他の機能についてもプロフェッショナルたることが求められる時代がすぐそこに来ています。

こうした本来の意味での複線型人事制度が明確になれば、海外の従業員の方も目指す方向が明らかになります。日本企業の方々は「海外従業員がすぐ辞めてしまう」とお嘆きですが、それは当然です。先の見込みは不透明で、いまだに「現地人」といってはばからないような日本人駐在員が群れをなして日本食を日夜食べているような企業で、誰が長く働けるという希望を抱けるでしょうか。身に付けたオペレーションの技を他社に売り込むことの方がよっぽど彼ら彼女らの人生にとっては大きな果実をもたらすでしょう。いずれにしても辞める人は辞めます。企業ができるのは、様々な従業員の方々が少しでも長く活躍してくれるように、自社の魅力をひたすら磨き続けることです。

そのためにやることは3つしかありません。ひとつには、本書でも口を酸っぱくして説いているように、「企業理念」に心から同調してもらうこと。そして、ふたつ目には「多様な人材」を裏表なく受け入れること。これについてはまた後程触れます。そして、三つめには、そうしたことが口先ばかりではなく、人事制度としてきちんと機能していること。その分野に精通していればきちんと上にあがれる制度はとても大事です。

「人的資本」は誰のものか

人材の重要性を今さら説くつもりはありませんが、昨今ではその重要度の高まりを反映して、「人的資本経営」という言葉が一世を風靡しています。でもこの言葉、本当に皆さん腑に落ちていますか？　**人的資源ではなくて人的資本というのは何でしょう。**それを経営するとはどういうことでしょう？　あまりにもよく使われるのでちょっと考えてみましょう。

一応、教科書的なことを言うと、人的資源（Human Resource）の「資源」というのは、使うと減るもののことをいうとされています。消費してしまうものなので、それにかかるおカネはコストとして扱われず、要するに人材をコストのかかる労働力として見るという立場ということです。それに対して人的「資本」（Human Capital）というのは、個人の能力やスキル、ノウハウなどを指し、磨けば磨くほど光る価値ある元手＝資本であり、それにかかるおカネは将来リターンを伴って帰ってくる投資であるということです。人材は価値の源泉という立場ですね。こういうと何となくわかったような気になるのですが、この言葉を企業側があまりに振りかざすと何やら違和感を感じます。この「人的資本」を、あたかも企業が保有して好きに使える要素と思い込んでいる企業が結構多いようにみえます。

人的資本の持ち主は企業ではありません。人的資本は個人の能力やスキル、ノウハウを指すので、その所有者は当然ながら個人ですよね。そうであれば、その人的資本に投資するのはまずもって個人自身であるはずです。個人が自身の人的資本に投資することで生産性を高め、長期的により良い収益を得るというのが出発点です。

では、企業はどういう立場なのでしょうか。**企業は、そうした個人が人的資本を提供する場**です。ということは、企業ができることは、**個人に選ばれるために、より魅力的な場となること**ではないでしょうか。そして、その「場」において、個の能力を最大限に発揮してもらうことで価値創造につながることを目指すのが、企業のできることでしょう。

「資本」という言葉を使っているので、資本市場に例えれば、資金を持っている株主に選ばれるためにより魅力的な存在であってこそ株主資本を集められるわけで、それを活用して最大限の価値創造を目指し、十分な還元をもって株主に報いるということになります。ただ、人材に関しては、あたかも人的資本が「自己資本」であるかのような認識や、人的資本はタダであるといった昭和的な誤解に似た概念が横行しているようにも感じます。

そうでなくても、人事分野関連は不思議な言葉が多いですね。これだけ「人的資本」という言葉をもてはやしているのに、人事部門の英語略称は未だにHuman Resource Divisionですし、そのヘッドはCHRO（Chief Human Resource Officer）です。頭隠して尻隠さず。ある会社はこれに気付いてCPO（Chief People Officer）という名称を用いていますが、少なくともこれくらいの感度はあってほしいものです。また、人事分野では「育成」という言葉をこともなげに使いますが、昭和の昔ならいざ知らず、人的資本と銘打つからには、その能力を鍛錬し磨くのは個人です。経営者候補を選抜して鍛えるのはともかくとして、従業員一般に平気で「育成」という言葉を企業が使うのはおこがましいようにも思えます。育成するのは個人であって、企業はその試みを支援することしかできないのではないでしょうか。いったん入社したら従業員は会社のもの、育てるも飛ばすも自由自在――こうした世界は終わりを迎えています。企業の人事の仕組みは総点検が必要なようです。ただ、これは個人にも言えます。これまで企業に寄りかかって安楽に暮らしてきたような生き方はこれからは難しくなってくるでしょう。自らが能力を磨いて働く先を、働く内容を選び取っていかなければならない、キビシイ世界が待っていそうです。

企業統治の「キモ」は指名と報酬

さて、マネジメントに精通している人々の話に戻りましょう。企業の経営を任せる以上は、その手腕に長けた人材に任せたいものです。この見極めを、これまでの日本企業では、現在のトップが一手に引き受けてきました。自分がいつ辞めるのか、自分の後任を誰にするのか、というのは社長の専権事項だったのですね。あるいは、以前トップだったおじい様方が実権を握っているなどということもあったかもしれませんが。

こうなると、どうしても選択のプロセスは密室っぽくなります。社内でさえわからないのですから、社外になどわかりようがありません。内部人材の昇格というのは普通に行われていますが、その人材が本当に経営者としてのトレーニングを受け、経営者としてふさわしい人材かどうかについてはわかりません。現在のところ外部から窺い知れるのは、わずかに有価証券報告書に記された経歴によってのみです。ただ、その会社でどのようなローテーションをこなすと経営者としての手腕が身につくのか、本当に経営者としての手腕に長けているのか、といったことについては、それを見たとしてもあまり参考にはならないでしょう。

誰が経営を担うのかは、企業にとってとても大きな問題です。企業を巡る利害関係者にとってももちろんそうです。もし、経営を担うのに不適切な人材が選ばれてしまったら、それを再考する仕組みがほしいところです。また、経営における判断を誤ったりしたら少しは責任を取ってほしいところでもあります。もちろん、悪いことをしたらそれはちょっと許しがたいですね。そう考えてくると、コーポレートガバナンスに関して**「監査」「指名」「報酬」**の3つの委員会が立てられることが多い理由もおわかりかと思います。**「(悪いことをしたら)暴くぞ」「選ばないぞ」「おカネやらないぞ」**というプレッシャーをかけているのですね。人間心理を考えれば、経営者にとって嫌なのは特に後の2つでしょう。この3つの要素をきちんと押さえている、特に「指名と報酬の意思決定の明確化」がなされているということは大切です。ハコモノの形態は別に何でも構いませんが、ここがきちんと押さえられていない企業統治の仕組みは単なる砂上の楼閣です。

2 問題となるグループ内のガバナンス

ガバナンスされることよりすることのほうが問題

ここまで、企業が資本市場の投資家をはじめとする利害関係者からガバナンスを受けることについて見てきましたが、実は、グループ経営という観点でいうと、もしかしたらより重要かもしれないガバナンスの問題が存在します。**「子会社ガバナンス」**です。グループガバナンスとも言いますね。

最近は、日本企業が海外の企業を買収することも多くなってきています。ある企業を買収するということは、ほとんどの場合「その企業の株主になる」ことを意味します。コーポレートガバナンスを働かせる側の立場になるということです。株主は経営者に経営を委託して、企業価値向上という結果責任を全うすることを期待します。何も仕組みや仕掛けを工夫しなければ、両者の間にある関係はこれだけです。しかし、日本企業の多くは、自分自身がコーポレートガバナンスを受けてきた経験と自覚に乏しいので、この関係を意識することがなかなかできなかったりします。

経営を委託するのに足るかどうかを考えもせずに、買収した先の経営陣をそのまま留任させることも多々あります。彼らとしては株主のおメガネに適ってめでたく経営を委託されたと思うでしょう。しかし、一方ではオペレーションの隅々にまで口を出してきます。「任せてくれたはずなのに、権限もない人間がやたらとプロセスに口を出してくる」と経営陣は思います。さらに、任せた結果としての企業価値向上については意外にルーズです。「売上さえ上げてくれればいいから」などと言われてしまうと、買収された側の経営陣としては「企業価値をこんなに向上させているのに文句があるのか」となります。「色々やっているようだけど、報告・連絡・相談がない」などと言われると、「そもそもそういう仕組みを導入していないではないか」「日本企業はレポーティングラインが全くわからない」と悪評紛々。何だかやる気がなくなって、つい不正に手を染めたりするかもしれません。しかし、本社から監査が来るわけでもないし、来たとしてもおざなりで帰ってしまうし……せっかく経営者として頑張ろうと思ったのに、何だかろくでもないグループに入ってしまったな、これでは浮かばれないからさっさと私腹を肥やしてオサラバしよう――こう思われてしまっている親会社もあるかもしれませんね。**親会社自体が、ガバナンスの要諦をわかっていない**ことが、こうした不幸の背景にはあります。

本社よりエライ子会社の社長

とはいえ、そんなことをわかろうとしても無理な時代が、これまで長く続いてきたことも確かです。何といっても、昔は単体経営しか見ていなかった日本企業です。親会社に置いておけないものをさりげなく移したり飛ばしたり、あるいは頃合いを迎えたお偉い方々に天下っていただいて「社長」の役職を満喫してもらう、そんな受け皿としていくつもの子会社や関係会社が作られました。あるいは、果てしない権力闘争の末、敗軍の将が立てこもる城として使われる例もありました。こうなってくると子会社には手が付けられなくなります。終身雇用、年功序列の時代に、自分より年上で経験も豊富な、本社で「偉かった人」が子会社の社長として君臨しているわけですから、そんなところに怖くてガバナンスなんて働かせられませんよね。

一方、海外の子会社はこれとは全く逆です。「社長」と言ってもその実態は、本社でいえばまだまだ中堅どころの駐在員だったりします。彼ら彼女らの個人的な経歴にとってこうした経験は大変役に立つのですが、ガバナンスという意味ではこちらも働かせる機会はほとんどありません。単に、本社のオペレーション上の指令に一挙手一投足を決められているだけです。あるいは、現地のことがわかってくると、親会社から物理的にも心理的にも遠いことをいいことに、好き勝手に遊んだり、その地域に梁山泊のように立てこもったりしますが、国内中心の時代であれば親会社もさして目くじらは立てずに、まったく放任していることも多かったでしょう。ガバナンスの仕組みを作って、経営管理とともに機能させる、などということは無駄な労力に見えたかもしれません。

しかし、時代はずいぶん変わりました。連結経営重視となってはや四半世紀が過ぎ、会計上だけではなく実態上もまさに「グループ経営」の巧拙が問われるようになってきました。国内市場の成熟に伴い、海外が企業の主戦場となってきました。こうなってから見渡してみると、子会社群の経営には問題が山積みです。これまで、経営らしい経営を要求されていなかったのですから当たり前です。国内にしろ海外にしろ、最近の企業不祥事のほとんどが子会社発といわれる理由もここにあります。

「任せるけれど見ている」関係と仕組み作り

では、これから親会社としては何をしなければならないのでしょうか。まずは、子会社の存在意義をいったん問うてみてください。多くの場合、日本企業においては子会社が「多過ぎ」です。また、組織の階層も複雑すぎ、特に大企業では悩みの種になっています。この点は後述します。

そのうえで、確かにグループに残す必要があるのならば、次に考えるのは、一言でいえば「任せるけれど見ている」関係と仕組み作りです。この内容は、大別して3つに分けられます。本書でも長らく見てきましたが、今一度おさらいしておきましょう。

1 「左脳的」企業価値向上のプラットフォーム作り＝経営管理
2 「右脳的」企業価値向上のプラットフォーム作り＝経営理念
3 「脳梁」の働きを活性化＝コーポレートガバナンス

株主と経営者との本質的な関係を築き、経営者に経営者としての役割を全うさせることが必要です。そして、それを動かすプラットフォームを作ることが不可欠ということですね。

まず、左脳系のプラットフォーム構築についてですが、これには親会社自身の経営管理の充実が不可欠です。また、それと同時に、**ぜひCFOポジションを押さえてください**。日本企業でもだいぶ重要性が認識されてきましたが、多くの海外企業では経営管理の心臓部であり、ほとんどすべての情報はここに集まってきます。ここを押さえなければ何も始まらないといっても過言ではありません。ただし、日本企業が行いがちな間違いですが、ＣＦＯだからといって、日本流に考えて経理一筋何十年という人材を送っては絶対にいけません。そういう人たちが無能だというわけではありません。経理に詳しい専門家は補佐として必要ですし、その役目は重要です。しかし、ここで求められているのはそうした特定の分野のプロフェッショナルではありません。企業価値向上について、将来のあり方を戦略および数字とともに語れる経営者としての人材です。ＣＦＯについては先述の通りですが、詳しくは「サステナブル経営と資本市場」（日本経済新聞社、２０１９年）なども見てみて下さい。

最後は信頼が大事

ＣＦＯ分野を盤石にしたからと言って、それでグループガバナンスが成功するわけではありません。やはりキモはＣＥＯにあります。多くの失敗は、**「さしたる信頼もないのに、とりあえず現経営陣を続投させた」**というところにあります。

Ｍ＆Ａで買収した企業などでも、ディールのクロージングで忙しかったとか、会ってみてまあ可もなく不可もないので〝とりあえず〟これで行くか、と決めたとか、うまくいっていないケースに限って、経営陣の人選をいい加減にやっています。悪気があるわけではなく、これまでガバナンスというツールを使いこなしてこなかったので、「こんなものだろう」と思っているのです。しかし、さしたる信頼もないのに経営陣を続投させれば必ずや悲劇を招きます。先方は買われた時点でクビを洗って待っているのに、特に詳しい説明もなく留任となれば、「何だ」と思います。決して、「温情を発揮してくれて親会社の方々ありがとう」などとは、特に欧米企業の経営者の方々は思いません。「甘い株主だ」と馬鹿にするだけです。親会社の方がきちんと信じて任せられるかを見極める必要があり、かつ任せるけれども見ている仕組みや仕掛けを作っておくことが重要です。買収し、取締役会の議席も獲得したのに、その取締役会に親会社の役員は出てきたこともないなどという状態では「見ている」ことにはなりません。

また、**レポーティングライン**についても日本企業は無自覚で、本社の各部門が重複するレポートをいくつも要求したり、子会社のトップのレポーティング先を、平気で本社の海外事業推進部長あたりにしたりします。なぜ経営トップが部長「ごとき」に報告を行ったりしなければならないのでしょうか。心ある経営者だったら誰しもそう思うはずです。経営者の話は経営者にしかわかりません。子会社のトップが、親会社のトップに直接話せるホットラインを築いておくのは、買収成功に不可欠の要素といえましょう。特に、買収企業においては必須です。

「任せる」ための仕組み

一方、右脳系のプラットフォーム構築において重要なのは、何といっても**企業理念の浸透**です。グループの目指すところを共有してもらわなければ、いくら「見ている」としても、本当に「任せる」ことはできませんよね。また、人を育てることもここには大きく関わってきます。これらについてはまた次節で触れます。

そして、2つのプラットフォームをつなぐ「脳梁」、もちろんとても重要な機能です。**双方のプラットフォームを機能させて、親会社である株主は、子会社である企業の経営陣にきちんとガバナンスを働かせることが**必要です。ここでは3つのポイントを挙げてみましょう。

まずは、**監査機能の充実**です。といっても、子会社内部での監査を頑張ってもあまり意味はありません。重要なのは、親会社から子会社を見るための監査です。内部監査もそうですし、ぜひ親会社の監査役さんには、海外も含めた子会社をどんどん回ってもらいましょう。内部監査部門にももっとリソースを使いましょう。日本では従来よりあまり重視されていなかった機能ですが、グローバルにグループ経営が進展するにつれ、この機能はそれがうまく回るかどうかの「キモ」となってくるでしょう。

2つ目は、取締役会などが**ガバナンスを担う機能が本当に働いているかどうか**、という点です。子会社にももちろん、こうした意思決定の仕組みがあります。多くは、親会社の役員が取締役を兼務していたりします。しかし、「忙しいから」「遠いから」「英語がわからないから」等々の理由で意外に出席していなかったりします。忙しいのはよくわかりますが、「任せるけれど見ているぞ」という仕組みに魂を入れるためには、実際にそれを体現する人がそこにいる必要があります。ぜひご出席を。

ただ、単に仏頂面で座っていても何も始まりません。3つ目は、**指名と報酬の仕組みの明確化**です。これには、相互の信頼とコミュニケーションの確立も必要になります。どんな株主だって、信頼できない経営者に自分の資金を託したりはしません。ガバナンスの基本にあるのは相互の信頼です。場合によっては辞めてもらったり、報酬を下げたり、責任を取ってもらったりすることもあるでしょう。そうしたことを実地に移すためには、相互の信頼がなければうまくいくはずがありません。信頼が崩れた関係は大抵揉め事を起こします。円滑な関係を築くためには、トップ同士が嫌というほど濃いコミュニケーションを確立している必要があります。信頼できないのであれば任せることなどできませんよね？　とはいえ、信頼しているのだから細々した契約などは不要、と考えるのは間違っています。信頼は信頼、契約は契約。いつまでに何をやってほしいのか、それに応じた処遇をどのようにするのか、責任と権限はどのようなものなのか、等々、明確に決めて書面に残すべきことはたくさんあります。相手にぜひ履行してほしい内容は、義務として課す必要がありますし、そのためには、相手が要求する権利について考える必要もあるでしょう。

また、**どうしても信頼できなかったら、妥協してはいけません。任せられないのだから入れ替えを考えなければなりません。**「何とかなる」と思っても、これは絶対に何ともなりません。こんなことを考えていると、自社を取り巻く株主の気持ちも少しわかってきたりするかもしれませんね。指名と報酬がガバナンスの「キモ」であることはすでに見た通りです。

その子会社は本当に必要か

グループガバナンスを頑張っていただく上で、もう少しだけお付き合いしていただきたい事柄があります。まずは「その子会社は本当に必要ですか？」という問いを発してほしいということです。日本企業における子会社等の多いこと。昔は、新たな部門を育てる際に権限を委譲しやすくしたり、あるいは人件費を削減したりといった目的でいとも簡単に子会社が作られました。米国においては事業部門と子会社とは全く同扱いなのですが、日本はちょっと違いますね。よく言えば子会社の自立性を尊重しますが、悪く言えば放任とも言えます。親会社の眼が届かないところで子会社が独自に色々やり始めてグループの規範を逸脱しても気が付かなかったり、それによって不祥事が起こったり、といったことは枚挙にいとまがありません。そうしたリスクを、本当にこのままにしておいて良いのでしょうか。というより、このままにしておく必然性がありますか？

特に、日本の大企業は子会社だけではなく孫会社、ひ孫会社、その他関係会社など多くがぶら下がっています。しかもそれぞれにおいて階層化が進んでいるので、もはやダンジョンのように複雑怪奇な組織になっているところもあります。**組織が複雑化し階層化すれば必ずそこで何か起きるリスクは高まります。**シンプルにするに越したことはありません。**役割を終えた子会社などはその存在意義自体を見直しましょう。**

子会社だけの問題ではありません。子会社にとっては、この親会社の傘下にいて何がもたらされるのだろう、と考えます。実は親会社は価値をもたらしているだけではありません。子会社の価値を毀損していることもあります。親会社としてどのような価値を子会社に提供できるのか、親会社としては子会社にどのような役割を求めるのか、を追求して子会社との関係をどうするかを考えていくことを**「ペアレンティ**

ング戦略」といいます。日本の企業ではこれが驚くほど考えられていません。単純に親はえらいので子は従うべきだ、と考えているのでしょうか。何だか東洋的な感じはしますが、それによって管理負担もコストもリスクも高まるのは勘弁願いたいものです。なお、ペアレンティング戦略の詳細については、『全社戦略』（ウルリッヒ・ピドゥン著、松田千恵子訳、ダイヤモンド社、2021年）に譲ります。

3　経営者のための内部統制

さて、最後にもうひとつだけ触れておきたいことがあります。「内部統制」です。そんな嫌な顔をしないでください。みんな嫌なんですから。かつて日本で導入された内部統制の各種ルールは、企業に大きな負担を強いるものでした。本質的な議論がなされず、技術論ばかり先行して「内部統制コンサル」などという人たちを儲けさせるだけに終わったようにも見えます。ここでは本質的なことだけ見ましょう。

大企業になってくると、所有と経営の分離が進むだけではなく、経営の中での「意思決定機能」と「実行機能」の分離

図表44　内部統制の概念図

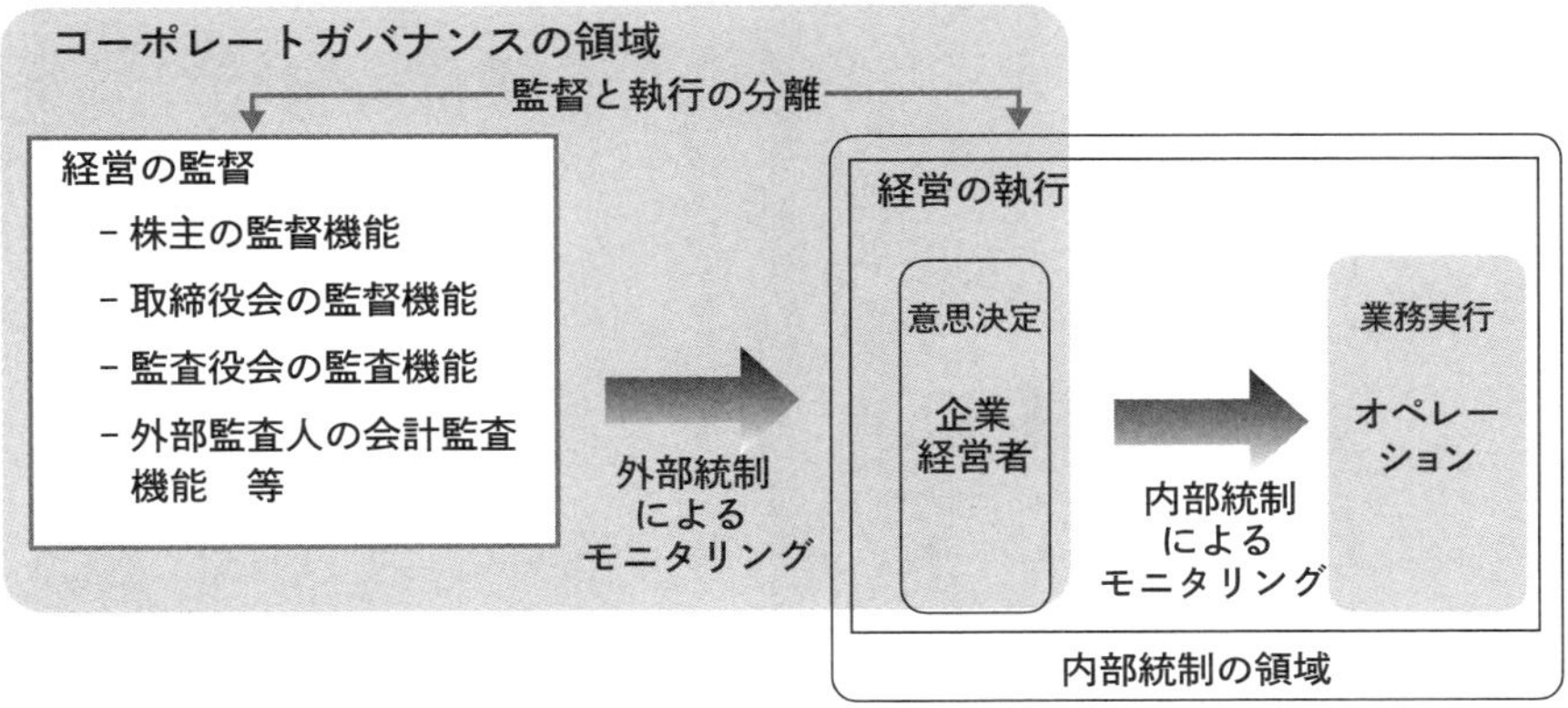

も進んできます（**図表44**）。小さな企業なら社長さん自らが車を運転して営業に行ったりもするでしょうが、何千人、あるいは何万人いるような企業ではとてもそういきません。経営者は企業の方向を決めるような意思決定業務に専念し、実際の事業を行うのは従業員に任せることになります。しかし、従業員のやっていることを、経営者はすべて知り得ません。

したがって、経営者は、従業員に任せた日常の業務プロセスが効率よく行われているか、不正や法律違反などはないか等について、ルールを作ったり、マニュアルを整備したり、連絡や報告を求めたりします。そうしなければ、自分が委ねた仕事がきちんと遂行されているかどうかわからなくなってしまうからです。これがわからなくなると、経営者が外部の投資家に対して説明する際にも困ります。「委ねた仕事はちゃんとやってくれているのだろうな」と言われて、「いや、下の者がやっているとは思うのですがよくわかりません」ではどうしようもありませんね。したがって、**内部統制は、本質的には「経営者のため」のもの**です。従業員を苦労させるためのものではありません（本来は）。これは、「企業統治」も同様です。企業統治とは、経営者の暴走を防ぐために、会社外部から与えられる規律付けです。経営者が暴走すれば、実は相当のことができます。色々な事例でおなじみですよね。それだけの権力、能力を経営者は持っているわけです。ですから、きちんと規律付けが働く必要があります。

3 多様性を理解しているか

さて、本社の仕事を考える長い旅も、いよいよ終わりに近づいてきました。最後のテーマは、内部に向けてグループをひとつにしていく代表者としての機能、です。ここからは、「右脳的な企業価値」が大事になってきます。グループには様々な事業があり、様々な人々がいます。これらの人々を同じ方向に向ける強い力が、グループ経営には必要です。本節では、まず「人々の多様性」のほうから見てみることにします。そして、それらを束ねる力として、改めて「右脳的な企業価値」を考えてみたいと思います。

1 ダイバーシティ・マネジメントへの誤解

経営の様々な側面について話をしていると、結局のところ「やっぱりヒトがすべて」とまとめられがちです。企業は人なり。まさにその通りです。しかし、これらの決まり文句が出たが最後、そこで思考が停止してしまい、後はやたらと細かい人事施策にすべてが委ねられてしまいます。先述の通り、経営者が語る「人材の大事さ」という〝大きな物語〟と、やたらに細かい人事細則の間に、多くの企業は未だ「人事戦略」を持ちません。一介の担当者が作る細則が妙な力を持ち、本来持つべき重要な視点が失われていることが多くあります。こうした状況が、最近になって中小企業から超大企業に至るまで「人材がいない」とお嘆きの背景にあるように見えます。

特に、日本企業にとって**最も大きな課題でありながら、あまり正しく理解されていないのは、「ダイバーシティ・マネジメント（多様性の受容）の欠如」**ではないでしょうか。ダイバーシティ、というと、日本では女性や外国人などとすぐに結びつけられます。さすがに「活用」などと公共の場で平気で言う人は少なくなってきましたが、それでも油断するとすぐに口から出てしまうようですね。（「活用」とは、そもそもロボットの活用、ＩＴの活用など、「物の性質・働きが十分に発揮できるように使うこと。うまく使うこと」（大辞林）です。同じ人間に対して平気で使って恥じない（というか、気がつかない）精神こそ、ダイバーシティの概念から遠く隔たっているといえましょう。だからといって「女性の〝活躍〟推進」などというのも当の女性達からは不評です。「私達だけなぜ活躍しなければいけないの？」ということですね。ただ、本音はこうした揚げ足取りにはありません。「言葉を言い換えてみたところで、本音では「オンナやガイジンは勘弁」と思っていることが透けて見えてしまっているから嫌がられるのです。こうした問題はジェンダーや国際性に限りません。高齢者や派遣労働者もそうですし、終身雇用、年功序列が慣習となっている会社における中途入社者の肩身の狭さと、それゆえに期待された能力を発揮できずに終わる失敗などは典型的な問題です。

「ダイバーシティ」を、福利厚生や法令遵守の一環、あるいは社会的責任や教育責任を果たすものと捉えている企業もあります。「ダイバーシティ推進室」などを作って、体裁を整えるために〝やっている〟感を漂わせている企業もあります。こうした風潮により、ダイバーシティという言葉自体が、既に手垢のついたもののようになっています。一方、その本質は依然としてあまり理解されていません。

2　競争責任の源泉としての多様性

ダイバーシティ・マネジメントとは何なのでしょうか。一言でいえば、**「〝個〟の違いを尊重すること」**となるかと思います。なんだ、当たり前ではないか、とも聞こえますよね。しかし、日本人はこれが非常に苦手です。同じような大学を出て、同じような就職をして、同じ性別の日本人だけが同じ会社に居続けて会社の運営をしていれば、異質を排除しようとする、あるいは異質を同質化させようとする習性は、無意識のうちに強くなります。こうした中では、個の違いを尊重すること自体も進みにくいですし、それを行うことによる効果も意識されにくい状況にあります。

従前のように大量生産、大量消費を前提とした社会では、規格化された同じモノを大量に作るためには、同質で均一な従業員が多くいたほうが、管理もしやすかったといえます。あれこれ言わなくても、何が問題かは以心伝心で皆わかっているので、改善も早いです。同質性が非常に効果的に働いていたのですね。多様性がないがゆえに効率的だということは十分起こり得ます。

しかし現在では、同じモノを作るというより、違うアイデアを出すことに重きが移っています。労働生産性から情報生産性へと重点がシフトしてきているのですね。こうした中では〝違うアイデアを出せる頭〟がなるべくたくさんあったほうがいいわけで、出自や国籍、民族、性別、年齢などが異なる人たちが集まっていたほうが有利になります。すなわち、多様性こそが競争優位の源泉だということです。また、こうした本人には今更変えるのが難しい「属性」ばかりが多様性の源泉ではありません。経歴や実体験、知見やスキル、ノウハウの違いなど、後天的に身に付けたものの幅広さもまた非常に重要です。いわば、**「スキルの多様性」**とでもいいましょうか。研究によっては、こうした「スキル」の多様性は業績にプラスの影響を生む一方、「属性」の多様性だけにこだわると却ってマイナスの影響を生じるとしているものもあります。スキルの多様性の代表的なものとしては、中途採用や出戻り、異業種経験者や特定分野の専門家（たとえば企業内弁護士や会計士）などが考えられるでしょう。皆さんの会社はこうした人々を積極的に受け入れているでしょうか？

意思決定の成功確率を上げる

多種多様な人々を受け入れると、もうひとつ素晴らしい成果が見込めます。「意思決定の成功確率が上がる」というものです。同じ頭で考えていたら、同じリスクしか見えませんし、同じ機会しか把握できません。**違う頭で考えてこそ、異なる文脈や違う側面が見えてきて、それが気が付かなかったリスクや機会を把握することを助けます。**それによって、**意思決定はより確かなものに**なります。

ただし、多様性のこうした効果を十分に享受するためには、一朝一夕にはいきません。多様性を取り入れ始めた当初は、意見の違いや対立などで調整コストが高まるということも研究で明らかになっています。いわゆる「面倒くさい」「うるさい」というやつですね。でも、それを通り抜けると、その先に多様性がもたらす果実が待っていると言えそうです。

経営の意思決定の場に多様性を

多様性が意思決定の確立を挙げるとすると、最もそれが必要なのはどこでしょうか。企業における最高位の意思決定の場でしょう。すなわち、取締役会です。**取締役会の多様性はボードダイバーシティなどと呼ばれ**（単に英訳しただけですが）、**非常に注目を浴びています。**この一環として、女性の管理職を3割以上にすべしといった取り組みも行われているわけですね。しかし、「誰でもいいからオンナ連れて来い」（と、本当に財閥系企業の社長はのたまわったそうです）といった、「お飾り」では上手くいかないことも学術研究で実証されています。やはり実質があってこそですね。

社内の外国人や女性等の登用をしたいが、まだ相当する人材が育っていない、というのは単なる言い訳にすぎません。経営の意思決定に近い場にそうした人材を社内で調達できないのであれば、社外から採用するなどいくらでもやりようはあるはずです。そもそも、本当に社内で調達できないのか、という点ももう一度見直すべきでしょう。人はポストにつけば相応の働きをするものです。多様性を〝語れる〟だけのエスタブリッシュメントを数多く社外役員に任命する一方で、実際に多様性を持つ人材はシャットアウトする、という換骨奪胎の人事も目にします。女性や外国人の社外役員を任命してコーポレートガバナンス・コードを遵守する企業を演じてみせても、社内にはひとりの女性部長もいない、などというのも日常茶飯事です。多種多様な世界に散らばる人材の能力を最大限に発揮してもらうには、あまりにお粗末といえます。

企業経営にとってのグローバル化は今後さらに進展するでしょう。しかし、「個々の人」を考えるうえで最も重要な「多様性の受容」について、あまりにも無意識に不寛容なままでは、グローバル化も、グローバルな活動を含めたグループ経営の成功も、それどころか今後の企業発展もおぼつかないのは明らかです。また、既にお気づきの通り、こうした流れは、企業の施策に変化を促すのみならず、「個々の人」のあり方そのものにも影響を及ぼします。多様性を受容する社会はまた、その多様な〝個〟における規律と自立を前提とする社会でもあり、多様な視点と骨太な軸の両方を持って物事を〝考える〟ことを求める社会でもあります。これは決して、単なる「米国型個人主義」などと括られるあり方を指しているのではありません。他に対して不寛容かつ高依存（即ちコドモ化）が進む一方に見える日本社会の将来をどうするか、という問題です。

KGIの前にKPIを

多様性に関しては、様々な到達目標が取り沙汰されます。中でも企業を悩ませているのは、2030年に女性役員30%という目標です。本当に達成できるのでしょうか。企業アンケートなどの結果を見ても、達成に自信を持っている企業は少数です。それなのに、政府から与えられた目標なので死守すべし、とばかりに将来計画に明記している企業も少なくありません。しかし、ちょっと考えてみてほしいのです。2030年に女性役員3割というのは、将来におけるゴール目標です。到達すべきゴールの目標をKGI（Key Goal Indicator：重要到達目標）と言います。これを定めることは重要でしょう。しかし、ここに至るには様々なプロセスがあります。その**プロセス管理のための指標をKPI**（Key Performance Indicator：重要業績評価指標）と呼びます。またもやですが、訳語はあまり宜しくないですね。重要なのはKPIはプロセス指標だということです。いくら2030年に女性役員比率3割以上という目標をKGIとして高々と掲げたとしても、その数年前の時点で、KPIである「そもそも管理職になりたいですか？」「管理職として更に昇進したいですか？」というような設問に対する肯定的な回答がほとんどなければ、少なくとも内部昇格によるKGI達成は現時点ですでに不可能です。それなのに、この2つの指標の関係性を理解しないまま、無謀なゴールを掲げている企業が多すぎるように思います。「お上に言われた」からなのかもしれませんが、こうした企業に限って、KPIを改善する取組みが不足していたりします。こうした企業に女性をはじめとしたマイノリティは寄り付きません。人材市場から見捨てられている、と考えた方が良いかもしれません。この点は。全ての経営者が胸に刻んでおくべきことでもあるでしょう。

4 本当に良い企業とは何か

1 多様であるだけでは失敗する

ところで、多様であるだけだとどうなるでしょう。ばらばらになってしまいます。日本において「〝個〟を大切にすること」というと、何やらすぐに「個性尊重」などと謳われて、暴走する〝個性〟も個性のうち、として歯止めがきかなくなってしまうのも、多様性に慣れていないがゆえに、それを規律付ける「軸」がないからです。人間社会の中では、それは個々の倫理観というものになりましょう。企業社会の中では、企業理念、あるいはミッション（何を不変かつ未来永劫に希求するか。パーパスでも結構です）・バリュー（どのような意識・態度・行動を絶対的な価値とするか）がカギとなります。個々の価値観が多様になればなるほど、グループ経営を推進していくうえでは**「拠って立つ不変の共通の軸」**が必要になります。これが、「右脳的な企業価値」ですね。

これ自体については最初に見ました。しかし、せっかく良い企業理念を持ちながら、活かせていない企業が沢山あります。まさに「宝の持ち腐れ」です。多くの企業では、「企業理念は確立しているはずなのだが、なかなか浸透していない」とお悩みです。しかし、浸透していない理念が確立しているということはあり得ません。大抵の場合には、一応作ってはみたという段階に留まっており、それを本当に企業経営の軸として使っていく努力、知らしめて実効性を持たせる努力が不足しがちです。企業理念は、「いざという時の意思決定の指針であり、行動指針である」べきものです。〝いざという時〟など、仕事をしていれば日常茶飯事で襲ってきます。企業理念が語る「軸」は、社員ひとりひとりの血肉になっていなければなりません。

2 浸透させるための努力

「だからカードにして常に携行しろと言っているし、朝礼ではいつも復唱させているんだから、覚えないのは社員が悪い」などと思っている経営者はいませんか。大抵の場合、悪いのは経営者のほうです。本当にわかってもらうためのリーダーシップが発揮できていない、ということですね。よく見かける光景は大別して3つあります。

1　表現に気を遣わない
2　繰り返し説かない
3　率先垂範しない

以上の3つです。いくら良い企業理念でも、わかってもらえなかったら何にもなりません。格調高い文語体で、漢字とカタカナからなる昔の商法みたいな語句が延々と連なっている社是・社訓を示されたところで、「美文だなあ」と感じ入るのは今やごく僅か。大多数の社員は、そもそも〝読めません〟。生まれてこのかた、そんな文章は読んだこともない人たちが今や大半を占めます。「耐へ難キヲ耐へ」などと書かれても、理解する前に眼が拒否します。「教養のないやつらだ」と怒っても仕方ありません。誰も企業に文語体を習いに来ているわけではありませんから。

海外でも本当に通用するか

さらに重要な問題があります。これからの日本の企業は、日本人以外の社員をより多く抱えることになっていくのは間違いのないところです。また、従業員以外の利害関係者、顧客や取引先、投資家といった人たちも、どんどんグローバル化していくでしょう。

その時に、日本語でしか伝わらない微妙な言い回しに頼った企業理念、というのは通用しません。「和を以て尊しと為す」、素晴らしい言葉ですが、このままでは日本人以外には通じないわけですね。別に、「和」がいけないといっているわけではありません。その言葉が何を意味しているのか、誰にでもわかるような表現で説明する必要があるということです。取扱説明書を作ってもいっこうに構いません。

ちなみに100年以上続く老舗企業で最も大事とされている文字は、実は「和」ではありません。断トツの1位は、「信」だそうです（帝国データバンク調べ）。これは英語でもすぐに伝わります。「Trust」ですね。古くから荒波を乗り越えてきている企業は、意外というか、さすがというべきか、グローバルの大波にも強いようです。

嫌になるほど繰り返す

さて、表現方法に気を遣って万全なものができたら、経営者自身が、それを嫌になるほど繰り返しどこでも唱えてください。社員にカードを持たせても、毎日唱和させても、実はあまり効果はありません。いつしかそれは形式になってしまうからです。

やらないよりはましですが、社員としては「やらされている感」ばかり強くなり、真剣に向き合って本来の意味を考えよう、という気にはなかなかなりません。仏作って魂入れず、のような状態になってしまいます。社長がそれでよしとしているなら尚更です。これを避けるためにできることはただひとつ、経営陣のほうから、耳にたこができるまで社員に繰り返し説くことです。

「もう、今日1日で企業理念の話をしたのは10回目だ、いい加減飽きた」――でも、飽きているのはあなただけです。聞いている従業員のほうは初耳だったりします。一度聞いたきり、忘れてしまうかもしれません。経営陣のほうが、何かにつけて企業理念の話をする。「それにつけてもウチの企業理念ではこう言っている」とすぐに話に出す。社員がまたか、と思うようになったらそれこそしめたものです。脳裏に確実にインプットされたということですから。

経営陣からの発信を統一する

ただ、社員にインプットしよう、などと思う前にもっと大事なことがあります。そこにある使命を確かに経営陣が果たそうと努力しており、そこに掲げられた価値観を経営陣が守ろうと頑張っている姿を見せなければいけません。率先垂範ですね。「質素であれ」などという価値観を掲げておいて、自分は夜な夜な社用車で豪遊、なんていう社長のいうことを従業員が聞くわけがありません。

また、経営陣の間で企業理念に対する解釈がまちまちであったり、まるで評論家のように企業理念を批判する経営陣がいたり、といったことはよく起こりがちですが、これほど企業理念を骨抜きにするものはありません。経営陣こそが一丸となって、企業理念を希求している当事者であることを示さなければ、誰もついてきてくれるはずはありません。

「ついてこない」のは社内の従業員に限りません。社外だって同じです。経営陣が率先垂範しているかどうかは、社外の人たちも敏感に察知します。「お客様を大切に」と言いつつ、苦情処理の電話対応が非常に悪い、「取引先と共存共栄」と言いつつ、無理な値下げ交渉を失礼な態度で押し込んでくる、投資家に「株主様に還元を」と言いつつ、株価は低迷、配当もごくわずか。こんな企業は、遅かれ早かれ利害関係者の支持を失います。企業理念はきれいごとではありません。毎日のように、その実行が試されているものです。

さて、ここまで長らく、企業の「やりたいこと」「先立つもの」、そして「取り組む人」を見てきましたが、このあたりで、もう一度企業を取り巻く関係者たちを思い出してみてください。「お客様」に始まって、「取引先」「従業員」「債権者」「株主」「国」「地域社会」などといった顔ぶれが並んでいたかと思います。これらの人たちは、企業は何をやっているんだろう、何をやっていくのだろう、ということを常に気にしています。「ほっといてくれ」というわけにはいかないわけですね。経済的責任だけではなく、社会的責任も負ったうえで、こうした人たちと付き合っていかなければなりません。

3 「きれいごと」のままにしない

ところで、付き合っていく、というのは具体的にはどういうことだったでしょうか。自分のやりたいことをきちんと伝えて、規律付けを行う人たちにきちんと理解を求める。これが最も大事な関係です。この

「やりたいこと」については将来予測を作って、財務の手当てを考えて、といったところはすでに見てきました。

しかし、もうひとつ、大事なことがあります。これらの上位に来る概念、企業理念についてしっかり語る、ということほど、利害関係者との関係にとって大事なことはありません。その企業が、何を目指しており、どういう価値観で事業を営み、関係者に接しようとしているのか。これがわかるかわからないかで、関係者の企業に対する理解度は全く違ってきます。それゆえに企業理念は大事なのですね。最近ではサステナブル経営などと言われ、企業の経済的価値の向上とともに社会的な価値の実現を求める動きが活発ですが、その根幹は企業が本当に何をしたいかにあります。これが企業理念に表されており、利害関係者の理解を得られてこそ、企業の将来も明るいというものです。

そう考えると、企業理念というのは、**どこの企業でもすぐに言えるような一般的なきれいごとではなく、企業理念を見ただけで「あの会社だ」と分かるぐらいの個性**を持っていることが大事だということが分かります。社名を隠してよく見たら、企業理念が同業他社とほぼ同じだった、というような笑うに笑えない話もありますが、そうした状態で「この企業はこういうことがしたいのだ」と腹落ちしてくれる利害関係者はいません。

図表45　企業と利害関係者

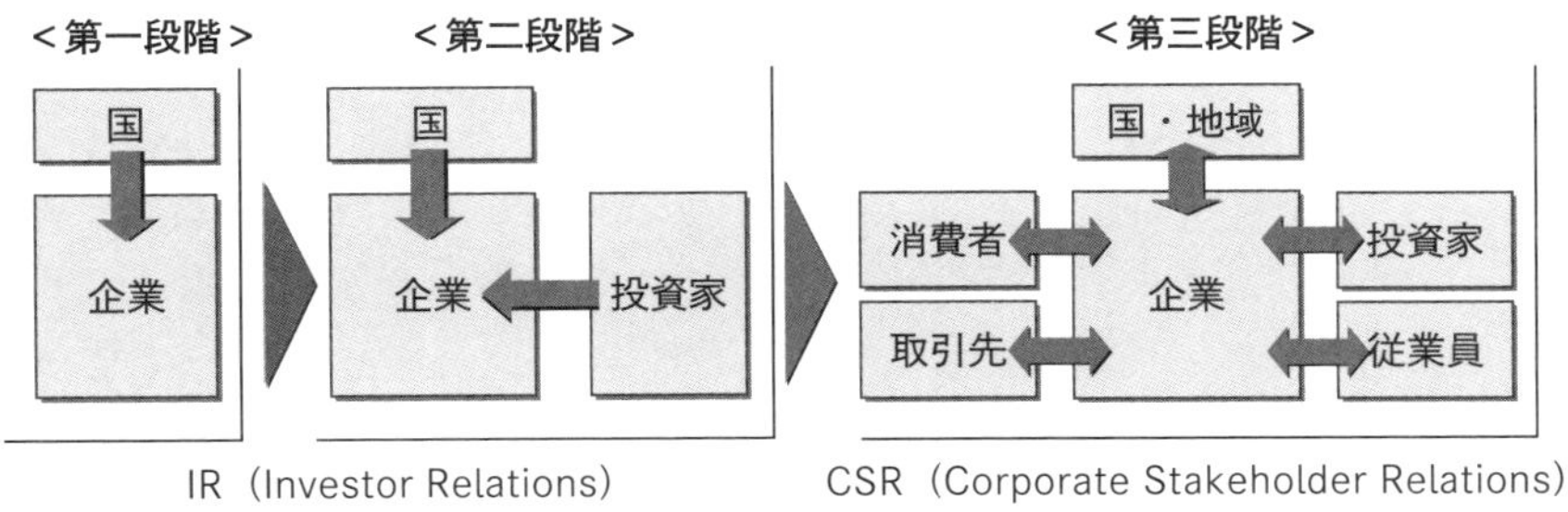

シンプルで分かりやすいことも重要です。社内でしか理解されないような言葉で語るのは単なる独りよがりですし、ミッションやバリューだけでなく、コーポレートスローガンやプリンシプルなど、あまりに階層（特に片仮名の乱用）が多すぎて結局何を言っているのかわからないというのも、先に見た通りコミュニケーションを阻害する大きな問題です。

CSRと企業理念

利害関係者との関係というと思い浮かぶ言葉に、先ほどみたCSRというものがあります。利害関係者との関係を考えていくうえで、経済的責任だけではなく社会的責任も考えていかなければならないという概念ですね。ここでも企業理念を語るというのはとても大事です。それによって、その企業の「やりたいこと」にしっかり理解を得ることができます。

しかし、多くの企業ではＣＳＲへの取組みがこうした企業の根幹に関わる運動とはならず、少々表面的な「きれいごと」に留まってしまうことも増えました。もはや経済的責任だけでなく社会的責任もあるのは当たり前のこと。それなのに、場合によっては経済的価値を得ていることの贖罪のようにとらえてＣＳＲを推進しているような企業も見受けれられたりしました。そのうち、やることに行き詰まり、メセナやフィランソロピーと区別がつかなくなってしまった活動に陥る企業も出てきました。

ステークホルダーとの価値の共創

競争戦略論の大家であるマイケル・ポーター教授も、このあたり思うところがあったのでしょうか、新しい資本主義を生み出すというスゴイ旗印のもと、ＣＳＶ（Creating Shared Value：「共有価値の創造」）

という概念を提唱しています。従来のCSRのあり方に異を唱え、企業の競争力強化と社会的課題の解決を同時に実現させ、社会と企業の両方に価値を生み出すビジネスを行うべき、企業は社会と共有できる価値の創造をめざすべきとの主張です。簡単にいえば、社会的課題の解決を事業化して、企業も潤うし社会にも役立つようにしなさいということですね。これまでのCSRについては結構辛口で、このCSVという概念は、「CSRの呪縛から脱却」するための新たな概念と位置付けられています。また、善行を積むような活動はその名も「善行的CSR」として切って捨て、かかった費用を上回るような社会的価値を創造するというビジネスモデル的な側面を強調しています。日本でも、CSV経営を標榜する企業は結構あります。

ESG投資の進展

CSRやCSVが企業側の取組を考えた言葉だとすれば、投資家側の取組みを考えた言葉が、先にも出たESG（環境、社会、ガバナンス）です。投資家がESGを念頭に置くということは、Environment（環境）、Social（社会）への配慮、Governance（企業統治）の充実度を重視して企業を選別、投資することに他なりません。単に儲かれば良しとする、ハイエナ的な投機家が多くいた時代には、企業が環境や社会にどんなことをしていようが、儲かればそれで良かったのです。資本市場というところは、企業の経済的な成功によって、市場参加者が経済的な恩恵を受ける場だったといえます。

しかし、状況は様変わりしています。ESGも言われ始めた時は綺麗ごとめいていましたが、今ではこうした要素を抜きに投資の世界を語ることは難しくなっています。あまりにESG投資の発展が急だったために揺り戻しもあり、「ESGウオッシュ」などとよばれる〝なんちゃってESG投資〟などが批判されたり、環境に関して前のめり過ぎるほど前のめりに進んでいた欧州の動きが少し落ち着いたり、米国に至ってはアンチESGの動きが進んだりといった状況も見られますが、**今後も様々な見直しなどを経ながら不可逆的に進化**していきそうです。

ESGではなくES&Gである

ESGに関しては誤解も多いので注意しておきたいところです。何となく英語3文字略称の流れで「ESG」と呼びならわしてしまっていますが、E（環境）、S（社会）というジャンルと、G（ガバナンス）というジャンルは別物です。特に企業においては、分けて考えたほうが取り組みやすくなるのではと思います。

まず、EとSについては、企業が事業活動を行っていくうえで、単に経済的な成功を求めるだけではなくそれにあたって考えなければならないことを示します。一方、Gはそういうことをきちんと考えているかということについて、取締役会をはじめとする意思決定機関が的確に対応しているだろうかということです。Gにはリスクマネジメントや内部統制の状況なども入ってきます。不公正な競争をしていないかとか、倫理に反した行為を許していないか、といったことですね。すなわち企業内部のあり方にも関わってきます。こうした点を投資家が企業選択の判断材料にしているということです。

EとSが示しているものが幅広いだけに、どうしても企業の業績や将来の戦略とは切り離して考えてしまう傾向もあります。しかし、そうした「経済的成功と社会や環境とのかかわりは別のこと」という考え方は、投資家の側でも明確に否定されています。事業の将来を考える時に不可欠な外部環境分析や内部資源分析の中に、おのずから環境問題や社会問題が採り入れられている、あるいは採り入れて考えなければ適当な解が出ない時代になってきたということです。たとえば、石油業界であれば5年後の市場における石油価格がどうなっているかということや埋蔵原油の量などはもちろん推定しなければならないでしょうが、それに加えて化石燃料を将来も用い続けることによる気候変動等のリスクやそれを見据えた規制の動向、あるいは掘削地域での社会に与える影響やそれに対応するためのコスト、ステークホルダーの反応なども加味しなければ、実際に得られるキャッシュフローにも著しい違いが出てくる、そんな世の中になったということですね。

国際機関が潮流を作った

少しだけ歴史を繙くと、こうした動きが盛んになってきたことには、国際機関等の動きも影響しています。１９９０年代には急速に進んだ投資や企業活動のグローバル化がその負の側面を顕在化させてきたためです。２００６年には当時の国際連合事務総長であるアナン氏が金融業界に対して責任投資原則（ＰＲＩ、Principles for Responsible Investment）を提唱、機関投資家の意思決定プロセスにＥＳＧ課題を受託者責任の範囲内で反映させるべきとしたことが、ＥＳＧ投資の大きな潮流が生まれるもととなりました。もともと金融業界においては社会的責任投資（ＳＲＩ、Social Responsible Investment）の伝統があり、武器やアルコールなどを扱う企業に投資しないといった（こうした手法をネガティブスクリーニングといいます）ことが行われましたが、宗教的な要素もあったため大きな広がりにはなりませんでした。それに比べてＥＳＧ投資は爆発的な広がりを見せ、現在では財務情報と非財務情報を統合した企業の将来を見極めて投資を行うＥＳＧインテグレーション、環境や社会課題へのインパクト創出と財務的なリターンの両立を狙うインパクト投資、その他さまざまな規範やテーマに基づく投融資へと広がりを見せています。揺り戻しもあるのは先に述べた通りですが、こうした見方が消えてなくなることはもはやないでしょう。

企業にも解決を求める

先に見たように、企業の側も単に利益追求だけでは済まなくなってきたことにも、国際機関の動きは関係しています。企業活動のグローバル化に伴う課題を、国家や国際機関だけでは解決できなくなってきていたことから、先のアナン氏は企業にも解決への参画を求めました。具体的には、１９９９年の世界経済フォーラムにて国連グローバル・コンパクト（ＵＮＧＣ、United Nations Global Compact）を提唱し、企業を巻き込んだのです。２０１５年には、国連サミットにおいて持続可能な開発目標（ＳＤＧｓ、Sustainable Development Goals）が採択され、17のゴールと169のターゲットを通じて、２０３０年までに持続可能でよりよい世界を目指すとされました。こうした流れがＣＳＲやＣＳＶなどの考え方にも影響を与え、現在では、経済的な意味での成功を表す企業価値の向上とと

図表46　企業と利害関係者

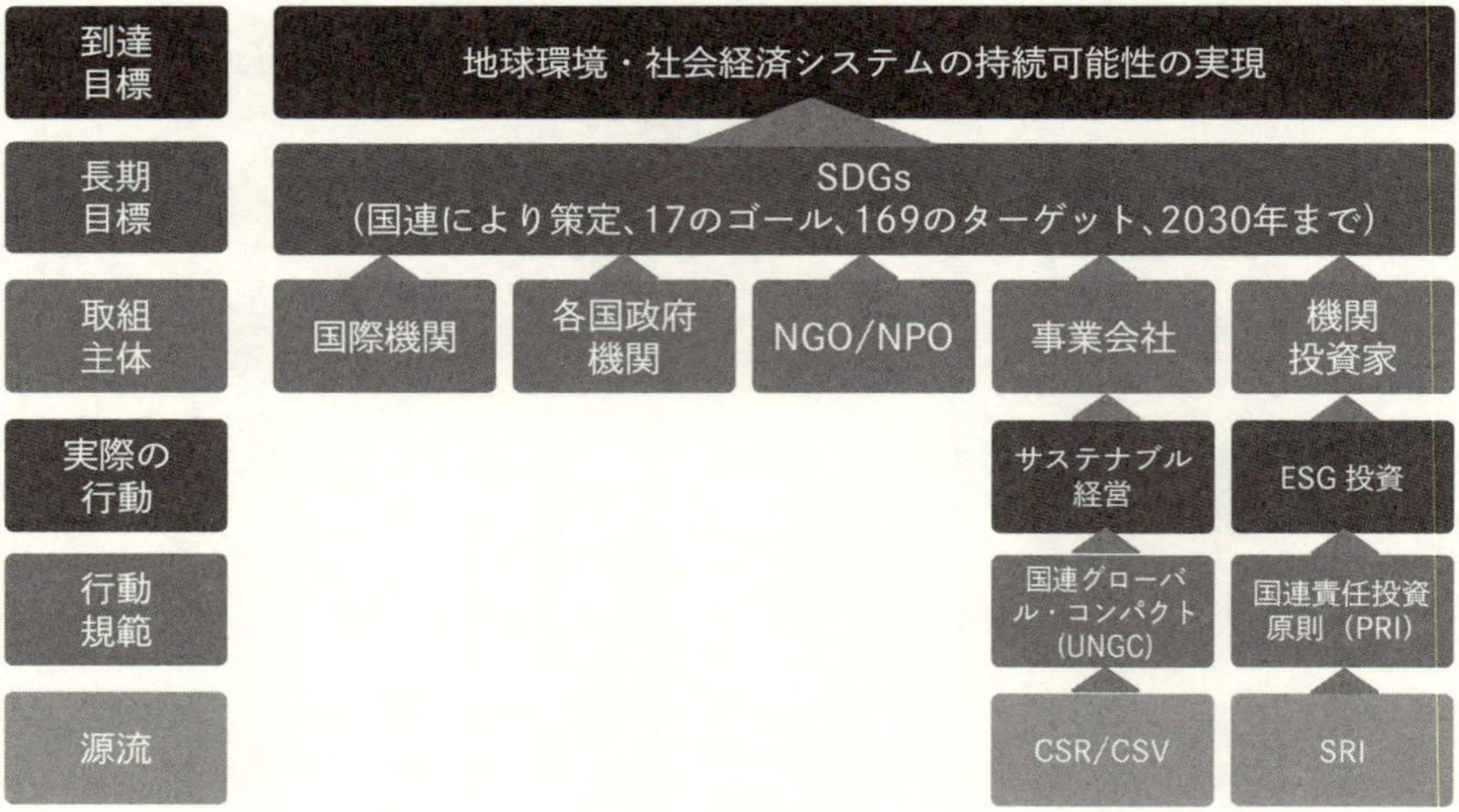

もに、環境や社会との関わりの中で自社の存在意義を見つめ直し社会的価値の実現を両立するといった経営のありかたが、サステナブル経営といった言葉とともに希求されるようになってきました（図表46）。

4　株式会社の次の形

カリスマ経営者なんていらない

最後のサステナブル経営に至るまで、グループ経営におけるエッセンス（というには少々長いですが）を見てきました。こうした話を展開していくと、必ずひとつの疑問の提示にぶつかります。「こうしたグループ経営はぜひやらなければいけないと思うけれども、なかなか難しい。なぜならば、引っ張っていくトップにリーダーシップがないからだ。やはりカリスマ経営者でないとできないのでは」ということです。リーダーシップ自体は、先ほど見たとおり確かに大事です。しかし、こうした疑問は、あまりにひとりのトップに多くを望みすぎていないでしょうか。皆さんの企業が個人商店の範疇を出ないのであればともかく、グループ経営を考えるからには、「組織化」がなされている状態であるはずです。今直面している問題は、組織自体が時代に合わなくなっているから噴出している問題であって、その問題点を、全部トップに直せ、というのは組織として正しい解決ではありません。組織における仕組みや仕掛けを、根気よく時代に合わせていくよりないのです。

属人化のリスクを避ける

中には、現在必要とされる機能を、ひとりのトップが全部やり遂げてしまう稀有な例もあります。こういう方々は、カリスマとして確かにもてはやされますね。事業の将来予測や財務の手当ての目処などを、自分の頭の中だけですべてできてしまう、いわば「ひとりスーパー事業ポートフォリオマネジメント」とでも呼べるような経営者もよくいます。彼らがやっているのは、もしかしたら、本当は100人くらいで分担しないとできないかもしれないような、とてつもない大仕事です。こうした経営者がいれば、それは会社としては楽ですね。成功確率も高いし、スピードも速い。ワンマン万歳、カリスマ歓迎、といいたくなります。

しかし、困った面もあります。いくら優れた人でも、未来永劫その任にあたるわけにはいきません。物理的な寿命というものがありますし、だいたいその前に判断能力は衰えてきます。仮に判断能力が衰えず、90歳になっても全体最適をコントロールすることをひとりで司っている経営者がいるとしたら、今度はまず間違いなくその能力の承継問題が深刻となり、外部からはいわゆる「ワンマンリスク」を指摘されるでしょう。ある日、もしかしたら突然、「ひとりスーパー事業ポートフォリオマネジメント」はあとかたもなく消え去ってしまうかもしれないのです。芸術の世界のように、個人の芸は伝承不能であり、彼もしくは彼女の消滅をもってその芸も終わり、ということであればそれも宜しいでしょう。しかし、企業は「ゴーイングコンサーン＝未来永劫続く」です。個人が死んだから終わり、とならないために取られた組織形態の中にいるわけですね。そうであるならば、個人にあまりに仕事が偏るのは、カリスマ経営者であろうがなんだろうが、**「属人化のリスク」**を取っていることに他なりません。

組織に移植する

賢いカリスマ経営者は、どこかの時点で、自分の知見や能力を仕組み化することを考えます。コーポレートガバナンス・コードにおいて、「後継者の育成」に焦点が当てられたのもこうした意味があったのですね。カリスマ経営者の能力は尊敬すべきものですが、それが**組織に移植され、受け継がれていかなければ組織としては強くなれません。**

ただし、カリスマ経営者がいらないから、といって、経営者が有能でなくてもいいか、というとそれはまた間違いです。お飾りの経営者を上に置いておくとどうなるか。今度は、組織としての意思決定が滞ります。せっかくプロセスを作り、ルールを作り、戦略を作り、ビジョンを語り、バリューを定め、ミッションに向かって走ろうとしているのに、行く先々で選択を間違えるような経営者や、みんなが走ろうとして許可を求めているのにいつまでたってもゴーサインを出せない経営者であっては困るわけです。経営という機能発揮に邁進するのではなく、権力発揮に血道を上げる自称〝経営者〟などは最悪ですが。

いずれにせよ、光り輝く大スターが要るわけではないのです。それよりも、経営チームの総合力の方が大事です。最近は、CxOといった肩書の方々も増えました。余りに増えすぎて、一つの会社にAからZまであるような状態では機能しませんが、「七人の侍」程度の人数で、機動的に経営トップと議論し、迅速に意思決定を行える強いトップマネジメントチーム（TMTといいます）は今後必須です。CEOを中心に、マネジメントという機能をしっかりと果たしていく経営陣の能力の優劣が、今後の企業の命運を決めるでしょう。また、そうした経営陣のもとで、その企業で働くことを選んだひとりひとりのプロフェッショナルが、自分の頭で色々考えつつ、方向をひとつにして走っていくことが大事です。まだまだ終身雇用などの「日本型経営システム」の影響で、あまり有能さを発揮できないのに組織に依存しているサラリーマンも多いのが現状ではありますが。

これからの企業の姿

こうしたことをさらに考えていくと、先ほどの話をひっくり返すような考え方も出てきます。そもそも、株式会社だからゴーイングコンサーンでなければ、と思うわけですが、ではこの株式会社形態とは一体何なのでしょうか。

もともとは、大航海時代にさかのぼって、という話は既にしましたが、この形態は大量生産、大量消費の時代に、大量の経営資源を調達するのには極めてよくできた形態でした。しかし、時代が変わると、先ほども申し上げた通り情報生産性が重要になってきます。ここでは、「先立つもの」を大量に調達しなくてもいいようなビジネスが主流になってきます。

また、「取り組む人」であるところのヒトは、なるべく多種多様であり、才能に溢れたヒトがよい。もしかしたらこのヒトが死んでしまったら、永久に継承不能になってしまうものもあるかもしれない。なるべく仕組み化するとしてもしきれないものも出てくるだろう――そんな設定は、これまでの話を覆すようなものですね。

こんなことを考えると、実は現在主流である株式会社形態というのはこれからどんどん古びていき、株式市場のあり方なども変わっていくかもしれません。今、企業が一生懸命になっているM&Aなども、実は非常に古くさい手法なのかもしれません。**これからは、より人材に重きを置いた仕事のしかたが中心になってくる**でしょう。

現実に世界の先端は、どんどんそちらに向かっているように見えます。米国では、経営について語る際に「リーダーシップ」と「コミュニケーション」に焦点があたることが益々増えています。日本では人材の流動化などが盛んになってきていますが、米国では逆に、「いかに長く勤めてもらっているか」をポジティブな情報として発信している企業も多くあります。長く勤めてもらった方が学習効果が働いて効率的、効果的なのは疑いようのないところですし、企業が個人にとって魅力的な場であろうとする努力が成功しているならば、人材定着率は上がるはずです。人的資本経営といった言葉については既に述べましたが、自社の将来の姿を考えた際に、どのような人材がどのように働くことが最も望ましいのか、ちょっと考えてみると面白いのではないでしょうか。雇用形態を少し変えるだけで多様な人材の活躍が期待できたり、社員の起業家精神を刺激できたり、今では様々な取組みができるようになってきています。

しかし、こうした取組みは、まずその前の段階の「グループ経営」の仕組みがしっかりしていないと間違いなく頓挫します。株式会社形態の下での「本来の経営」を理解していなければ、違いがわからないのですから。一足跳びに次に進むことはできません。ぜひ、「やりたいこと」「先立つもの」「取り組む人」についての手当てを万全にしたうえで、応用編である**「株式会社の次の形」**についても、たまには思いをはせてみていただけると幸いです。

主要参考文献

アベグレン、J.C.『新訳版　日本の経営』山岡洋一訳、日本経済新聞出版、2004年
アルブレヒト、K.『なぜ、賢い人が集まると愚かな組織ができるのか』有賀裕子、秋葉洋子訳、ダイヤモンド社、2004年
オライリー、C.A.&タッシュマン、M.L.『両利きの経営』入山章栄、渡部典子訳、東洋経済新報社、2019年
ガースナー、L.V.『巨象も踊る』山岡洋一、高遠裕子訳、2002年
クリステンセン、C.M.『イノベーションのジレンマ』伊豆原弓訳、翔泳社、2000年
コリンズ、D.J.&モンゴメリー、C.A.『資源ベースの経営戦略論』根来龍之・蛭田 啓・久保亮一訳、東洋経済新報社、2004年
サローナー、G.，シェパード、A.，&ポドルニー、J.『戦略経営論』、石倉洋子訳、東洋経済新報社、2002年
チェスブロウ、H.『Open Innovation―ハーバード流イノベーション戦略のすべて』大前恵一朗訳、産能大出版部、2004年
チェスブロウ、H.，ヴァンハーベク、W.&ウェスト、J.『オープンイノベーション―組織を超えたネットワークが成長を加速する』、PRTM監訳、長尾高弘訳、英治出版、2008年
チャンドラー、A.D.『組織は戦略に従う』ダイヤモンド社、有賀裕子訳、2004年
ティース、D.J.『ダイナミック・ケイパビリティ戦略』谷口和弘他訳、2013年
ドラッカー、P.F.『マネジメント―基本と原則〈エッセンシャルズ版〉』上田淳訳、ダイヤモンド社、2001年
ドラッガー、P.F.『プロフェッショナルの条件――いかに成果をあげ、成長するか』上田惇生訳、2000年
ネイルバフ、B.J.&ブランデンバーガー、A.M.『コーペティション経営』嶋津祐一訳、日本経済新聞出版、1997年
バーニー、B.J.『企業戦略論〈上・中・下〉』岡田正大訳、ダイヤモンド社、2003年
ヒギンズ、R.C.『ファイナンシャル・マネジメント改訂3版―企業財務の理論と実践』、グロービス・マネジメント・インスティテュート訳、ダイヤモンド社、2015年
ピドゥン、U.『全社戦略―グループ経営の理論と実践』松田千恵子訳、ダイヤモンド社、2022年
フリードマン、R.『戦略の世界史―戦争・政治・ビジネス〈上・中・下〉』貫井佳子訳、日本経済新聞出版、2021年
ブリーリー、R.A.，マイヤーズ、C.&フランクリン、A.『コーポレート・ファイナンス 第10版〈上・下〉』藤井眞理子，國枝繁樹訳、日経BP社、2014年
マグレッタ、J.『なぜマネジメントなのか』山内あゆ子訳、ソフトバンク・パブリッシング社、2003年
ミクルスウェイト、J.&ウールドリッジ.A.（著）『株式会社』（クロノス選書）、高尾義明、日置弘一郎 監修、鈴木 泰雄訳、ランダムハウス講談社、2006年
ミンツバーグ、H.『H.ミンツバーグ経営論』ダイヤモンドハーバード・ビジネスレビュー編集部、ダイヤモンド社、2007年

ミンツバーグ、H.『マネジャーの仕事』奥村哲史、須貝栄訳、１９９３年
ポーター、M.E.『競争の戦略』、土岐坤、服部照夫、中辻万治訳、ダイヤモンド社、１９９５年
ポーター、M.E.『競争優位の戦略』、土岐坤訳、ダイヤモンド社、１９８５年
ポーター、M.E.『(新版) 競争戦略論〈I・II〉』、竹内弘高訳、ダイヤモンド社、２０１８年
ポーター、M.E.,&クラマー、M.R.「共通価値の戦略」ダイヤモンドハーバードビジネスレビュー２０１１年６月号
メイヤー、C.『株式会社規範のコペルニクス的転回』宮島英昭 監訳、清水真人、河西卓弥訳、東洋経済新報社、２０１１年
モンクス、R.&ミノウ、N.『コーポレート・ガバナンス』ビジネスブレイン太田昭和訳、生産性出版、１９９９年
ラルー、F.『ティール組織』鈴木立哉訳、英治出版、２０１８年
ルメルト、R.P.『良い戦略、悪い戦略』村井章子訳、日本経済新聞出版、２０１２年
ルメルト、R.P.『戦略の要諦』村井章子訳、日本経済新聞出版、２０２３年

有村貞則『ダイバーシティ・マネジメントの研究―在米日系企業と在日米国企業の実態調査を通して』、文眞堂、２００７年
江頭憲治郎「コーポレート・ガバナンスの目的と手法」『早稲田法学』92(1)、95-117、２０１６年
河合隼雄『日本人という病』、静山社、２００９年
北川哲雄、佐藤淑子、松田千恵子、加藤晃『サステナブル経営と資本市場』日本経済新聞出版社、２０１９年
経済産業省「事業再編実務指針～事業ポートフォリオと組織の変革に向けて～(事業再編ガイドライン)」２０２０年
経済産業省「コーポレート・ガバナンス・システムに関する実務指針(CGSガイドライン)」２０２２年
経済産業省「人的資本経営の実現に向けた検討会報告書～人材版伊藤レポート2.0～」２０２２年
帝国データバンク史料館・産業調査部編『百年続く企業の条件』、朝日新書、２００９年
株式会社東京証券取引所「コーポレートガバナンス・コード～会社の持続的な成長と中長期的な企業価値の向上のために～」２０２１年
日本CFO協会『FASSベーシック公式テキスト―経営会計』、日本CFO協会、２００９年
沼上幹『経営戦略の思考法』日本経済新聞出版、２００９年
野口悠紀雄『１９４０年体制(増補版)』東洋経済新報社、２０１０年
花崎正晴『コーポレート・ガバナンス』岩波書店、２０１４年
ブーズアンドカンパニー『成功するグローバルM&A』中央経済社、２０１０年
松田千恵子、神崎清志『事業ポートフォリオマネジメント入門―資本コスト経営の理論と実践』中央経済社、２０２２年
松田千恵子『コーポレートファイナンス実務の教科書』日本実業出版社、２０１７年
松田千恵子『サステナブル経営とコーポレートガバナンスの進化』日経BP社、２０２１年

著者紹介

松田　千恵子（まつだ・ちえこ）

東京都立大学　経済経営学部教授／同大学院社会科学研究科経営学専攻教授

東京外国語大学外国語学部卒、仏国立ポンゼ・ショセ国際経営大学院経営学修士、筑波大学大学院ビジネス科学研究科企業科学専攻博士後期課程修了、博士（経営学）。
株式会社日本長期信用銀行にて国際審査、海外営業、事業再生等を担当後、ムーディーズジャパン株式会社格付けアナリストを経て、株式会社コーポレイトディレクション、ブーズ・アンド・カンパニー株式会社でパートナーを務める。２０１１年より現職。大手企業の社外取締役及び公的機関等の委員を務める。

【主要著書】

『格付けはなぜ下がるのか～大倒産時代の信用リスク入門』（日経ＢＰ社）
『これならわかるコーポレートガバナンスの教科書』（日経ＢＰ社）
『ＥＳＧ経営を強くするコーポレートガバナンスの実践』（日経ＢＰ社）
『サステナブル経営とコーポレートガバナンスの進化』（日経ＢＰ社）
『経営改革の教室』（中央経済社）
『考える道標としての経営戦略』（日本実業出版社）
『コーポレートファイナンス実務の教科書』（日本実業出版社）

【ま行】

【や行】

【ら行】

【た行】

【な行】

【は行】

【さ行】

【あ行】

【か行】

索　引

【英数】

3C……89
3 つの基本戦略……103
5 つの力分析（Five Forces Analysis）……97
CAPM（Capital Asset Pricing Model：資本資産価格モデル）……143
CFO……54, 264
CFO ポジション……264
CHRO（Chief Human Resource Officer）……57, 259
CSR（Corporate Social Responsibility：企業の社会的責任）……284
CVC（コーポレート・ベンチャー・キャピタル）……228
CxO……256, 291
DCF（Discounted Cash Flow）法……152
EBITDA 倍率……152
ESG 投資……242, 285
IR（Invester Relations）……247
IRR（Internal Rate of Return：内部投資収益率）……162
KGI（Key Goal Indicator：重要到達目標）……276
KPI（Key Performance Indicator：重要業績評価指標）……276
M&A……201, 218, 265
NOPAT（Net Operating Profit After Tax）……149
NPV 法……160
PDCA サイクル……174
PER（Price-Earning Ratio：株価収益率）……139
PI（Profitability Index：収益性指標）……162
PMI：Post-Merger Integration……40, 232
PR（一般向け広報：Public Relations）……247
ROA（Return On Assets：総資産利益率）……149
ROE（Return On Equity：株主資本利益率）……136
ROI（Return On Investment：投下資本収益率）……163
ROIC（Return On Invested Capital：投下資本収益率）……147
ROIC-WACC スプレッド……149
SDGs（Sustainable Development Goals：持続可能な開発目標）……242
SPA（speciality store rerailer of private label apparel：製造小売）……189
SR（Shareholder Relations）……247
SR（Stakeholder Relations）……247
SRI（Social Responsible Investment：社会的責任投資）……287
SWOT 分析……89
TMT（トップマネジメントチーム）……291
TOWS 分析……89
VRIO 分析……105
WACC（Weighted Average Cost of Capital：加重平均資本コスト）……141

グループ経営入門〔第5版〕
―グローバルな成長のための本社の仕事―

2010年10月1日　初版発行
2013年8月1日　改訂版発行
2016年3月1日　第3版発行
2019年10月1日　第4版発行
2024年2月1日　第4版4刷発行
2025年2月10日　第5版発行

著　　者　松田千恵子
発 行 者　大坪克行
発 行 所　株式会社 税務経理協会
〒161-0033東京都新宿区下落合1丁目1番3号
http://www.zeikei.co.jp
03-6304-0505
印刷・製本　株式会社技秀堂
デザイン　株式会社グラフィックウェイヴ（カバー）
編　　集　吉冨智子

本書についての
ご意見・ご感想はコチラ

http://www.zeikei.co.jp/contact/

ISBN 978-4-419-07238-4 C3034